저녁이 있는 삶

저녁이 있는 삶 손학규의 민생경제론

1판1쇄 | 2012년 7월 1일
1판3쇄 | 2012년 7월 20일

지은이 | 손학규

펴낸이 | 박상훈
주간 | 정민용
편집장 | 안중철
편집 | 윤상훈, 이진실, 최미정
제작·영업 | 김재선, 박경춘

펴낸 곳 | 폴리테이아
등록 | 2002년 2월 19일 제300-2004-63호
주소 | 서울시 마포구 합정동 413-7번지 1층 (121-883)
전화 | 편집_02-739-9929 제작·영업_02-722-9960 팩스_02-733-9910
홈페이지 | www.humanitasbook.co.kr

인쇄 | 천일_031-955-8083   제본 | 일진_031-908-1407

값 16,000원
ⓒ 손학규 2012

ISBN 978-89-92792-31-8 03340

이 도서의 국립중앙도서관 출판시도서목록(CIP)은 e-CIP홈페이지(http://www.nl.go.kr/ecip)와
국가자료공동목록시스템(http://www.nl.go.kr/kolisnet)에서 이용하실 수 있습니다.
(CIP제어번호: CIP2012002752)

저녁이 있는 삶

손학규의 민생경제론

폴리테이아

손학규 지음

차례

이 책에 주목하는
몇 가지 특별한 이유에 관하여

최장집(고려대학교 명예교수)

1
___

이 책의 저자가 우리나라의 유력한 대통령 후보의 한 사람이라는 점을 생각할 때, 이 책은 몇 가지 흥미로운 포인트를 갖고 있다.

첫째, 우리가 지향해야 할 대안 사회로 '유럽의 길'을 분명히 밝히고 있다는 점이다. 역대 우리나라 유력 정치인 가운데 '미국의 길'이 아니라는 것을 이토록 분명히 말한 사람이 있을까 싶을 정도다. 지금의 유럽이 재정 위기와 실업 등 여러 문제와 씨름하면서 안팎의 도전에 직면해 있지만, 노동의 존엄성이라는 기초 위에 선 사회 통합적 복지국가 내지 발전 모델에서 벗어나고자 하는 나라는 없다. 성장과 복지, 고용의 중요성을 말하고, 평등과 자유 나아가 평화와 생태의 가치를 실천하고자 한다는 점에서 달라진 것은 없다고도 할 수 있다.

주변을 돌아보면 우리나라의 정치인들과 지식인들 내지 언론들도 이런 가치들의 중요성을 부정하지는 않는 것 같다. 그런데 내게 그들은 여전히 미국적 범위 안에 있고 그 안에서 개별적으로 그런 가치를 말하는 것으로 보인다. 일자리를 말하면서도, 그래도 노동 유연성이 중요하다고 말한다. 대기업의 전횡을 비판하면서도, 그래도 자유 시장 원리를 침해하면 안 된다고 말한다. 서민을 강조하면서도, 그래도 도덕적 해이는 안 된다고 말한다.

내가 볼 때 그들의 이념은 '그래도 미국의 길이다.'의 연장선상에 있다. 따라서 '더 이상 미국의 길이 아니고 유럽의 길이다.'를 말하는 이 책은 특별한 느낌을 갖게 한다.

둘째, 민주당이 실천해야 할 이념으로서 자유주의를 분명히 말하고 있다는 점이다. 그간 우리나라 야당의 역사를 보면 도대체 그들의 이념은 무엇일까 하는 문제가 늘 의문 사항으로 남아 있었다. 민족주의와 민주주의를 앞세웠지만, 과연 그들이 자유주의자였는지는 불확실했다. 분명 열정과 투쟁을 앞세우고 선과 악의 이분법을 즐겨 동원한다는 점에서 정치 행태의 측면에서는 자유주의와 거리가 멀다고 할 수 있다.

그러나 정책의 내용이라는 측면에서는 자유주의가 아닌 적도 별로 없었다. 야당이 정부가 되었을 때 그들의 정책은 자유주의 혹은 그것의 보수적 버전으로서 신자유주의와 다른 것이 아니었다.

그런 점에서 한국의 야당은 '주저하는 자유주의자' 혹은 '행태는 유사 운동권이면서 내용은 보수적 자유주의'였다고 할 수 있을지 모른다. 반면에 이 책에서 저자는 자유주의의 진보적 가치를 말한다. 자유와 평등, 인권의 가치를 중시하고, 거기에 덧붙여 정의와 공정함, 공동체를 강조한다. 자유주의의 적극적 측면에 더 초점을 맞춤으로써 진보적 토대와 사회적 권리를 확대·강화하겠다는 분명한 뜻으로 읽힌다.

실제로는 주저하는 자유주의 혹은 보수적 자유주의의 내용을 가지면서 겉으로만 진보성을 과시하는, 그간 야당이 보여 준 전형적 패턴으로부터 벗어나겠다는 의지로도 보인다.

진통을 거듭해 왔던 우리 사회의 진보 정당들이 사회민주주의 정당으로 수렴되길 바라고, 민주당은 진보적 자유주의의 넓은 길을 개척하면서 이들과 병행 발전하길 바라 왔던 나로서는, 이 책에 대한 느낌이 좋다.

셋째, 이른바 '반MB', '반박근혜'와 같이 상대를 공격하면서 정작 자신은 공허해지는 진보의 길이 아니라, 보수 정부보다 더 유능하고 실질적 성과를 낼 수 있는 진보의 길을 말하고, 그래서 실력의 중요성을 강조한다는 점이다.

오늘날 한국 정치의 최대 문제는 상대를 정형화하고 상호 비난을 반복적으로 재생산하는 일이 정치를 지배하게 되었다는 사실이다. 그렇게 되면, 남는 것은 목소리 큰 다수의 횡포뿐이다.

여권이든 야권이든, 혹은 보수도 진보도 더 강한 주장을 소리 높여 외치는 세력들에 의해 지배되는 지금의 정치에서 최대 피해자는, 정치의 도움이 절실한 서민이고 중산층이다.

건설적인 대안을 찾고자 하는 경쟁은 실력을 필요로 한다. 누가 더 유능한 정책의 공급자일 수 있는지를 두고 다퉈야 하기 때문이다. 목소리를 더 크게 하기 위해 상대를 더 고통스럽게 만들 비난의 소재를 찾느라 서로가 갖고 있는 열정의 대부분을 쏟아붓는 일로 일관하게 되면, 정치는 황폐화되기 쉽다.

그런 정치 환경에서 누가, 오랜 기간 대안을 준비하고 정책 수단에 대해 철저하게 검토할 것이며, 예산과 기구에 대한 현장 점검의 중요성을 생각할 수 있겠는가.

그래서 정권 교체가 최선이 아니라 정권을 교체해서 일을 잘할 정부가 되는 게 최선이고, '하늘이 무너져도 정권을 바꿔야 한다.' 가 아니라 하늘이 무너져도 국민을 생각하고 민생을 챙겨야 하며,

그러기 위해서는 유능해야 하고 구체적이어야 한다는 이 책의 주장은 특별하다. 제대로 된 진보라면 이래야 한다고 나는 믿는다.

2

___

저자가 집권 정부와 집권당의 잘못을 말하기보다, 우리 사회의 민주주의를 발전시키고 국민들의 삶의 조건을 향상시키기 위해 어떤 국가적 비전과 정책적 대안이 요구되는가를 먼저 묻는 것은 매우 인상적이다.

이는 정권 교체의 당위성을 역설하면서 이를 정당화하기 위해 과도하게 이념적이고 추상적인 정책 비전과 정치 담론을 제시하는 오늘의 지배적인 정치적 분위기와는 사뭇 달라서 이질적인 느낌마저 든다.

냉정하게 말하면 정권 교체에 대한 관심은, 정치인들에게 더 클 수밖에 없을 것이다. 선거 경쟁에서의 승리는 그들에게 권력과 공직을 전리품으로 안겨 주기 때문이다. 그만큼 정권 교체가 가져오는 이해관계는 훨씬 더 직접적이다.

그러나 시민의 관점에서 볼 때 누가 집권하느냐 하는 문제는, 홍

미진진한 관전 포인트이고 그래서 극적인 관심을 갖게 할 수는 있어도, 자신들의 직접적인 관심사일 수는 없다. 어떤 정당이 집권하든 어차피 그 전리품을 배분받을 기회란 없기 때문이다.

보통의 시민들이 갖는 직접적인 관심사는 권력의 교체가 그들의 사회경제적 삶의 조건에 어떤 영향을 미치게 될 것인지, 그것이 그들의 생활에 얼마나 이익 내지는 불이익을 가져올 것인지 하는 문제가 아닐 수 없다.

정치는 권력을 얻기 위해 자신의 행위를 정당화하는 지도자와, 그 지도자를 따르고 지지하는 대중들 간의 관계에서 발생한다. 일찍이 막스 베버는 넓게는 정치, 좁게는 민주주의에 있어 지도자-대중 관계가 그 중심이 되는 것은 피할 수 없는 일이고, 그렇기 때문에 데마고그적 현상을 민주주의의 본질적 요소라고 지적했다.

얼마 전 누군가로부터 정치인 손학규에 대해 어떻게 평가하느냐라는 질문을 받았을 때, 필자는 그에 대한 여러 특징을 말하면서, 그는 데마고그적 성격이 극히 적은 정치가라고 말했던 기억이 난다. 이 책을 읽으면서 그때 그 말이 결코 틀린 것이 아니었다는 생각을 하게 된다.

그는 이 책을 통해 누구보다도 정치인, 특히 정치 지도자들의 결정이 사회적으로 얼마나 큰 긍정적 혹은 부정적 결과를 가져오느냐 하는 문제에 대해 예리한 책임 의식을 보여 준다.

현대 대의제 민주주의가 해결해야 할 가장 큰 문제는 선거를 통해 대표를 선출하는 차원에 있는 것이 아니라, 선출된 대표가 그를 선출한 투표자들에게 책임질 수 있도록 어떻게 구속할 수 있느냐 하는 데 있다. 짧지 않은 민주정치의 경험을 통해 우리는 선거 때마다 예외 없이 높은 기대 속에서 새로운 정부를 선출했고 그 뒤 그 정부의 수행 능력과 정책 내용에 대해 실망해야 했다.

그런 경험을 통해 우리는, 특정의 지도자와 정당이 무엇을 말하는가 하는 것 못지않게, 그들의 공약이 얼마나 현실성을 갖고 있으며 이를 실현해 낼 수 있는 리더십은 어떠한가 하는 데 점점 더 많은 관심을 갖게 된다. 그것은 데마고그와 진정한 지도자를 가려낼 수 있는 판별 능력의 향상을 의미한다.

3

___

손학규의 이념과 대안적 정책 비전, 그 틀 안에 있는 구체적인 정책 내용을 집약하는 화두랄까, 중심 담론은 이 책의 부제가 말하듯이 '민생경제'이다. 그런데 여기에서 주목하게 되는 것은 그의 민생경제론이 대선 경쟁이라는 정치적 필요에서 급조된 아이디어가 아니라, 긴 시간 동안 우리 현실과 자신을 돌아보고 고민하고 성찰한 결과로 형성되었다는 사실이다.

이 점에서 2000년 출간한 그의 저서 『진보적 자유주의의 길』은 중요한 의미를 갖는 출발점으로 보인다. 그때로부터 이 책 『저녁이 있는 삶 : 손학규의 민생경제론』에 이르기까지 12년이라는 시간이 흘렀다.

최근 학계와 정치 공론장에서 자유주의가 한국 민주주의와 시민사회의 발전에 기여할 수 있는 이념적 자원일 수 있는가, 또는 진보 및 진보적 정당이 이를 적극적으로 수용할 수 있는가 하는 문제를 둘러싸고 활발한 논의가 전개되고 있다. 손학규의 '진보적 자유주의'는 이런 논의에 물꼬를 트는 데 기여했던 개척적인 작업의 하나로 평가될 수 있을 것이다.

그때 그가 제시했던 진보적 자유주의는 1980년대 이래 자본주의의 중심적인 운영 원리로 등장한 신자유주의적 시장 자율성과 민주주의와 복지라는 가치를 결합하고자 했던 이념적 틀이었다. 이런 이념의 정치적 표현은 영국 노동당의 '제3의 길', 독일 사민당의 '신중도', 또는 미국 클린턴 정부 때의 '뉴민주당 플랜'에서 발견할 수 있다. 당시 그는 이 실험들이 한국의 민주 정부가 채택할 수 있는 경제 운용 모델이 될 수 있다고 생각했다. 그러나 오늘의 시점에서 그의 생각에 상당한 변화가 있음을 보게 된다.

오늘날 신자유주의적 경제 운용과 성장 위주의 정책이 그 한계를 드러내면서 가져온 결과는, 과거와 비교할 수 없을 만큼 엄혹하고 파괴적이다. 그동안 모든 사회적 비용을 감수하면서도 국가의 전면적인 지원하에 경제 발전의 견인차 역할을 했던 대기업의 성장은, 더 이상 고용 확대와 분배의 형평을 동반하지 않게 되었다.

세계가 부러워하는 눈부신 번영과 엄청난 불평등이 공존하는 오늘의 한국 사회는 신자유주의적 성장 지상주의 정책이 가져온 필연적인 결과라 하겠다. 이제 경제적 불평등과 사회적 양극화는 관용할 수 있는 한계를 위협하게 되었다.

중산층의 경제적 불안정, 사회 저변을 차지하고 있는 소외 계층의 확대와 그들의 절박한 사회경제적 삶의 조건, 그로 인한 사회 통합의 해체, 이를 표출하는 여러 형태의 징후들, 이 모든 것은 기존의 경제 운용과 성장 모델이 한계에 이르렀음을 분명하게 드러내는 현상이 아닐 수 없다.

이 책에서 "민생의 바다로 뛰어들겠다."라는 저자의 말은, 정치가 감당해야 할 사회계층의 범위가 그만큼 넓어졌다는 것을 의미한다. 그 말은 또한 오랫동안 중산층과 서민의 정당임을 자임해 왔던 민주당이 그간 무엇을 하지 못했고, 앞으로 무엇을 해야 할지를 분명히 말해 주는 것으로도 들린다.

기존의 경제 운용과 성장 모델의 패러다임이 변해야 한다면, 그 대안적인 모델은 어디에서 찾아야 할 것인가? 그 문제에 대한 해답을 얻기 위해 최근 저자는 유럽 복지국가들로 정책 여행을 떠났다. 그 과정에서 그는 민생경제론의 체계를 다듬고 보강하는 경험을 한 것으로 보인다.

이 책에서 그는 진보적 자유주의의 연장선에서 경제민주화와, 보편적 복지를 구체화할 수 있는 대안적 경제 운용 모델과 사회정책의 틀을 심화시키고 있다. 요컨대 그것은 유럽 복지국가 모델의 발견이라 할 수 있다. 앞서도 지적했지만, 이는 한국의 현대 정치사에서 중요한 의미를 갖는다.

그간 우리 사회는 절대적인 헤게모니를 가졌던 신자유주의적 독트린과 그에 기초한 미국 모델로부터의 일탈을 생각하기 어려웠다. 유럽형 자본주의 운용 모델은 경제 운용 독트린의 변화뿐만 아니라, 이를 뒷받침하는 정치와 정당 모델의 변화를 암묵적으로 포괄하는 것이기도 하다. 왜냐하면 특정의 경제 운용과 성장 정책은 그것을 뒷받침하는 정치와 정당 체제라는 기반을 필요로 하기 때문이다.

1998년 집권한 김대중 정부는 좋은 비교의 사례라 할 수 있다.

그때 내걸었던 '민주적 시장경제' 또는 '민주주의와 시장경제의 병행 발전'이라는 담론은 그 내용이 구체화되지는 않았다 하더라도, 최소한 권위주의적 국가 주도의 성장 모델에 대한 부정의 의미를 담는 것이었다. 그만큼 강렬한 인상을 주었다. 그러나 외환 위기 속에서 그 아이디어는 더 이상 발전하지 못했고, 결국 일시적인 슬로건이 되고 말았다.

손학규가 제시하는 진보적 자유주의와 이를 현실 속에서 실현할 모델에 대해서는 약간의 설명이 필요할 것 같다. 왜냐하면 기존의 지배적인 경제 운용의 이념과 독트린에 대해 누군가 대안을 말할 때는 언제나 도식적 이해 방식이 뒤따르기 마련인지라, 오해될 수 있는 소지가 있기 때문이다.

이 책의 저자가 유럽의 길을 말할 때, 그것이 곧바로 제2차 세계대전 이후부터 1970년대 후반까지 그 전성기를 구가했던 사회민주주의 내지는 그에 기초한 유럽적 복지 체제를 뜻하는 것이 아니라는 점이 강조될 필요가 있다. 사실상 신자유주의는 케인스주의에 기초한 유럽적 복지국가 체제가 제로 성장, 실업률 증가, 경직적 노동시장과 같은 문제들을 드러내기 시작하면서, 이를 대체한 새로운 경제 독트린이었기 때문이다.

애초 신자유주의의 등장은 시장 효율성, 시장 자유화, 노동 유연성, 공급 측면의 강조, 금융의 세계화를 통해 성장과 고용 증대를 도모하고자 했던 노력의 결과였다. 그리고 그때의 '제3의 길'은 원래의 복지국가 체제에 시장의 원리를 접목하는 이념적, 거시 정책적 틀이자 담론이었다.

2007년 이래 미국의 월가 금융 위기로부터 시작해서 오늘날 유럽연합의 범위까지 확산된 세계적 금융 위기 및 경제 위기는 신자유주의의 패러다임이 효능을 상실했음을 보여 주는 결정적인 징표가 아닐 수 없다. 그럼에도 불구하고 오늘날과 같은 세계적 변화의 환경하에서 손학규가 유럽의 길을 말하는 것은 다시 과거와 같은 사회민주주의를 복원하자는 뜻은 아니다.

오늘날 세계적 수준에서 신자유주의적 경제체제가 가져온 결과는 실로 엄혹하다. 그것이 갖는 가장 치명적인 결함은 "1퍼센트 대 99퍼센트의 사회", 그 대표적인 사회인 미국에서 보듯 "0.01퍼센트와 나머지"라는 말이 과장이 아닌 극단적인 빈부 격차를 창출한 데 있고, 그 결과 사회 통합 자체가 유지될 수 없는 한계상황에 도달했다는 점에 있다.

그 위에 지식 정보화 산업, 과학기술 발전, 그에 따른 노동생산성의 증가를 한편으로 하고, 다른 한편에서는 중국의 산업화에 의한 값싼 노동력의 무제한적 공급으로 인해 선진 산업국가들에서 산업구조 및 노동시장의 구조 변화가 초래되면서 고용 자체를 확대시키지 못하고 있다. 더 이상 성장과 고용을 병행할 수 없게 된 것이다.

이 현상의 최대 피해자는 신규 노동시장으로 진입하는 젊은 세대 노동자들이다. 세대 갈등은 흡사 계급 갈등과 유사한 것이 되었고, 그로 인해 젊은 세대가 독자적인 계급으로까지 운위되기에 이르렀다. 이런 현상은 인구의 노령화 현상으로 더 첨예화되면서 신자유주의의 모델 국가인 미국만이 아니라 유럽 복지국가들을 강타했다. 유럽은 유럽대로 복지 비용을 감당해야 할 재정 부담의 증가, 재정 적자, 노동시장 경직화 등의 문제를 해결해야 할 처지가 되었다.

따라서 오늘날 유럽의 길을 말할 때 그것은 시장 대 국가, 성장 대 분배, 시장 자본주의 대 복지 자본주의와 같은 이분법을 통해 선택될 수 있는 것은 아니다. 새로운 모델이 될 수 있는 것은 여전히 중간적 길이라 할 수 있다. 이 점에서 과거의 '제3의 길'과 그 내용은 비록 다르지만, 적어도 그 정신에 있어서는 동일하다.

이 책에서 손학규가 말하는 진보적 자유주의, 유럽의 길을 필자 나름대로 이해한다면 이렇게 정리될 수 있지 않을까 생각한다.

첫째, 신자유주의 독트린이 강조했던 것과 같이 시장의 역할, 그 효율성에 대해 긍정적으로 인정한다. 그러나 동시에 경제 운용과 시장에 대한 적극적이고도 효율적인 국가 역할의 긍정성을 강조한다. 이것은 고전적인 소극적 자유를 중심으로 한 국가 역할이 아니라, 적극적 자유를 구현하는 국가의 역할을 말하는 현대의 진보적 자유주의의 이념이기도 하다.

둘째, 시장의 구조는 규제되지 않은 자율적 시장이기보다, 유럽의 사회적으로 규제된, 독일에서 '사회적 시장경제'Soziale Marktwirtschaft라고 부르는 데서 그 모델을 발견할 수 있다. 이런 시장 질서에서는 주요 경제 행위자들, 즉 대기업·중산층·노동자와 같이 중심적인 경제 집단들의 이해관계가 균형적으로 고려된다.

즉 그것은 한국의 생산 체제에 있어 현재 대기업의 하청 계열화로 인해 위계적 관계에 있는 중소기업의 자율성이 확대되는 한편, 노사 관계의 민주화가 실현되어 기업과 노동자들이 그 틀 안에서 타협해 공동의 이익을 발견할 수 있는 시장 질서를 말한다.

독일이 오늘날 전 세계적인 경제 위기에도 불구하고, 높은 산업 성장, 고용 안정을 이룰 수 있었던 토대는, 슈뢰더 사민당 정부의 노동 개혁, 메르켈 기민당 정부의 재정 안정화 정책에 의해 만들어진 것이다. 경제성장과 안정의 모델 국가가 될 수 있었던 것은, 기업과 노동자들이 협상해서 노조가 임금 인상, 실업보험을 부분적으로 포기하고, 비정규직 제도의 인정을 통해 노동시장 유연화를 받아들이고, 고용 안정을 얻은 윈-윈 정책의 결과였다.

셋째, 한국의 노동시장에 있어서는, 정규직과 비정규직으로 양극화되어 있는 제도가 개선될 필요가 있다. 이 말은 비정규직을 철폐해야 한다는 것을 말하는 것이 아니라, 노동시장의 유연성을 유지하되, 임금수준과 고용조건의 차이를 좁힐 수 있는 조처들이 요구된다는 것을 뜻한다.

넷째, 복지는 어떻게 정의될 수 있고, 그 내용은 무엇인가? 우리는 어떤 사회정책과 복지를 선택해야 하나? 만약 스칸디나비아형 보편적 복지를 단번에 달성하는 것을 지향한다면, 그것은 이상일 수 있을지는 몰라도 현실적이지는 않다.

한국의 복지는 차라리 사회적 안전망의 강화를 지향하는 것이 바람직하다. 역동적인 시장을 통한 경제성장을 기초로 하되, 시장 경쟁에서의 열패자들을 보호할 안전망을 강화한다는 의미에서 그러하다.

이를 위해서는 기존의 제도인 '최저생계비' 지원을 확대하는 것이 무엇보다 급선무다. 생계비 보장은 성장 결과$^{ex\ post}$를 재분배해서 수요를 창출하는 케인스주의적이고 전통적인 복지국가 영역에 속한다. 그와 병행해서 신자유주의 이후의 복지국가는 시장 경쟁으로 들어가기 이전에$^{ex\ ante}$, 직업교육 및 훈련 제도를 대폭 강화하는 것을 포함한 교육개혁에 큰 역점을 두는 것이 바람직하다.

손학규의 진보적 자유주의가 20세기 진보적 자유주의를 대표하는 철학자 존 롤스의 "정의론"의 핵심 내용, 즉 사회 다수 시민의 생활 조건이 낮아지는 경우라 하더라도 최하층의 사회경제적 조건이 향상될 수 있는 소득분배 구조가 돼야 한다는 주장에 얼마나 가까울지는 분명치 않다.

그러나 그는 적어도 시민 다수는 중간층에 무게중심을 두는 분배 구조를 지지할 것이라는 점을 확신하고, 그래야 한다고 생각한다. 성장의 총량이 중요한 것이 아니라, 개개인의 소득 증가가 더 이상적이고 큰 가치를 갖는다고 믿는 것만큼은 확실하다. 그는 한국 사회는 복지국가가 될 만큼 충분히 성장했고, 그런 경제력을 갖는다고 확신한다.

손학규는 유럽 여행을 통해 유럽의 국가들이 시장 효율성과 기존의 복지국가를 어떻게 결합하고, 변화된 환경하에서 어떻게 그 틀을 유지하려 했는가 하는 문제의식을 가지고, 복지국가 이후 유럽의 고민과 실험들을 보고자 했다.

그리고 신자유주의의 충격 효과를 그 어느 나라보다도 강하게 흡인한 한국 사회에서 어떤 대안을 찾을 수 있을 것인가를 고민했다. 그리고 그 결과가 이 책으로 나타난 것이다.

4

——

민생경제는 무엇을 의미하나? 그것은 민주주의와 어떤 관련이 있는가.

나는 최소 정의적^{minimalist} 민주주의 또는 절차적 민주주의를 현대 민주주의의 본질로 이해하는 관점을 갖고 있다. 달리 말해 보통선거권, 공정하고 주기적인 선거, 집회·언론·결사의 자유, 정당 간 경쟁, 선출된 대표와 정부의 책임성과 같은 절차적 최소 요건들, 가장 간결하게 말해 1인 1표의 제도를 갖는 정치체제를 민주주의라고 이해한다. 민주주의는 본질적으로 정치적 민주주의라는 것이다.

그렇기 때문에 민주주의는 정치적 불평등에 대해서는 강하게 반대하거나 적대적이지만, 경제적 불평등이나 빈곤에 대해서는 반드시 그런 것은 아니다. 오늘날 세계적 수준에서 볼 수 있듯이, 경제적 불평등의 확대와 정치적 민주화의 확대가 병행한다고 해서, 그것이 결코 있을 수 없는 일은 아닌 것이다.

즉 민주주의라고 해서 다 좋은 경제적 결과만 있는 것은 아니며, 민주주의가 잘못 돌아가면 나쁠 수도 있다는 것이다. 그렇다면 민주주의를 정당화하는 일은 어떻게 가능한가. 우리가 발전시켜야 할 민주주의는 어떤 민주주의인가.

민주주의는 가장 평등한 정치 참여의 기회를 제공하기 때문에, 특정의 사회집단이 수의 힘을 조직함으로써 그들의 권익을 스스로 대표하고 보호할 수 있는 가능의 공간을 개방한다. 특히 수는 많으나 경제적·사회적 힘이 약한 사회경제적 약자들에게 이 사실은 중요하다.

지금 경제적 민주화가 중대한 정치 이슈이자 담론으로 등장하고 있다는 사실은, 그동안 한국의 정치적 민주화가 경제적 민주화를 가져오지 못했음을 증명한다. 다시 말해 이는 그동안 한국의 정당이 자신들의 사회경제적 기반을 제대로 갖지 못했고, 특히 누구보다도 소외된 사회경제적 약자들을 대표하지 못함으로써 그들의 의사와 요구에 대해 제대로 책임성을 갖지 못했음을 보여 주는 증거들이다.

따라서 이 책의 저자인 손학규가 민생을 돌보는 일에 헌신하겠다고 말하고, 노동자와 농어민, 영세 자영업자와 중소기업을 보살피는 역할이 정치의 본분이라고 말할 때, 그것은 경제적 민주주의의 본질적인 측면을 지적하고 있는 것이다. 이 문제에 대한 민주당의 역할과 책임을 강조한 것은 때늦은 감이 크지만, 정당한 일이다.

민생경제, 민생 문제는 삶의 현장과 직접적으로 연관된, 좀 더 구체성을 갖는 문제를 표현한다. 우리는 사회의 최상층 엘리트들이나, 안정적인 중산층의 사회경제적 조건을 말할 때 민생 문제라는 표현을 사용하지 않는다.

우리가 민생 문제라고 할 때, 그것은 자신들의 삶의 조건이 경기 변동이나 정부 정책의 결과에 따라 언제라도 위협당할 수 있는 사람들의 세상을 말한다.

민생경제는 하위 중산층들의 불안정한 삶의 조건이나, 최소한의 경제생활조차 유지하기가 힘겨운 열악한 사회경제적 집단들 내지 저소득 서민층의 경제생활을 가리킨다. 경제성장과 번영의 반대편 그늘에 위치한 이들에게 시장 경쟁과 시장 효능만을 말하는 것은 설득력을 갖기 어렵다. 기존의 시장 경쟁의 열패자들인 이들에게 자율적 시장으로 돌아가라는 것은 더 이상 희망이 될 수 없다.

민생경제는 시장이 할퀴고 간 자리에 남겨진 사람들을 보호해야 할 정치의 효능, 정치인의 책임, 정부의 소명과 직접적으로 관련된 말이다. 민생 문제는 정치의 영역이고 정치인들의 책임이다. 사회경제적 약자들의 요구와 의사는 무엇보다도 정치적으로 대표되지 않으면 안 된다.

그러나 불행하게도 그간 우리 현실에서 이런 정치의 역할은 발견되지 않았다. 이들에게 정치와 정당, 정치인은 선거철에 일회적으로 스쳐 지나가는 존재였을 뿐이다. 보수는 말할 것도 없지만, 진보도 다르지 않았다. 서민과 민생의 세계에서 민주주의는 작동하지 않았다.

중산층과 소외된 서민 계층들의 사회 영역 사이에는 분명한 단층fault line이 존재한다. 이 영역에서 시민사회 혹은 그 영역에서 민주주의를 실천할 주체로 불리는 시민이라는 말은 매우 모호하고 추상적인 것임에 분명하다. 한국의 시민사회와 정치는 기본적으로 중산층 이상의 엘리트층을 위한 참여의 공간이라 해도 과언이 아니다. 말하자면 한국 민주주의는 중산층 이상의 사회계층에 기반을 두고 있다고 할 수 있다.

새누리당과 민주당의 차이가 무엇인지를, 적어도 민생경제의 영역에서는 발견하기 어려웠던 것이 우리 현실이었다. 어느 정당이든 그들이 생각하고 실천했던 민생경제란, 정부가 예산을 풀어 저소득 계층에 혜택을 부여하는 차원에 있었고, 이는 온정주의적인 시혜를 넘어서는 것이 아니었기 때문이다.

거기에는 이해 당사자들을 정치적으로 조직하고, 그들의 소리를 직접 정책 결정 과정에 투입하는 대표의 측면이 중심인 민주적 결정 방식이 누락되어 있었다.

따라서 이 책에서 기왕에 민생경제를 말하는 것이라면, 그간 자신들의 의사와 요구를 개인적으로나 집단적으로 표현할 수 없었던, 우리 사회 중하층의 '목소리 없는'voiceless 사람들이 정책 결정 과정에 참여해 자신들의 소리를 낼 수 있는 채널을 마련하는 문제에 더 관심을 갖기를 권하고 싶다.

과거에 이 영역을 지배했던 것은 행정 관료와 정치 엘리트, 전문가, 지식인들이 주도하는 산출 중심의 결정 방식이었다. 이제 그 패턴에서 벗어나 투입 측면에서 이해 당사자들의 참여가 넓어질 때 민생경제와 민주주의의 가치는 제대로 병행 발전될 수 있다고 나는 믿는다.

5

___

한 정치 지도자가 자신의 비전과 정책 대안을 실현하는 데 어떤 태도를 갖는가 하는 문제는, 그의 비전과 대안이 얼마나 올바르냐 하는 것 못지않게, 아니 그보다 더 중요하다.

자신의 목적 의지를 어떻게 실현하느냐 하는 방법론 내지 정치적 실천의 문제에 대해 막스 베버는 '목적 윤리'에 대응하는 '책임 윤리'로 개념화했다. 아리스토텔레스는 자신의 책 『니코마코스 윤리학』에서 '사려 깊음'^{phrōnesis} 내지는 '균형 감각'을 '정치학'과 거의 동일한 의미로 사용했다. 그만큼 책임성을 갖는 것과 사려 깊음은 정치적 실천에서 핵심적인 요소이다.

나는 이 책『저녁이 있는 삶』을 읽으면서, 책임 윤리에 대한 자각과 사려 깊음을 보여 주고 있는 것이야말로 정치인으로서 저자가 가진 큰 덕목이라고 생각한다. 이 문제는 비전이 강하고, 개혁적일 때 특히 중요하다. 왜냐하면 강한 비전과 개혁을 주장하는 것은 쉽게 급진주의로 내달을 수 있고, 그것은 이내 반대와 반발을 불러오기 때문이다.

오늘날 한국 사회의 보수와 진보의 과도한 대립은, 특히 진보의 관점에서 볼 때 자신의 목적의식이 얼마나 진보적이고 진정한 것인가를 과시하는 데 바빠서 그런지 실제로 그 진보적 목표를 실현하는 데는 큰 관심을 갖지 않는 태도로부터 연유한 바가 크다고 생각한다.

진정 세상을 크게 개혁하고자 한다면, 그들의 언어를 가능한 한 최대로 부드럽게 하고, 상대를 설득할 수 있는 방법을 고민해야 한다. 조금이라도 더 많이 자신의 개혁 목표를 실현할 수 있는 곳에 열성을 다 쏟아야 할 것이다.

상대방에 최대한의 상처를 입히려는 공격적인 언사, 급진적 슬로건, 강하고 배타적인 어조가 일상화된 정치 환경이란, 그 속에서는 그 어떤 중요한 것도 이루어질 수 없음을 말한다. 따라서 나는 진보적인 거대 담론, 추상화된 이념적 슬로건을 앞세우는 것으로 자신의 일을 다했다고 행동하는 것에 대해 대체로 비판적이다.

경제민주화와 민생경제의 문제는 개별적·구체적 정책들을 포괄하는 추상화된 이념, 그리고 그에 기초한 포괄적인 정책 노선을 한편으로 하고, 가장 개별적이고 구체적인 문제를 다루는 정책 대안들을 다른 한편으로 하는, 양자 사이의 변증법적 상호 관계가 아닐 수 없다. 달리 말해 거시적 수준과 미시적 수준의 균형 없이는 이루어지기 어렵다는 말이다.

민생경제는 이 양자를 다 포괄하면서도 실천적으로는 가능(성)의 지점을 늘리고 확대해 가는 과정을 통해 이루어진다. 필자는 이것이야말로 정치인의 책임 윤리 또는 사려 깊음의 영역이라고 생각한다. 노동문제와 관련해 예를 들어 보자.

한편에는 거시적인 문제가 존재한다. 경제민주화를 위해 개혁해야 할 핵심 사안은 노동시장을 정규직과 비정규직으로 양분화하고 노동자들 사이의 차별을 정당화하는 제도적 장치들이라고 생각한다. 이 제도적 장치들을 개혁하지 않고는 고용 문제, 젊은 세대의 실업 문제, 노동자들 사이의 양극화 문제를 해결할 수 없다.

그리고 그것은 재벌의 중소기업 하청 계열화와 밀접한 상호 관계를 갖는다. 또한 이 문제를 해결하기 위해서는 성장 정책의 변화, 재벌 대기업의 지배 구조 개선, 사회적 시장경제의 도입과 같은, 생산 체제와 시장구조에 대한 획기적인 개혁이 필요하다.

불행하게도 현재와 같은 야당의 조직적 능력으로는 짧은 시간 내에 이런 개혁을 실현하기 어렵다. 그러나 그렇다고 경제민주화, 재벌 개혁만을 외칠 수는 없고, 그것이 개혁될 때까지 아무것도 하지 않고 기다릴 수도 없다.

이런 거시적 문제의 다른 한편에는 구체적인 문제들이 존재한다. 얼마 전 나는 일용직 건설 노동자들의 현황을 조사하기 위해 성남시 복정동의 새벽 노동시장을 찾아간 적이 있다. 그들이 요구하거나 기대하는 일은 작지만 구체적이었다. 주차할 공간을 마련해 주고, 비를 피할 수 있도록 처마를 달아 주는 것부터가 시작이라는 생각이 들었다. 해야 할 일, 할 수 있는 일은 수도 없이 많았다.

무엇보다도 이해 당사자들이 참여할 수 있는 삶의 현장으로부터 확장해 갈 수 있는 정책 사안들을 찾기는 어렵지 않았다. 문제는 바로 그곳에 정당도 정치가도 민주주의도 없다는 데 있었다. 따라서 거시적인 제도나 조건의 변화가 없이는 안 된다고 말하는 것은, 적어도 내가 보기에는 무책임한 태도가 아닐 수 없다.

다시 말거니와 민생 문제는 거시적인 것과 미시적인 것 양자 사이의 넓은 범위 안에 위치한다. 그리고 그것이 어떻게 얼마나 실현되느냐 하는 문제는, 두 차원을 결합할 수 있는 정당의 실력 내지 정치인들의 책임 윤리와 밀접하게 연관돼 있다. 이 책 『저녁이 있는 삶』이 인상적인 것은, 기존의 경제 운영 및 성장 정책 패러다임이 변화되어야 함을 말하면서, 민심의 바다와 민생에 길이 있다며 구체적인 실천을 강조하고 있다는 점이다.

이 책의 저자 손학규의 바람대로 민생경제가 살아났으면 좋겠다. 그가 제시한 대로 노동의 가치가 존중되고, 활력 있는 시장경제와 더불어 공동체의 가치도 살아났으면 좋겠다.

그가 약속한 대로 거시적 목표나 구호 제시만으로 그치지 않고 이해 당사자들의 삶의 공간에서 실천하고자 하는 책임의 윤리가 한국 정치의 기본이 되었으면 좋겠다.

갈등하는 요구와 차이를 인정하고, 이를 조정하고 통합하고자 노력하는 지혜와 사려 깊음으로 구체적인 성과를 만들어 가고 가능성에 대한 희망이 늘어나는 한국 사회가 되면 좋겠다.

그렇게 할 수 있다면, 그가 누구든 운명의 여신 포르투나Fortuna가 함께하는 정치가, 아니 스스로 운명을 개척하는 실천적 역량과 의지virtù를 가진 정치가로 성공할 수 있을 것이라고 나는 믿는다.

정의롭고 공정하고 공평한 사회를 위한 손학규의 실천론

장하성(고려대학교 경영대 교수)

1

———

금융 위기 이후에 자본주의와 시장경제에 대한 비판과 반성이 제기되고 있고, 새로운 대안을 모색하는 논의가 진행되고 있다. 구소련과 동유럽의 사회주의 체제가 무너진 이후에 경쟁 없이 독주해 온 자본주의 시장경제가 20여 년 만에 위기에 봉착했다.

위기 초기에는 이를 금융의 탓으로만 돌렸고, 금융 구조를 바꾸고 자본의 흐름을 규제하면 해결될 것으로 믿었다. 그러나 금융 위기가 유럽 국가들의 재정 위기로 이어지고 다시 은행들이 파산 상황으로 치닫고 있다. 고장 난 자본주의와 왜곡된 시장구조를 그대로 두고 월가의 탐욕스러운 금융가들에게 철퇴를 내리고 괴물 같은 파생 상품을 금지하는 것만으로 세계경제를 구할 수 없다는 것이 명확해지고 있는 것이다.

불평등과 양극화의 심화라는 사회구조적인 문제는 금융 개혁이라는 지엽적인 수단만으로 해결할 수는 없으며, 자본주의 체제와 시장의 구조에 대한 근본적인 변화를 통해서만 해결할 수 있다는 것이다.

2

금융 위기에서 재정 위기로 이어지고 있는 지금의 세계경제의 위기는 시장의 실패와 정부의 실패를 함께 보여 주는 것이다. 이는 자본주의의 실패이자 민주주의의 실패이다.

시장에서의 경쟁은 모두에게 공정한 기회를 주는 것이 아니라 기득권 세력들의 체제 지배의 수단으로 전락했다. 그리고 자본주의는 모두가 함께 더 잘사는 세상이 아니라 소수의 기득권 세력만이 잘사는 세상을 만들었다.

자본주의와 시장이 모두를 위한 체제로 작동하게 할 책임은 민주주의와 정부의 몫이기 때문에 지금의 세계경제의 위기는 민주주의의 실패이기도 한 것이다.

그러나 실패라는 말이 자본주의와 시장의 종말을 의미하는 것은 아니다. 이는 오히려 새로운 자본주의와 시장, 그리고 새로운 민주주의와 정부의 시작을 의미하는 것이다.

그렇기 때문에 지금의 세계경제의 위기를 극복하기 위해 모색하는 새로운 대안에는, 자본주의와 시장을 개혁하는 것만이 아니라 민주주의와 정부의 개혁이 함께 다루어져야 한다.

3

이 책의 저자 손학규는 자신이 꿈꾸는 한국 경제의 미래를 진보적 자유주의에서 찾고 있다.

그는 시장과 정부의 역할에서 어떻게 균형을 이룰 것인가, 그리고 노동과 자본이 대립이 아닌 협력적인 상생 관계를 어떻게 만들 것인가, 그리고 성장의 결실을 공평하게 분배하고 복지와 성장이 선순환을 이루는 구조를 어떻게 만들 것인가 하는 한국 경제의 대안을 진보적 자유주의에서 찾고 있는 것이다.

그가 신념을 갖고 제시하는 진보적 자유주의는, 자본주의를 바꾸고 시장을 개혁하는 것만이 아니라 공동체를 만들고 사회 통합을 이루기 위해 정부와 민주주의가 해내야 할 역할을 정의하는 개념이다.

그렇기 때문에 그는 『저녁이 있는 삶』에서 자신이 제시하고 있는 경제정책들을 단순하게 국민을 더 잘살게 하는 물질적 풍요를 가져다주는 방안으로만 보지 않는다. 그런 경제정책들을 우리 사회가 기득권을 깨고 계층을 넘어선 사회적 통합을 이루는 방안으로 보고 있으며, 정의로운 경제를 통해서 정의로운 사회를 만드는 방안으로 보고 있다.

4

그가 진보적 자유주의를 표방한 것은 이번이 처음이 아니다. 저자는 이미 2000년에 『진보적 자유주의의 길』이라는 책을 펴내면서 분명하게 자신의 입장을 표명한 바 있다. 그는 당시에 세계경제를 지배하던 영국의 대처리즘과 미국의 레이거니즘으로 대표되는 시장 만능주의적인 신자유주의의 문제를 인식하고, 진보적 자유주의를 대안적인 제3의 길로서 보았던 것이다. 마치 10년 후인 지금 벌어지고 있는 자본주의와 시장의 변화를 미리 내다본 것처럼 말이다.

이번에 쓴 『저녁이 있는 삶』에서는 과거의 주장을 반복한 것이 아니라 '진보적 자유주의의 새로운 길'을 이야기하고 있다. 그는 "지난 10년간, 세계도 우리나라도 크게 변했다. 나도 변했다."라고 말하고 새로운 길을 모색한 이유를 설명하고 있다.

특히 주목되는 것은 지금 한국 경제의 불평등과 양극화의 원인이 영국이나 미국처럼 신자유주의적인 시장 만능주의와 같은 세계적인 변화에만 있는 것이 아님을 정확하게 인식하고 있다는 점이다.

그는 우리나라가 겪고 있는 불평등과 양극화의 심화는 세계경제의 환경적 변화만이 아니라 재벌-관료-정치권으로 연합된, 기득권을 가진 지배 그룹들의 철저한 시장 장악과 시장 왜곡에 원인이 있다는 것을 정확하게 인식하고 있다.

그렇기 때문에 그가 표방한 진보적 자유주의는 관념적인 것이 아니라 우리나라의 현실에 기반을 둔 것이며, 그가 제시하고 있는 경제정책들은 구체적이고 실천 가능한 대안들이다.

특히 성장과 분배를 선순환 구조로 만들어 가는 방안으로 고용과 복지를 연계하는 정책을 제시하고, 자본과 노동이 협력적 상생을 하는 대안으로 협동조합을 논의하고 있는 점은 주목할 부분이다. 그는 지난해에 국회에서 협동조합기본법을 제안해 통과시켰고, 최근에는 가장 성공적인 노동자 협동조합인 스페인의 몬드라곤을 직접 방문하는 등 대안을 실천하기 위해 실질적인 노력을 기울인 바 있다.

5

이 책의 2부인 "정의·복지·진보적 성장을 위한 실천 방안"에서는 매우 구체적이고 실천 가능한 경제정책들을 제시하고 있다. 그러나 손학규의 생각과 정책들을 제대로 이해하기 위해서는 서문인 "나는 왜 이 책을 썼나"와 1부인 "진보적 자유주의와 공동체 시장경제"를 읽어 보기를 권하고 싶다. 손학규의 정책이 무엇이냐보다는 손학규가 누구인가를 알고 싶은 사람들에게는 더욱 권하고 싶은 부분이다.

3부인 "유럽에서 우리 사회의 미래를 생각하다"는 그가 제시한 정책들을 실천하고 있는 유럽 국가들을 직접 둘러보는 과정에서 그의 성실함과 진지함, 그리고 열린 자세가 드러나고 있어서 유럽의 제도를 이해하는 것 못지않게 손학규가 누구인가를 아는 데도 도움이 되는 매우 흥미로운 부분이다.

이 책 『저녁이 있는 삶』은 손학규가 정치인으로서 국가를 책임지게 되면 무엇을 할 것인가를 담고 있다. 그러나 다른 한편으로는 진보적 자유주의가 지향하는 가치와 경제적 실천 방안이 무엇인가를 함께 보여 주고 있다는 점에서 이 책은 정치적인 의미를 넘어서고 있다.

그가 제시한 경제정책들은 더 잘사는 것에 그치지 않고 함께 잘사는 공동체를 만들어 가는 방안들이기도 하다. 그렇기에 그의 비전을 담은 정책들이 현실화된다면 우리나라가 더욱더 정의롭고 공정하고 공평한 사회가 될 것이라 믿는다.

나는 왜 이 책을 썼나

저녁이 있는 삶

———

"저녁이 있는 삶을 돌려 드리겠다.

사람이 중심이 되는 경제, 사람이 중심이 되는 복지를 말하는 거다.

산업화다 민주화다 하면서 모두가 힘차게 달려왔는데,

그 혜택을 누릴 수 없다면 누가 다시 뛸 수 있겠는가.

단순히 노동시간 단축만을 말하려는 것이 아니다.

우리가 함께 잘살고, 함께 행복할 수 없는 길이라면

일을 줄인다고 달라지는 것은 없을 것이다.

그것은 올바른 선택이 될 수 없다.

저녁이 있는 삶이 상징하는 것은 결국 민생경제다.

민생경제를 한다고 모든 것이 해결되는 것은 아니지만,

일단 우리는 거기서 출발한다."

__출마 선언 직후 한 인터뷰에서

내가 말하는 '저녁이 있는 삶'은 단순히 저녁 시간을 즐기는 여가에 대해 말하는 것이 아니다.

저녁이 있는 삶은 우리 사회에 만연한 이분법적 구도를 반대하는 가치다. 돈을 벌기 위해서는 가족과 함께 저녁을 먹고 대화하는 것을 포기해야 한다는 식의 이분법, 내가 잘살기 위해선 누군가는 못살아야 한다는 이분법, 내가 옳기 위해서 누군가는 반드시 틀려야 한다는 이분법······. 이 모든 것에 반대하는 가치가 바로 저녁이 있는 삶이다.

직업을 구하는 것, 돈을 버는 것, 개인으로서 가족 구성원으로서의 기본적인 행복을 누리는 것, 이 모든 것이 함께 가야 한다는 새로운 가치를 '저녁이 있는 삶'을 통해 말하고자 하는 것이다.

저녁이 있는 삶이란 상생의 가치다. 노력한 만큼 얻을 수 있는 삶, 절망하는 대신 희망을 가질 수 있는 삶, 미워하는 대신 포용하는 삶, 서로 돕고 함께 잘사는 삶의 가치다. 바로 내가 꿈꾸는 새로운 대한민국의 길이다.

아버지와 아들이 함께할 수 있는 저녁

——

언젠가 아내가 텔레비전 프로그램에서 본 이야기를 들려주었다.

평소에 서로 대화가 없는 나이든 아버지와 장성한 아들이 함께 출연해서 상담을 통해 대화의 고리를 푸는 다큐멘터리 같은 거였나 보다. 아내의 말에 따르면 아버지와 아들은 서로 감정의 골이 깊었고 가족임에도 불구하고 대화라는 것을 해본 적이 없었단다.

아버지는 평생을 뼈 빠지게 일했는데 가족에게 대우도 못 받는 자신의 처지가 안쓰럽다고 했단다. 아들은 평생 가족에게 따뜻한 말 한 마디, 애정 어린 관심을 보여 주지 않고 오로지 밖으로만 돈 아버지가 밉다고 했다. 둘은 혈연관계이지만 평생 대화해 본 적이 없었다.

주변을 살펴보더라도 아버지와 사이가 좋지 않거나 함께 있는 것을 어색해하는 아들들이 많다. 특히 산업화 시대에 젊음을 바쳐 이제 60~70대에 접어든 아버지들과 이제 30~40대가 된 아들들이 그렇다.

지금의 젊은 세대들은 어렸을 때 가족과 많은 대화를 나누지 못했다. 그 당시 산업의 역군이었던 아버지들은 가정에서 보내는 시간보다 바깥에서 보내는 시간이 더 많았기 때문이다. 부부 관계는 수평적이지 못했고 가정 안에서의 대화는 바깥일보다 등한시됐다. 아들들은 그런 아버지를 이해하지 못했다. 사춘기를 겪으면서 어머니에 대해 애잔한 마음이 생기고 아버지와는 감정적으로 소원해진 채로 성장했다.

나는 이것이 근대화가 남긴 병이라고 생각한다. 오로지 잘살아

보자고 외치면서 죽도록 일만 하고 개인과 가족은 없는 사회, 겉으로 보이는 성장만 중요시해 온 사회의 결과인 것이다.

우리에게는 가족과 대화하도록 허용된 시간이 없었다. 그런 가치는 "돈을 벌어야 한다, 부자가 되어야 한다."라는 논리에 밀렸다. 이제 우리에게는 저녁이 필요하다.

열심히 일해 돈을 벌고, 일이 끝나면 가족들과 시간을 보낼 수 있는 삶. 그것이 저녁이 있는 아버지의 삶이다.

아내와 어머니에게도 저녁이 있는 삶

———

예전에는 쉽게 듣지 못했던 단어가 심심찮게 뉴스에 등장한다. 산후 우울증, 육아 우울증이라는 단어다. 내가 젊었을 때는 여성이 아이를 낳고 기르는 게 당연했다. 물론 출산과 육아의 과정은 힘들었겠지만 남자가 밖에 나가 일을 하는 게 당연했듯 여성에게도 의당 당연한 일이었다. 우리나라뿐 아니라 전 세계적으로도 고대 모계사회 이후 근대에 들어서기 전까지 남녀의 성 역할은 이렇게 고정되어 있었다.

우리 어머니는 자식을 열이나 낳으셨다. 어머니는 그 당시에도 일하는 여성이었다. 아버지와 같이 어머니도 초등학교 교사였다.

그러나 아이를 낳으면서 학교를 그만두고 가정을 지키는 전형적인 주부가 되었다. 아버지가 일찍 돌아가신 후에는 농사도 짓고 산에 가서 나무도 하고 장사도 하면서 아이들을 키우셨다.

초등학교 때 한번은 내가 도시락을 두고 가 어머니가 학교에 도시락을 들고 찾아온 적이 있었다. 그때 같은 반 친구가 "학규야, 너희 할머니 오셨다."라고 했던 게 기억에 남는다. 열 남매 중의 막내인 나를 어머니가 마흔넷에 낳으셨으니까 그렇기도 했겠지만 아이들 키우랴, 남편 없이 혼자 가족들 벌어먹이랴 오죽 고생을 하셨으면 나이보다 훨씬 들어 보이셨을까. 그렇게 희생하고 가족을 위해 헌신하는 것이 우리 시대 어머니들의 모습이었다.

어머니도 일을 하셨지만 약국을 했던 아내도 '워킹 우먼'이었다. 결혼하고 나서 나는 민주화 운동이다, 빈민 운동이다 하며 돈 벌 생각은 하지 않고 밖으로 나돌며 노상 경찰서다, 정보부다 끌려다니고, 도망 다니고……. 집안 살림은 온통 아내의 몫이었다. 지금은 고인이 된 친구 김근태 의장이 내가 도망 다닐 때 자주 찾아와 약국의 덧문을 닫아 준 것도 그때였다.

요즘 여성들은 예전의 희생하는 어머니상과는 다르다. "'여성도' 일한다."라는 표현은 이미 낡았다. 사회 진출도 많아졌고 자아실현 욕구도 크다. 남녀를 구분하지 않고 모두가 사회 구성원으로서 일하고 꿈을 펼쳐 가려고 한다.

그렇게 직업을 갖고 스스로의 힘으로 돈을 벌었던 여자들이 결혼을 하고 아이를 낳는다. 자신에게 집중됐던 삶이 갑자기 한 생명을 잉태하고 온전히 책임져야 하는 역할로 바뀌게 되는 것이다.

아이를 키우는 것은 정말 힘든 일이다. 남편은 나가서 돈을 벌고 아내가 직장을 그만두고 집에서 아이를 보는 경우가 많다. 일을 하고 싶어도 아이를 맡길 만한 곳이 없기 때문이다. 어린이집에 맡겼다가 아이들이 잘못되었다는 뉴스에 엄마들은 불안하기만 하다. 친정 엄마나 시어머니에게 맡기는 방법도 있지만 멀리 살거나 부모님이 연로하신 경우에는 이것도 힘들다.

결국 자신의 힘으로 혼자 아이 키우는 것에 헌신해야 하는 엄마들은 고달프다. 그래서 산후 우울증, 육아 우울증이라는 말이 생기고 무서운 병처럼 퍼져 가고 있는 것이다.

운 좋게 육아휴직이 보장되는 직장에 다녀 가까스로 첫째를 낳고 다시 일을 하려고 한다 치자. 둘째를 낳는 것은 쉽게 엄두가 나지 않는다. 완전히 일을 포기하고 아이가 클 때까지 집에만 머무르겠다고 결심하지 않고서는 둘째를 낳을 생각은 하기 힘들다. 첫째를 낳고 바로 일을 그만둔 경우에도 아기 아빠가 혼자 벌어 오는 돈이 빠듯해 둘째 출산을 망설이는 경우가 많다. 이래저래 출산율은 낮아진다.

여성이 편안해야 가정이 편안하다. 엄마가 웃어야 아기도 웃는다. 아내가 응원해 줘야 남편도 힘을 내서 일을 더 잘한다. 여성이 행복해야 사회가 행복해진다.

아이들에게도 미래의 꿈이 있는 삶

얼마 전에 작은딸이 들려준 얘기다. '노는 학원'이 있다는 거다. 요즘 아이들이 학원을 많이 다녀 놀 시간도, 뛰어놀 공간도 없어 놀이를 가르쳐 주는 학원이 생겼다는 것이다.

우리나라는 교육열이 무척 높다. 예로부터 우리 부모들은 자식을 위해서라면 뭐든지 해주려고 했다. '가난해도 내 자식만큼은…….' 이라는 부모들의 노력이 있었기에 우리나라가 이만큼 인재를 키울 수 있었으며 이런 인재 양성에 힘입어 경제 발전이 가능했다.

하지만 아이들은 힘들다. 요즘 아이들은 옹알이를 하면서부터 글자를 배우고 동시에 영어를 익힌다. 예전에 흥미롭게 읽은 글이 기억난다. 어떤 엄마가 첫아이에게는 글자를 빨리 가르쳐 주고, 둘째는 자신이 원할 때까지 가르쳐 주지 않았다고 한다. 어떤 것이 아이의 창의력에 더 도움이 됐을까? 글을 배우지 않은 둘째는 버스가 지나가면 색깔과 모양을 보며 감상을 얘기했다. 하지만 글을 아는 첫째는 'ㅇㅇ운수'라고 읽어 버리는 게 끝이었다고 한다. '아는 만큼 보인다.'는 것이 아이들에게는 좋지 않을 수도 있는 것이다.

아이들은 정말 순수하다. 자신의 눈으로 세상을 본다. 어린 시절에 느끼고 배운 것을 토대로 정서가 함양되고 자아가 생성된다. 그런데 우리는 무조건 아이의 머리를 지식으로 채우려 한다. 교육에 대한 열망은, 엄청난 규모의 사교육 시장과 직결되어 있다. 심지어 아이의 두뇌나 감성을 발전시켜야 한다는 프로그램들조차 상업적인 논리로 만들어져 있다.

요즘 아이들은 놀이터에서 흙장난을 하는 대신 학원에 다니느라 바쁘다. 학교가 끝나면 학원에 가야 하고 따라서 아이들의 친구는 보통 '학원 친구'라고 한다. 학원에 가지 않으면 친구조차 못 만드는 것이다. 그것을 파고든 게 '놀이 학원'이다.

그렇다면 돈이 없는 아이들은 어떨까? 학원에 갈 돈도 없다. 학교에선 위축이 되고 아이들과 잘 어울리지 못할 것이다. 어린 시절부터, 학교에서부터 차이를 느끼고 격차를 느낀 아이가 과연 희망을 꿈꿀 수 있을까?

공부만 강요하고 어려서부터 학원에 다닌 아이들은 심신이 허약하다. 부모에 의존하다 보니 자립성은 떨어지고, 공부와 바쁜 일정에 지치다 보니 몸은 허약해진다.

어려서부터 아이들에게 공부를 시키고 학원과 사교육의 장으로 몰아넣는 엄마들에게 왜 그러냐고 물어보면 돌아오는 대답은 한

결같다. "남들이 다 하기 때문에 하지 않으면 뒤처질 것 같아서."라는 것이다. 그렇게 우리의 아이들은 어려서부터 경쟁의 체제로 들어선다.

이래저래 아이들은 행복하지 않다. 있는 집 아이들은 학원과 과외수업에 치여 불행하고, 없는 집 아이들은 학원에 못 가서 불행하다. 엄마들은 학원비 대려고 잔업이다 알바다 뼈 빠지게 일하고 심하면 가정 파탄까지 다다른다. 엄마가 일하러 가고 없는 빈집에 아이들은 정을 못 붙이고 밖으로 돈다.

학원에 다니면서 간신히 성적을 올려 대학에 진학한들 창의력은 없고 학업 능력은 떨어져 대학 생활도 불행해진다. 더구나 대학에 들어가자마자 부딪히는 취업난에 학생들은 캠퍼스의 낭만은커녕 이내 '스펙'의 노예가 된다. 우리 대한민국이 이렇게 살 수는 없다. 달라져야 한다.

정권 교체해서 무엇을 할 것인가

———

우리는 2012년 12월 19일 대통령 선거를 앞두고 정권 교체를 목표로 하고 있다. 민주당이 집권할 수 있는가 없는가는 물론 중요하다. 민주당은 수권 정당으로서의 면모를 보여 줘야 한다. 그것이 시대의 요구다. 하지만 그보다 더 중요한 것은 민주당이 다시 집권한다면 무엇을 할 수 있는가이다.

과연 민주당은 국민을 '잘'살게 해줄 수 있는가? 민주당은 아버지와 가족에게 저녁이 있는 삶을 제공할 수 있는가? 그래서 아버지와 아들이 편하게 대화를 나누는 가정을 선사할 수 있을까? 젊은 주부들이 자아를 실현하면서 행복한 마음으로 아이를 갖고 키울 수 있는 사회를 만들어 줄 수 있는가?

아이들이 학교 가는 것을 행복해하고 청년들은 자유롭게 꿈을 갖고 마음껏 미래를 설계하도록 할 수 있을까? 과연 민주당은 국민 한 사람 한 사람을 행복하게 해줄 수 있는가?

당보다 나라가 우선이고, 국민이 우선이라는 게 내 원칙이다. 나는 어느 자리에서나 정권 교체를 최종 목표로 생각해서는 안 된다고 말해 왔다. "하늘이 무너져도 정권 교체를 해야 한다."라는 얘기도 해서는 안 된다.

왜냐하면 하늘이 무너져도 해야 될 것은 국민의 삶을 지키는 것이기 때문이다. 함께 잘사는 나라를 만드는 것이 중요하다. 정권 교체는 그것을 위한 수단일 뿐이다.

그렇다면 우리 민주당은 어떤 정부가 될 것인가. 어떤 경제정책, 어떤 사회정책을 할 것이며, 이를 통해 어떤 사회를 만들겠다고 말할 것인가. 내가 이 책을 낸 이유는 바로 이런 문제의식 때문이다.

실천할 수 있는 비전이 중요하다

———

정치가들의 책은 주로 자신의 정치적 비전을 다룬다. 정치가의 역할이 비전을 제시하는 것이니 자연스러운 일이다. 하지만 그것이 목표나 가치를 선언하는 것으로 충분하다고는 생각하지 않는다.

정치가는 시민에 의해 선출된 시민의 대표다. 정치가의 비전이 가치가 있으려면, 일반 시민의 눈높이에서 제기된, 우리 사회의 문제를 담아야 한다.

정치적 비전도 중요하지만 이를 실천할 수 있는 구체적 내용을 발전시키는 것은 더 중요하다. 많은 정치인이 지향과 목표를 여러 슬로건으로 표현해 왔는데, 사실 우리가 지향해야 할 목표 가치는 이미 분명하게 존재한다. 우리 정치가 지향해야 할 방향은 민주주의를 좀 더 강화하고, 경제적 불평등과 양극화를 줄이며, 한반도의 평화를 유지하고, 보편적인 복지를 확대하는 일이다.

큰 방향에서 우리가 해야 할 일은 이미 나와 있다. 문제는 그것을 실현하려면 어떤 노력들이 필요하고 어떤 의지를 새겨야 하는지를 말하는 것이다. 나는 그 일을 하려 하고, 지금까지 이 문제에 집중해 왔다. 이 책에서만큼은 말의 성찬이 아니라 실제로 우리 사회가 필요로 하는 정책을 이끌어 갈 수 있는 의지와 방법을 보여 주고 싶었다.

진보적 자유주의의 새로운 길

지난 10년간, 세계도 우리나라도 크게 변했다. 나도 변했다. 나는 2000년에 『진보적 자유주의의 길』이라는 책을 썼다. 당시 나의 문제의식은 세계화의 시대에 민주·진보 세력이 어떻게 적응하고 글로벌 경쟁에서 이겨 낼 것인가 하는 것이었다.

그것은 당시 미국과 유럽을 풍미했던 '제3의 길'의 한국적 모색이기도 했다. 영국의 토니 블레어가 대처리즘을 극복하기 위해 노동당의 노선을 '제3의 길'에서 찾았고, 미국의 빌 클린턴이 레이거니즘을 이기기 위해 '뉴민주당 플랜'을 추구한 것과 같은 맥락이었다.

당시 나는 미국에서 8개월여를 머무르는 동안 클린턴 정부가 진보 정책을 추진하면서 동시에 경제적 번영을 이룩하는 과정을 인상 깊게 지켜보았다. 우리도 그 물적 기반을 확보하면서 진보적 가치를 실현할 수 있는 길을 찾아야 한다고 생각했다.

그 생각을 '진보적 자유주의'라는 개념으로 정리해 보았던 것이다. 이는 민주주의와 복지라고 하는 진보적 가치를 실현하되, 자유주의 시장경제의 경쟁 체제를 적극 도입해야 한다는 이념 노선이었다.

그러나 그 후 10년도 더 훌쩍 지난 지금, 나는 '진보적 자유주의'의 내용 면에서 새로운 길을 모색해야 한다는 생각을 하고 있다.

지난 10년 동안 세상도 많이 바뀌고 세상 사람들의 생각도 바뀌었기 때문이다. 무엇보다도 나의 생각이 많이 바뀌었다.

민생에서 길을 찾다

———

2008년 7월부터 2010년 8월까지 2년간 나는, 현실 정치에서 한발 물러나 춘천에 머물면서 그간 내가 살아온 길과 정치 여정, 그리고 대한민국의 현재와 미래에 대해 많은 생각을 했다.

2006년 6월 30일, 경기도지사를 사임하는 날로부터 시작했던, 1백 일간의 '민심 대장정'에서 그러했듯이 궁극의 해답을 민심의 바다에서 찾으려고 노력했다.

정치에 대한 나의 성찰은 국민들의 고단한 삶에서부터 시작되었다. 가장 마음이 아팠던 것은, 어느덧 우리 사회를 지배하고 있는 승자 독식의 경제, 그리고 그와 함께 나타난 양극화 현상이었다.

국민의 삶은 피폐해졌고 사회는 분열되었다. 지금 우리 국민은 내일에 대한 희망을 말하지 않는다. 어려운 사람도 잘살 수 있다는 희망의 사다리가 무너져 내렸다. 그것은 이 나라 국민들의 삶이 그 기반으로부터 위협받고 있다는 것을 의미한다.

이를 정치인의 한 사람으로서 제대로 보지도 막지도 못한 것이

나의 반성적 성찰의 출발점이었다.

경기도지사 시절, 땀 흘리며 경기도 곳곳을 누비고 첨단산업을 유치하기 위해 전 세계를 돌았지만 정작 성장이 분배를 견인하지 못하는 문제에 대해 제대로 자각하지 못했다. 위로부터의 성장이 아래의 풍요를 가져다주지 못하는 잘못된 경제에 대한 통찰도 부족했다.

힘없는 사람들이 자신의 힘으로 해결하지 못하는 것을 대신 나서서 해결해 주는 것이 나라의 역할일진대, 우리 정치는 그것을 해내지 못했다. 힘 있는 사람, 대기업은 자기들이 다 알아서 한다. 힘없는 사람, 돈 없는 사람들도 잘살게 하는 것이 정치의 본분인데, 그것을 제대로 못한 것이다.

정치는 국민의 삶, 즉 민생을 지켜 내지 못했고, 국민은 희망을 잃어버렸다. 불안, 그리고 때로는 절망 속에서 자신이 살아남으려, 가족을 살리려 발버둥 치고 있다. 사람보다 돈이 우선한 사회, 힘 있는 사람만이 우대받고 판치는 세상이 되어 버렸다.

그 과정에서 대한민국은 지금 '분열'이라는 중병을 앓게 되었다. 부자와 서민, 강남과 강북, 수출과 내수, 대기업과 중소기업, 수도권과 지방, 도시와 농촌 그리고 크게 보면 남과 북까지 마치 가뭄에 갈라진 논바닥처럼 갈라지고 있다.

이 거대한 균열은 우리가 사랑하는 대한민국 공동체를 위태롭게 만들고 있다. 이 속에서 공동체를 지키는 소중한 가치들이 붕괴되고 있다.

외환 위기 이후 우리 사회에서 심화되어 온 이 양극화가 국민의 삶을 파괴하고, 대한민국 공동체를 분열시키고 있었음에도 우리는 이에 제대로 대처하지 못했다. 우리는 국민총생산과 수출, 외환 보유고, 국가신용 등급과 같은 경제지표에 함몰되어 사태를 제대로 보지 못했다.

내수의 불황, 중소기업과 자영업자의 위기, 비정규직 확산, 청년 실업, 부동산 거품 속에서 서민과 중산층의 삶이 전 방위적으로 파괴되었음을 간과했다.

민주 세력이 방심하고 분열하는 동안 국민의 삶은 더욱 피폐해졌다. 나 역시 외환 위기 이후 신자유주의 세계 흐름 속에서 민주화 이후의 선진화 담론에 도취되어 양극화가 우리 사회 전체를 분열시키는 것을 제대로 보지 못했다. 민주주의 정치 세력이 끝까지 지켰어야 할 서민과 중산층의 '민생'을 챙기지 못한 것이다.

달라져야 한다. 나부터 그래야 한다. 다시 민심과 민생의 바다로 뛰어들어야 한다. 그것이야말로 민주 세력의 일원으로서, 국민을 위해 일하는 정치인으로서 내게 주어진 과업이라고, 이제 나는 분명히 믿고 있다.

이 책에서 말하게 될 민생경제론

내가 하고자 하는 정치는 국민 생활을 최우선으로 하는 민생경제이고 민생정치다. 긴 말이 필요 없이 먹고사는 문제가 정치의 우선이어야 한다. 대다수 국민의 생존과 삶의 질을 보장하는 일이 정치의 중심이 되어야 한다. 그중에서도 특히 노동자와 농어민, 영세 자영업자, 중소기업을 적극 보살피는 역할이 내가 견지하는 정치의 본분이다.

국민 생활 우선의 민생정치는 구체적인 국민 생활의 문제에 관심을 갖는다. 무엇보다 국민의 기본 생활을 보장할 책임을 나라가 진다. 일자리, 주택, 교육, 의료, 노후 생활은 모두에게 보장되어야 할 대표적인 기본 생활이다.

국가 경제를 운영함에 있어서 일자리는 모든 정책에 우선해야 한다. 국가는 좋은 일자리를 풍부하게 제공해 국민들이 노동을 통해 행복을 누리는 사회를 만들어야 할 것이다.

무주택자들에게 싼값으로 주택이나 임대주택을 보급하거나 안정된 셋방을 공급하는 것도 국민 생활 정치의 기본이다.

교육은 사회적 생활의 수단일 뿐 아니라 삶의 가치 그 자체이고 복지의 핵심적 요소이다. 수준 높은 공교육을 제공해 사교육비의 멍에를 벗겨 주는 것은 당연한 국가의 책임이다.

보편적 의료 서비스는 복지사회의 가장 중요한 조건이다. 의·과학의 비약적 발전이 일부 상류층에게만 혜택이 되어서는 안 된다. 모든 사람이 소외받지 않고 높은 수준의 의료 서비스를 받을 수 있도록, 국민들이 필요로 하는 행복의 조건을 충족시켜 주어야 할 것이다.

고령 사회에서 노인들의 삶을 편안하게 뒷받침하는 것 또한 복지사회의 필수적 조건이다.

이와 같은 기본 생활의 영역 외에도 국민 생활 우선의 정치가 관심을 갖고 해답을 주어야 할 영역은 광범위하다. 쾌적한 생활환경을 조성하기 위해 자연을 보호하고 생명 존중의 사회를 이룩하는 것도 새로운 사회의 요구이다.

국민을 범죄와 재해로부터 보호해 안전한 생활을 보장하는 것도 빼놓을 수 없다. 국가를 외침으로부터 보호하고 국민을 전쟁의 위협으로부터 해방시키는 것이야말로 국가의 책무 중 으뜸가는 책무이다. 이미 우리 사회의 새로운 가치는 무력을 키워서 전쟁에 대비하기보다 평화 체제를 확립해 전쟁의 조건을 없애는 것에 두어져 있다.

한민족으로 구성되어 있는 남북 간에는 화해와 협력을 통해 평화 체제를 구축하고 한반도 경제 공동체를 구성해 전쟁의 위협을 원천적으로 제거하고 공동의 번영을 추구하는 것, 그것이 우리가 가야 할 길이다.

민생경제의 토대가 튼튼하려면, 건전한 시장경제 질서의 확립이 요구된다. 시장경제는 합리적이고 효율적인 경제체제이다. 그러나 시장경제는 올바른 질서에 의해 유지되어야 한다.

시장경제가 자유로운 계약관계를 기본으로 하는 만큼, 공정한 거래 질서는 시장경제의 생명과도 같은 필수적 조건이다. 시장경제가 승자 독식의 불의한 사회를 만드는 도구가 되어서는 안 되기 때문이다.

기업의 지배 구조를 건전하게 유지하고 대기업의 횡포로부터 중소 하청 업체를 보호하는 것은 경제 정의 실현의 중요한 조건이 될 것이다. 노동자의 경영 참여를 통해 지배 구조의 건전성과 경영 효율성을 동시에 추구하는 것은 건강한 시장경제 질서의 확립을 위한 중요한 지표가 될 것이다.

성장 동력의 보호·육성은 복지사회의 경제적 기반을 확보하는 데 중요한 관건이 된다. 과학기술의 발전과 생명의 존엄성, 지속 가능한 발전에 대한 인류적 관심은 새로운 성장 동력의 발굴과 육성을 요구하고 있다.

대체에너지 산업을 비롯한 신성장 동력의 개발과 육성에 적극성을 보이는 것은 진보의 능력을 키우는 일이기도 하다. 이것이 유능한 진보의 모습이고 우리가 가야 할 길이다.

민생 속에 길이 있다

___

다시 민주당의 역할이 중요하다. 피폐해진 서민의 삶을 돌보고 모두가 함께 잘사는 세상을 만드는 데 민주당이 앞장서야 한다. 후퇴한 민주주의를 다시 바로 세워야 한다. 파탄이 난 남북 관계를 복원하고 평화 체제를 만들어야 한다.

민주당은 '서민과 중산층의 정당'을 표방한다. 그런데 왜 비정규직이 적게는 전체 노동자의 3분의 1에서 많게는 절반이나 되도록 방치했는지, 우리는 대답해야 한다.

영세 자영업자의 입장을 대변하는 우리 민주당은 골목 구석구석까지 들어서는 대형 마트에 대한 대책을 세워야 한다. 대책만 세울 것이 아니라 현장에서 함께 싸워야 한다.

서민들 아파트 값, 전셋값을 안정시킬 방안을 마련해야 한다. 대기업의 횡포로부터 중소기업을 보호할 정책을 개발해야 한다. 우리 민주당은 민주·개혁·진보 세력을 대표해서 이런 국민 생활의 문제에 대답하고 해결책을 제시해야 한다.

민주당은 서민과 중산층의 생활을 정치 활동의 가장 우선순위에 두는 국민 생활 우선 정당이 되어야 한다. 민주·진보 세력은 자신들의 이념적 지향을 설파하기에 앞서서 자신들이 펴는 정치가 국민들에게 구체적이고 실질적으로 도움이 되는 정치가 되도록 할 능력이 있는가를 스스로 묻고 대답해야 한다.

민주당은 민주·진보 세력을 모두 담을 큰 솥이 되어, 국민 모두에게 도움이 되는 정치를 펼쳐야 한다. 민주당은 민주·진보 세력의 대통합을 위해 선두에 서야 한다.

대한민국의 민주 세력이 더 큰 하나가 되는 것이 민주당의 정치적 목표가 되어야 한다. 더 큰 하나가 되고 더 큰 진보가 되는 것이 민주당과 진보 세력의 공통 목표가 되어야 한다.

오직 국민만을 생각하고 실질적으로 국민들 생활에 도움이 되는 실사구시의 정치가 우리가 가야 할 길이다. 국민이 기준이 되는 정치가 진보의 길이다. 국민들이 의지할 수 있는 유능한 정치가 진보의 길이 되어야 한다. 정치인을 위한 정치가 되어서는 안 된다. 국민을 크게 하나로 묶는 통 큰 정치를 해야 한다.

우리는 분열되어 가는 대한민국, 무너져 가는 대한민국 공동체의 희망을 함께 복원해야 한다. 우리가 함께 서있는 이곳 대한민국은 우리의 어버이와, 우리 자신과, 우리의 아이, 또 그 아이의 아이들이 품은 소중한 꿈이 영글어 갈 영원한 터전이다.

우리의 기약은, 우리가 살길은 더 나은 대한민국 공동체를 위해 오직 함께 전진하는 것이다. 뿔뿔이 나뉘어서, 서로를 밟고 가면서 이뤄 내는 전진은 환상일 뿐이다.

이제 우리 모두가 승리하는 길을 찾아야 한다. 이유는 한 가지이

다. 그렇지 않으면 대한민국 공동체가 분열하고, 결국 우리 자신의
삶이 파멸될 것이기 때문이다.

사회적 지식과 유럽 정책 여행

———

경기도지사를 하고 장관을 하고 국회의원을 하고 당의 대표를 하고
대통령 후보 경선에 나서기도 하면서 내면으로는 두려움이 있었다.
책임감에 마음이 무겁고 고민스러울 때도 많았다. 순간의 내 판단
과 결정이 우리 사회에 중요한 영향을 미칠 수 있는 때도 있었다.

다뤄야 하는 법안이나 정책의 범위가 지나치게 넓다 보니 전문
적인 판단도 필요했고 동시에 정치적인 고려도 해야 했다. 내가 알
아야 할 것 혹은 내가 모르는 것이 너무 많다는 자각 때문에 괴롭
기도 했다. 소크라테스는 무지를 자각하는 것이 학문의 출발이라
고 했는데, 정치에서도 맞는 말이 아닐 수 없었다.

그래서 공부했다. 관련 대학교수들과 전문가들을 모시고 강의도
듣고 정기적인 세미나도 했다. 춘천에 있을 때도 그랬지만, 서울로
올라와 민주당 대표를 맡고 있을 때부터는 매주 토요일이면 어김
없이 공부를 했으니, 이제 2년이 넘었다.

경제·복지·노동·교육 등 주제도 다양했지만 중심적인 문제의

식은 한국 사회의 대안에 관한 것이었다. 함께한 학자·전문가·지식인의 수도 헤아릴 수 없이 많았다.

그러나 공부 모임만으로는 부족했다. 공부 모임에 참여했던 많은 사람들은 늘 다른 나라의 경험과 사례를 말했다. 나도 직접 가서 보고 싶었다. 그들과 대화를 나눠 보고 싶었다. 그래서 유럽으로 정책 여행을 다녀왔다.

우리가 지금 해야 할 과제는 복지·노동·의료·교육·협동조합으로 압축된다. 그 길을 앞서 개척한 나라들이 있다. 스웨덴·네덜란드·영국·핀란드·스페인이다.

물론 우리가 무조건 그들을 따라야 하는 것은 아니며, 우리는 우리 나름의 조건과 고민이 있다. 그러나 앞선 나라들의 경험은 시행착오를 줄이고 실현 가능성에 대한 기대와 의지를 세워 줄 수 있다.

국가 간 비교 연구를 하는 학자들은 다른 나라에 가면 갑자기 자기 나라가 새롭게 보인다는 말을 자주 한다. 지금으로부터 2백여 년 전 프랑스의 젊은 귀족이었던 토크빌은 자기 나라인 프랑스의 미래를 고민해 보기 위해 미국에 갔고, 그 결과를 『미국의 민주주의』라는 책에 담은 것으로 유명하다.

나 역시 30여 년 전 영국 유학 생활을 하면서 영국 정치보다는 한국 정치를 더 많이 생각했다. 당시 우리 사회는 권위주의 체제였다. 어떻게 하면 우리도 민주주의를 할 수 있을지, 민주주의를 하게 된다면 정부를 어떻게 운영할 수 있을지 하는 문제와 관련해, 영국이라는 관찰 및 비교의 대상은 내게 많은 자극을 주었다.

이번에 다녀온 유럽 정책 여행도 그랬다. 과거 유학생이었을 때나 여행객이었을 때와는 확연히 다른 경험이었다. 그들의 실험과 성과를 들여다보는 것도 좋았지만, 어떻게 시행착오를 줄였으며 서로 협력할 수 있었는지 그들의 경험을 듣는 것은 생생한 현장 체험이었다.

이 책은 이 모든 공부의 결과이다. 그런 점에서 이 책은 나만의 것이라기보다는 나의 생각을 이끌어 준 모든 사람들의 지식과 지혜를 모은, 일종의 집합적 지식 내지 사회적 지식이라고 할 수 있다. 모두에게 감사한다.

2012년 7월을 맞이하며

손학규

1부

진보적 자유주의와
공동체 시장경제

1

어디서부터 시작할 것인가

삼성전자의 2011년 연간 매출액은 165조 원, 영업이익은 16조 원에 달했다. 2012년 1/4분기 영업이익도 5조8천억 원을 넘어섰고 매 분기마다 기록을 갱신하고 있다. 현대자동차는 지난 한 해 매출 77조 원, 영업이익 8조 원 등 사상 최대의 호황을 누렸다.

노사 갈등으로 큰 논란이 되었던 한진중공업도 6월에는 영업이익이 전월 대비 30퍼센트포인트가량 증가될 전망이라고 한다. 이런 지표들의 뒷면에 감춰져 있는 우리 사회의 모습은 다르다.

민주노총 지도위원인 김진숙 씨가 한진중공업 고공 크레인에서 309일째 농성을 하다 내려온 지 7개월이 지난 6월 10일 현재, 그동안 정리 해고 철회를 위해 투쟁해 온 한진중공업 노동자들은 다시 천막 농성에 들어갔다. 단체협약 해지 통보, 대화 기피 등 일련의 회사 태도가 복직 약속을 깨려는 것이라 판단해서다.

2009년 파업 이후 3년째 끌어오고 있는 쌍용자동차 노동자들은 부당해고에 맞서다 벌써 22명째 희생자가 생겨났다. 서울시청 앞 분향소에는 타오르는 향 연기가 끊이지 않고 있다. 용산 재개발 지역 철거민들 가운데 아직 교도소에서 나오지 못한 사람들도 있다.

얼마 전 강연차 부산에 다녀왔다. 나는 부산을 갈 때마다 여러 생각이 교차하는 것을 느낀다.

지금으로부터 30여 년 전인 1979년 부마항쟁 당시, 나는 흔히들 NCC라고 하는 '한국기독교교회협의회'에서 일하고 있었다. '부마사태'로 부산 경남 일대에 계엄령이 선포되었는데, 언론을 통해서는 대체 무슨 일이 일어난 것인지를 알 수 없어서 상황을 파악하고 대책을 수립하기 위해 직접 부산에 갔다. NCC 총무 김관석 목사는 위험하니 가지 말라고 했으나 나의 고집을 꺾지는 못했다.

최성묵 목사와 김광일 변호사 등 부산의 핵심적인 민주화 운동가들을 만나서 실상을 듣고 대책을 강구하던 중에 경찰에 잡혔다. 경찰서를 거쳐 바로 김해 보안대로 이첩되었다. 심문실에 들어갔는데 의자 하나만 있었다.

이름 석 자도 묻지 않은 채, 이등병쯤 되어 보이는 '쫄병'들이 교대로 들어와서는 불문곡직하고 패댔다. 꼬박 48시간을 맞았다. 앉아 있을 수도, 누워 있을 수도 없었다. 만 이틀이 지난 저녁이 되자, 취조실 문이 열렸다. 중앙정보부의 대공 수사단장이었다.

당시 수사단장이라는 위치는 '나는 새도 떨어뜨릴' 막강한 힘을 갖고 있었다. 특히 당시 최모 단장(이름은 지금 기억나지 않는다)은 악명이 자자했다. 그런 그가 수사관을 데리고 일부러 부산까지 내려온 것이다. 그는 나를 보자 대뜸 "손학규, 너 이 새끼 여기 있었구나."라며 빈정거리듯 말하였는데, 장발장을 발견한 자베르 경감의 잔인한 웃음이 떠올랐다. 서울대 출신 운동권에, 반공법 위반으로 감옥에 간 전력도 있었으니 '딱 걸렸구나!' 하고 온 것이다.

그 순간 '나는 죽었구나.' 하는 생각을 했다. 제2의 민청학련 사건, 제2의 인혁당 사건을 조작해 낼 것이 분명했고, 그렇게 해서 부마항쟁에 이념적 덧칠을 해댈 것이라고 생각하니 온몸이 오싹했다.

취조는 기본적인 질문으로 시작했다. 한 시간쯤이나 지났을까? 누가 들어와 취조관에게 귓속말을 하더니 다들 밖으로 나갔다. 한참이 지나도 그들은 돌아오지 않았다. 더럭 겁이 났다. 무슨 음모를 꾸미고 있을까? 어떤 고문으로 나를 죽이려 들까? 취조와 고문을 많이 당해 본 나로서는 이렇게 취조관이 자리를 비운 뒤에 다가올 고문을 잘 알고 있었다. 기다림은 공포의 시간이었다.

하루가 더 지났다. 공포는 더 심해지는 가운데 공기가 묘하게 흘러갔다. 그다음 날 새벽이 지나면서 헌병의 말투부터가 달라지기 시작했다. "괜찮을 거예요. 곧 나가실 거예요." 나중에 알고 보니 취조관이 갑자기 취조를 중단하고 나간 그 시각에 박정희 대통령이 김재규 당시 중앙정보부 부장에게 '시해'되는 이른바 '10·26 사건'이 일어났던 것이다. 아마 그때 그런 일이 없었으면, 내가 사형을 당했거나, 최소한 사형선고를 받았을 것이라는 생각을 지금도 한다.

내게는 잊고 싶어도 잊을 수 없는 그런 경험을 했던 부산을 최근에 다녀온 것인데, 마음이 착잡했다. 부산의 지역 경제가 전체 한국 경제에서 차지하는 비중이 1995년에 9.5퍼센트였는데, 최근에는 5퍼센트 정도로 줄었다. 청년 고용률은 50퍼센트로 전국에서 두 번째로 나빠졌다.

자갈치 시장에 가봤다. "바쁘시지요?" 내 물음에 시장 아지매들은 "바쁘긴예. 손님이 있어야 바쁘지예."라고 답한다. 내가 무안하다. 매출도 작년에 비해 3분의 1쯤 줄었다고 한다. 안타까운 생각에, 어떻게 하냐고 물으니, 오히려 "세계경제가 다 어려운데 어떻게 하겠어예."라고 답한다.

경제가 이렇게 되도록 정치가로서 책임을 다하지 못해 미안한 마음뿐이었는데, 그렇게 말해 주니 인간의 간사한 마음 때문인지, 고마웠다.

그러고 나서는 부산의 택시 노조 간부들을 만났다. 한 사람이 이렇게 말했다. "백성들은 가난한 것 갖고는 임금을 탓하지 않지만,

공평하지 않으면 임금을 욕한다 아입니꺼." 정말 백번 옳은 말이
아닐 수 없었다.

소득 분배율이 계속 나빠져 이제 서민만이 아니라 중산층도 위
협받고 있다. 그런데 우리 사회 상층과 재벌 대기업은 여전히 잘
나간다. 이러니 누가 불만이 없겠는가. 문제는 불공정하고 불합리
하고 불평등한 데 있는 것이다.

우리 경제는 총량으로 보면 더 이상 약소국도 제3세계도 아니
다. 경제 규모는 엄청나게 커졌는데, 그에 걸맞은 복지나 사회정의
의 수준은 갖춰져 있지 않다. 양극화와 불평등은 관용할 수 없을
정도로 심해졌다.

이제 우리의 경제 체질에 대해 근본적으로 검토하지 않을 수 없
게 되었다. 그대로 두면 중산층과 서민의 삶이 흔들리는 것은 물론
이고, 한국 경제 전체가 파탄 날 수도 있다. 사회도 견딜 수 없게
될 것이다. 그렇게 되면 민주주의라고 온전히 유지될 수 있을까.

양극화를 해소하고 일자리를 늘리며 복지국가의 길을 가려는 이
유는, 그래야 경제도 살고, 사회도 살고, 민주주의도 살 수 있기 때
문이다. 지금 우리는 변화의 길을 과감히 가야 한다. 더는 늦출 수
없다.

2

시대 변화와
새로운 사회경제 패러다임의 필요성

나는 고등학교 때 연극을 했다. 그래서 가끔 내 인생을 연극에 비유해 보곤 한다. 돌아보니 1막은 1970년대 반유신 투쟁의 시기였다. 대학에 들어가 학생운동을 하는 것에서 시작해, 구로공단과 청계천에서 노동자, 빈민들과 삶을 같이했고, 그런 다음에는 교회 단체에서 민주화 투쟁을 했다.

2막은 민주화 운동에 매진했던 청년기를 보낸 뒤 영국 유학을 간 것으로 시작된다. 10월 유신이 끝나고 민주화의 계절 '서울의 봄'이 왔을 때, 나는 더 넓은 세계를 보기 위해 밖으로 나갔던 것이다. 돌아와서는 대학에서 학생들을 가르쳤고, 국회의원 복지부 장관, 경기도지사를 지내며 정치적으로 한창 성장했는데, 이때까지가 인생의 2막이 아니었나 싶다.

교수 생활을 접고 정치인의 길에 들어설 때 마지막 수업에서 학생들에게 던졌던 말이 생각난다. 그때 나는 "내가 무엇이 되는지를 보지 말고, 내가 무엇을 하는지 지켜봐 달라."고 말했다. 그러나 실제로 그 뒤 나는 때로는 시장경제의 전도사처럼, 때로는 수구 세력에 저항하는 진보 투사처럼 좌충우돌했다.

이제 내 인생의 3막이 열렸다. 내가 인생의 3막을 새롭게 시작하게 된 계기는, 2006년 경기도지사를 퇴임하고 '민심 대장정'을 시작하면서부터였다. 당시 1백 일 동안 전국 방방곡곡을 다니면서 제일 많이, 제일 진지하게 들었던 말은 '삶의 구체성'과 관련된 요구들이었다.

충남 온양 재래시장에서 만난 어떤 분은 "국회에 있는 놈들은 있는 놈들 챙겨 주는 법 만들 때만 짝짜꿍하고 …… 여의도 국회의사당에 미사일을 날리고 싶다."라고 울분을 터뜨렸다.

경북 영주에서 철공 일을 하는 어느 건설 노동자는 "우린 소원이 없심더. 맨날 일만 할 수 있으면 좋겠심더. 아침에 일어나서 일하러 나갈 데만 있으면 다른 소원이 없심더."라고 말했다.

양양 낙산사의 정념 스님은 문제의 핵심을 이렇게 표현했다. "국민에게 희망을 주세요. 희망이 있으면 한 삽 뜰 것을 두 삽 뜹니다."

무엇이 잘못된 것일까? 산업화와 민주화를 열망했던 시절, 오늘은 힘들더라도 내일은 밝다는 희망 하나만으로도 충분히 용기를 내곤 했던 우리 국민들은 왜 그 끈을 점점 무기력하게 잡고 있는 것일까? 무엇이 잘못된 것일까?

1990년대 말 이후 우리 사회는 빈곤이 증가했고 양극화가 빠른 속도로 진행되어 왔다. 고용 불안이 심화되어 비정규직이 크게 늘어나고, 실업, 특히 청년 실업이 크게 늘어났다. 중산층은 축소되고 따라서 자영업자와 중소기업이 크게 위축되고 있다.

월평균 3천만 원을 받는 대기업 임원이 있는가 하면, 월 임금이 70만 원이면서도 화장실에서 끼니를 때워야 하고, 쓰레기 봉지 많이 쓴다고 핀잔을 듣는 청소 아주머니가 있는 세상이 되었다.

그동안 한국 경제는 소수 재벌 대기업들에 의한 수출 주도형 성장 때문에 총량적 지표로는 일정한 수준을 유지할 수 있었을지 모르지만, 구조적으로 이미 고용을 확대할 수 없는 산업구조와 노동시장 구조가 만들어지고 말았다. 성장과 분배, 성장과 복지, 그리고 성장과 고용을 병행할 수 없는 경제체제가 되고 말았다.

모두가 동의하듯이, 변화는 불가피하다. 그러나 그것은 과거의 낡은 이념과 언어를 다시 불러오는 것이 아니라, 새로운 시대의 새로운 발상과 새로운 경제적 이념을 담는 것이 되어야 할 것이다.

사실 4년 반 전 이명박 정부의 등장은 경제 회복에 대한 국민들의 기대 속에서 이루어졌다. 우리 민주 세력이 정치적 실패와 양극화의 심화로 인해 민심을 잃었고 그 반작용으로 보수주의가 득세하게 만들었다. 7퍼센트의 경제성장, 4만 달러의 국민소득, 세계 7대 강국이라는 이른바 '747'이라는 비현실적 공약에 국민들이 기대를 걸었을 만큼 당시는 그랬다.

이명박 정부의 약속은 지켜질 수 없는 것이었다. 무책임한 약속만으로 희망이 실현될 수는 없었다. 1970년대식 토건 개발을 통한 성장이 21세기 대한민국에 맞는 성장 방식일 수도 없었다.

서민 경제는 더욱 어려워졌다. 그 위에 정치적 독선과 독주가 난무했고, 마치 판도라의 상자를 열어 놓은 것처럼 비리와 부정이 집권 말기의 이명박 정부를 뒤덮고 있다. 지난 두 정부 시기 평화를 지향했던 남북한 관계는 '냉전 세력'에 의해 대결 상황을 지속시키고 있다.

우리 사회 내부의 관점에서만 문제가 아니다. 지금 세계는 정말 크게 변하고 있다. 미국의 금융자본주의가 위기에 처했고 세계 자본주의 질서의 재편에 대한 요구가 거세졌다. 시장 만능주의와 작은 정부에 대한 이데올로기적 맹신도 힘을 잃게 되었다.

지난 1월에 열린 제42회 다보스 포럼은 이런 사실을 실증했다. 참석자들은 "20세기 자본주의의 실패"를 말했다. 시장경제의 무한한 능력을 과신했던 많은 유명한 주류 경제학자들과 글로벌 기업 총수들이 참석해 극단적 시장주의를 반성하고, 새로운 경제 패러다임이 개발되어야 함을 강조했다.

강자의 독식이 구조화된 경제는 잘못이라는 지적도 잇따랐고, 시장의 실패를 보완할 새로운 처방과 구조 변화의 필요성 또한 강조되었다. 그러면서 인간과 자연, 인간과 환경의 조화를 추구하는 새로운 가치 체계로의 전환은 누구에게나 자연스러운 목표로 주장되었다.

세계적 차원의 경제 환경은 변했다. 가치 체계도 달라지고 있다. 앞서 말한 대로 한국 경제도 더 이상 지속될 수 없을 정도로 한계에 봉착했다. 나도 변했고, 정말이지 모두가 변했다. 변화를 강제당하기 전에 우리 스스로 변화하지 않으면 안 되는 상황이 되었다.

3

진보적 자유주의의 새로운 정립을 위하여

젊은 시절 나는 자본은 이윤 추구만을 목적으로 하고 있기 때문에 윤리적인 차원에서 사회적인 책임을 감당할 수 없다고 생각했다. 그래서 국가의 역할이 중요하다고 믿었다. 국가의 개입과 간섭은 자원의 합리적 배분을 통한 경제 발전이나 복지 증진을 위해서 반드시 필요하다고 보았다.

그러던 내가 영국 유학을 가게 되었고, 거기에서 마거릿 대처가 이끄는 보수당 정부의 신자유주의를 접하게 되었다. 그 당시 자유주의 시장경제를 신봉하는 한 영국인 친구는 경제 규모가 커지면 다뤄야 할 내용이 복잡해져서, 국가가 개인과 기업의 경제활동에 간여할 수 없다고 말했다. 그렇게 하는 것은 실익도 없고 바람직하지도 않다는 논리로 내 생각에 반박을 했다.

하지만 나는 시장이 모든 것을 해결해 주고 사회적 정의와 평등마저도 시장을 통해 달성할 수 있다고 말하는 그 친구의 생각을 이해할 수 없었다. 영국 학생, 미국에서 유학 온 학생들과 토론을 하면 나 혼자만 외톨이가 되었다. 거의 모든 학생들이 한국의 경제 발전을 세계의 모범이라고 치켜세웠다. 나는 "너희들이 한국의 경제성장 뒤에 숨어 있는 노동자들의 절망을 아느냐?"며 YH 여공 김경숙 씨의 투신자살 얘기를 해주었지만 그들은 듣지도 않았다.

그와 동시에 나는 정의감에만 충만했지 경제가 운용되는 기본적인 논리를 충분히 알지 못하고 있는 나 자신을 발견했다. 세계경제의 현실, 개발도상국의 경제 발전에 대한 세계인들의 인식은 나와 너무 동떨어져 있었다. 나는 분명 내 인식이 맞는데, 논리로는 그들의 잘못된 인식을 바로잡을 지적 능력이 부족했던 것이다. 자유와 자유주의에 대한 생각도 초보적인 수준에 불과했다. 자유주의와 관련된 주제에 대해 공부를 시작한 것은 그때였다.

인간이 갖고 있는 능력과 잠재력을 최대한 발양해 자신을 완성하고자 하는 것은 인간의 본성 중 하나이다. 이 때문에 인간은 자유를 필요로 하고 갈망하는 것이다. 자유는 기본적으로 다른 사람이나 제도로부터의 속박에서 벗어나고자 함을 의미한다.

그러나 속박으로부터의 해방이 소극적인 자유라면, 자신이 갖고 있는 모든 소양과 자질을 적극적으로 표현하고 실현하는 것이야말로 인간 삶의 목적이고 보람이며, 이런 자유는 적극적인 자유에

속한다. 진정한 의미의 자유주의는 소극적 자유와 적극적 자유가 모두 보장될 때에 비로소 구현될 수 있는 것이다.

개인의 자유와 권리를 인간 사회의 제1의 운동 원리로 설정하는 이념이 자유주의이다. 여기서 개인의 자유는 정치적인 자유뿐만 아니라 기업 활동의 자유도 포함되며, 자유로운 경쟁과 그에 따른 계약관계가 경제활동의 기본이 된다.

개인과 기업 활동의 자유를 보장함으로써 창의력이 최대한 발휘될 수 있으며, 이에 기초한 사회적 다양성이 그 사회의 경쟁력을 높이게 된다.

그러나 자유주의는 명확하게 정리된 체계를 가진 정치적 이념이 아니다. 언제든 그것은 관용·인권·법치주의 등 보편적 가치들과 깊은 연계를 갖고 존재해 왔다.

이런 자유주의가 형성되기 이전에 자유를 희구하며 억압에 항거하고 권력에 저항한 역사는 인류의 역사만큼 오래되었다. 인류의 역사는 외부적 억압으로부터 자유의 폭을 넓히려는 투쟁의 역사라 해도 과언이 아닐 정도이다.

자유의 가치는 그 의미나 실현의 방법에 있어서 시대마다 무척이나 다른 모습을 띠고 있었다. 고대 그리스인들은 한 국가 내의 모든 시민에게 권력이 고루 분배되는 것을 최상의 자유라고 생각했다.

영어에서 민주주의를 의미하는 '데모크라시'democracy라는 말을 만들어 낸 도시국가 아테네에서, 자유는 아크로폴리스에 모여 누구나 국가의 중대사에 대해 자신의 견해를 밝히며 한 표를 행사할 수 있는 것을 의미했다.

물론 노예나 여성들에게는 이런 자유가 보장되지 않았지만, 적어도 시민으로 규정된 사람들이라면 누구에게나 이 자유가 보장되었다. 따라서 고대 그리스인들이 가지고 있던 자유의 개념은 정치적 자유에 국한된 것이라고 볼 수 있다.

근대 유럽에서 시민혁명이 발생하면서 이런 정치적 자유의 개념은, 개인의 자유를 보편적 가치로 인식하고 그것에 기초한 사회제도를 적극적으로 구상하는 포괄적 자유의 개념으로 그 모습을 바꾸게 되었다.

즉 인간 한 사람 한 사람은 고유의 가치를 가지고 있으며 자기완성 능력을 가지고 있다는 인간관, 개인의 자유와 모순되지 않는 정치제도가 발전할 수 있다는 정치관, 개인의 자발성을 보장하는 것이야말로 사회 발전의 조건이라는 사회관 등 자유주의가 갖고 있는 관념들은 모두 그 이후 사회의 구성 원리를 제공했다.

영국에서 절대왕정을 변화시킨 명예혁명, 프랑스혁명과 인권선언, 미국의 독립운동 등 구미에서 근대국가를 탄생시킨 정치적 사건들은 모두 이런 자유주의적 세계관을 기초로 했다.

이렇게 형성된 근대적 의미의 자유주의는 이후 나라마다 서로 다른 환경에 따라 약간의 차이를 보이면서 발전되어 왔다. 특히 개인의 자유에서 '개인', 즉 시민계급이 포괄하는 범위에 대한 해석을 둘러싸고 자유주의 사상 내부에 진보적 분파와 보수적 분파가 양립하게 된 것이다.

미국에서는 보수당에 비해 상대적으로 진보적인 민주당이 자유주의자liberal로 인식된다. 반대로 사회주의 내지 사회민주주의 정당이 발달한 유럽에서 자유주의는 상대적으로 보수적인 의미를 띤다. 아마도 자유주의가 갖는 보수적 의미는 영국 보수당 수상 마거릿 대처의 등장으로 인해 강화되었다고 할 수 있다.

'신자유주의'는 그 자체로 보수적인 이념이 분명하다. 1970년대 중반까지 주로 진보적인 사회민주주의 정권(유럽)이나 민주당 정권(미국)이 추진했던 사회복지 정책이 재정 적자로 이어지고, 자본주의 시장경제의 성장이 정체를 보이자, 이에 대항해 시장경제의 활성화를 통해 개인의 재산권과 선택을 보장하겠다고 나선 정권들의 이념이 '신자유주의'였던 것이다.

더 안타까운 것은 진보적인 정권이라 할 수 있는 김대중·노무현 정부에서도 신자유주의를 정부 정책의 기조로 채택할 수밖에 없었다는 사실이다.

당시 신자유주의가 개혁론이 될 수 있었던 데에는 몇 가지 이유가 있었다고 할 수 있다. 무엇보다도 과거 군사 정권하에서 경제성장은 강력한 국가권력과 소수 재벌 기업에 의한 패권적 지배와 함께했는데, 이는 자유 시장경제와는 거리가 먼 일이었다. 따라서 공정한 시장 경쟁을 강조하는 것만으로도 권위주의 시대의 관치 경제와 재벌 체제를 개혁하자는 의미를 가질 수 있었다.

당시 나도 이런 흐름을 수용했었다. 자유주의를 통해 인간의 존엄성과 창의성을 극대화하고, 기회의 평등을 통해 개인 자유를 최대한 보장하는 것이 중요하다고 생각했다. 물론 시장 경쟁에 따른 불평등 효과에 대해서는 국가가 나서서 보완해야 한다고 생각했다.

당시 내가 자유주의에 '진보적'이라는 수식어를 붙인 이유는 세 가지였다.

첫째는 진보의 개념에 대한 역사성이다. 진보와 보수는 역사적인 개념인 동시에 상대성을 갖는다. 수공업의 발달과 상인계급의 출현으로 농경 사회의 기존 질서에 변화가 일어나고, 뒤이은 산업혁명으로 시민계급이 사회 전면에 등장하면서 이전의 봉건 질서나 절대 왕조를 중심으로 하는 사회질서는 무너지게 된다. 이런 역사적 상황에서는 봉건영주나 절대왕정의 절대적 권위에 대항한 시민계급의 자유, 나아가 자유주의가 분명 진보적인 이념이 된다.

이는 특히 개발독재의 역사를 가지고 있는 한국 사회에 적절히 적용될 수 있다고 나는 판단했다. 앞에서 설명한 바와 같이 독재 권력과 재벌의 유착을 통해 개인의 창의와 자유를 심각하게 유린

하고 있던 한국의 상황에서는 자유주의가 지니고 있는 '개인 자유의 최대한의 보장', '개인의 자유를 억압하는 국가권력의 배제' 그 자체도 매우 진보적일 수 있다고 믿었다.

둘째, 자유주의 이념이 지니고 있는 핵심 가치의 구현도 진보적이다. 자유주의는 근대로 넘어오면서 자유·평등·박애·법치 등을 그 핵심 가치로 담고 있다. 자유주의의 역사성에서 표현되는 개인 자유의 최대한 보장을 뛰어넘어 기회의 평등을 고려한다면 우리 사회의 수많은 모순들을 해결할 수 있을 것이라 생각했다.

나아가 박애의 정신에 기초해 사회 구성원 모두에 대한 따뜻한 배려가 가능해질 것이고, 법치의 정신에 입각해 폭압적인 국가권력이나 소수에 의한 비상식적인 자원의 배분 구조를 벗어날 수도 있다고 생각했다.

셋째로 자유주의 앞에 진보적이라는 용어를 사용한 것은 앞서도 이야기했지만 당시 영국을 중심으로 진행되고 있던 '제3의 길'에 영향 받은 바 크다. 내가 이해했던 제3의 길은 신자유주의도 아니고 그렇다고 사민주의도 아니었다. 그것은 시장경제를 바탕으로 개인의 창의와 자율을 구현하면서, 동시에 시장의 실패로 발생하는 사회 제반의 문제를 국가나 공공의 노력을 통해 개선할 수 있다는 것이었다.

'진보적'의 핵심적인 개념은 자유주의 시장경제의 불평등적 요소를 국가가 보정·보완해 평등 사회, 정의 사회, 공동체 사회의 요소를 최대한 담보하고자 하는 데 있다. 시장경제를 기반으로 한다는 점에서 기본적으로 자유주의이기는 하나, 시장이 해결하지 못하는 우리 사회의 여러 문제를 국가나 공동체를 통해 해결하자는 취지에서 나는 '진보적'이라는 수식어를 사용한 것이다. 이는 특히 우리 사회가 여타 나라와는 다른 여러 문제를 가지고 있고, 이를 해결하기 위해서는 국가의 역할이 무엇보다 중요하다는 인식에 기초한 것이다.

그러나 진보적 자유주의, 그중에서도 특히 진보성에 대한 당시 나의 인식에는 많은 허점이 있었다. 개념으로서 진보적 자유주의는 우리 사회가 나아가는 데 필요한 정치·사회·경제적 이념이라고 생각하지만, 몇 가지 수정과 보완이 불가피하다고 본다.

첫 번째는 시장이 과연 자유롭기만 한 것인가, 만약 시장경제가 자유롭고 공정한 경쟁의 체계와 거리가 멀게 작동한다면 어떻게 해야 하는가에 대해서이다. 어쩌면 지난 10여 년 동안 우리 사회가 직면한 문제는 오히려 이 점에 있었다.

시장경제의 공정함은 시장 그 자체가 아니라 정부에 의해 뒷받침된다. 자유로운 시장경제 역시 공적 제도의 뒷받침 없이 이루어지기 어렵다.

두 번째로 10여 년 전에 비해 나의 생각이 좀 더 구체화된 영역은 복지 영역이다. 당시 나는 이렇게 생각했다.

인간은 자신의 이윤을 추구하는 존재이기도 하지만, 동시에 남을 돕고 선행을 하고 싶은 욕구도 갖고 있다. 이런 마음이 발휘될 수 있도록 국가는 제도적 장치를 마련해 주고, 그런 측은지심이 자주 생길 수 있도록 사회적 분위기를 조성하는 역할을 해야 한다.

보건복지부 장관을 하면서 정부가 아무리 복지 예산을 늘려도 공동체에 대한 시민적 헌신이 없으면 복지 정책은 한 발자국도 나아갈 수 없다는 것을 깨달을 수 있었다. 그런 시민성이 공동체 속에서 충분히 발휘되도록 분위기를 조성하고 제도적으로 뒷받침해 주는 것이 국가가해야 할 가장 중요한 역할이다(2000년 출간한 『진보적 자유주의의 길』에서 가져옴).

근본적으로 이런 생각이 잘못은 아니라고 본다. 그러나 당시 나는 권리가 아니라 배려를 통한 기회의 평등은 제한적일 수밖에 없음을 충분히 인식하지 못했다. 또한 복지의 공급자와 수요자를 기계적으로 분리해서 생각하는 사고의 한계도 있었다.

정책 수요자의 참여가 배제된 온정적 복지 제공은 참된 진보라고 할 수 없다. 이제는 '보편적 복지', '국민 기본권으로서의 복지'의 중요성을 분명히 하고 싶다.

또한 복지와 일자리, 즉 고용과의 상호 관계에 대한 이해에 있어서도 당시에는 소홀한 점이 있었다. 일하고자 하는 욕망이 복지 시스템에 의해 뒷받침되어야 하고, 또 그 욕망이 구현되지 못한 부분을 채워야 하는 것도 복지 시스템이다. 이름 하여 '고용과 함께 가는 복지'가 되어야 한다.

세 번째로 경제 발전과 성장에 대한 생각도 보완이 필요하다. 엄밀히 말해 당시에는 양적 성장의 차원에 머물러 있었다. 환경문제를 고려한 지속 가능한 발전 등의 개념을 제기하기는 했지만, 실상 체계적인 의미를 갖는 것은 아니었다.

물론 나는 성장이 여전히 중요하다고 믿는다. 다만 제대로 된 성장, 좋은 성장이 필요하다고 생각한다. 진보주의자가 성장에 대해 애써 외면하는 이유는, 성장을 보수적 가치로 보는 잘못된 편견 때문이다.

즉 '성장과 복지의 선순환', '성장과 문명의 조화', '성장 질서의 민주화' 등에 대한 자신감 없이는 복지도 공동체의 가치도 실천할 수 없다. 따라서 이번 책에서도 성장에 대한 진보적 관점을 개척하는 일에 노력을 집중하려 했다.

이 세 차원의 전환에 대해서는 2부에서 자세히 살펴볼 것이다. 그 전에 내가 생각하는 민생경제의 전반적인 방향과 내용에 대해 간단히 개괄할 필요가 있을 듯하다.

4

21세기형 진보적 자유주의와
공동체 시장경제

20세기에서 21세기로 넘어오면서 발생한 세계사적 변화 앞에서 우리는 새로운 시대적 과제와 새로운 가치 체계를 다시 한 번 정리할 필요가 있다. 이를 위해서는 20세기를 지배해 왔던 신자유주의의 철학적 오류와 대비해 보는 것이 좋겠다.

우선 신자유주의의 첫째 잘못은 사람을 도구화한 것이다. 칸트의 정언명령이 말하듯이 사람은 그 자체로 궁극적인 목적이 되어야 한다. 사람은 생명 그 자체로 지고 지선의 존재 가치를 지니고 있으며 행복을 추구할 권리를 갖고 있다. 사람을 단순히 경제행위나 돈벌이의 도구로 생각하는 사회제도나 가치의 관행은 당연히 저항을 받게 마련이다.

노동의 가치와 자본의 가치 사이에서 자본의 가치만을 우선시하는 풍조가 그 둘째 잘못이다. 노동자를 경쟁과 효율의 노예로 삼으면 당연히 저항에 부딪히게 된다. 인류 노동의 역사가 이를 증명하고 있다. 노동의 가치를 존중하고 노동의 신성함을 믿는 사고 체계야말로 인류 발전, 좀 더 구체적으로는 제2차 세계대전 이후 세계 경제의 발전을 가능케 했던 가장 중요한 동력이었다. 그것은 한국적 조건에서도 분명한 진실이 아닐 수 없다.

자본과 노동이 민주적으로 병립하고 공생할 수 있는 틀을 만드는 것은, 성장-복지-고용이 지속적으로 병행 발전할 수 있는 방법론이라고 나는 믿는다.

셋째 잘못은 개인주의를 절대화하는 사조이다. 자유를 추구하는 것은 인간의 본성이다. 개인주의는 그 나름대로 철학적 정당성을 갖고 있다. 그러나 개인적인 탐욕을 방치하고 공동체의 삶을 외면할 때 그 결과는 인간성의 파괴와 파멸로 돌아온다. 개인은 이웃과 더불어 자유로울 때에만 진정한 행복을 누릴 수 있다.

이렇게 볼 때 우리가 지향해야 할 것은 일종의 가치 회복이라고 할 수 있는데, 그 핵심은 존엄성을 가진 주체로서 인간을 중시하고 모든 생산 집단들이 공존하는 상생을 지향하는 것이 아닐 수 없다. 이런 가치 위에서 우리가 추구해야 할 발전 모델을 나는 '공동체 시장경제'라고 이름 붙여 본다.

공동체 시장경제는 공동체의 존립과 번영에 목표를 두고 국민의

공동체 시장경제
함께 잘사는 나라를 위한 경제 · 사회 개혁

정의			복지			진보적 성장		
재벌 개혁	상생 경제	노동 개혁	보편 복지	생활 복지	일자리 복지	균형 성장	혁신 성장	평화 성장

● **정의**

○ 재벌 개혁 : 공정한 시장 질서를 해치는 반칙과 특권을 바로잡아 경제력 집중을 완화하고 경영의 책임성·투명성·전문성을 강화

○ 상생 경제 : 중소기업과 협동조합 등을 육성해 성장의 혜택이 공동체 전체에 공정하게 돌아가는 상생의 경제 시스템 구축

○ 노동 개혁 : 땀 흘려 일하는 사람이 고용과 생활의 안정을 누림으로써 경제 활력을 키울 수 있도록 노동시장과 노사 관계를 민주화

● **복지**

○ 보편 복지 : 국민이면 누구나 사회적 권리로서 복지 혜택을 누릴 수 있게 하는 복지

○ 생활 복지 : 일하는 동안 노후·질병·실업 등 비경제활동기의 위험을 준비하도록 국가와 사회가 도움을 주는 생활 보장형 복지(고용 → 복지)

○ 일자리 복지 : 실업, 교육·훈련, 육아·가사, 은퇴·장애 등 취약 계층의 취업을 돕는 고용 친화형 복지(복지 → 고용)

● **진보적 성장**

○ 균형 성장 : 경제주체 간 균형적인 성장을 통해 지속 가능한 경제 발전을 꾀하는 성장

○ 혁신 성장 : 사회·경제 전반에 걸친 혁신으로 기업과 개인의 창의력을 극대화하고 신성장 동력을 적극 개발·육성하는 성장

○ 평화 성장 : 한반도 경제 공동체, 동북아 협력 체제 등 평화를 원동력으로 삼는 성장

행복을 가장 중요한 가치로 삼는 경제 발전 모델이다. 공동체 시장 경제 역시 민주적 시장경제 질서를 기본으로 한다. 그러나 다양한 방식으로 연대하고 협력하는 시민 경제 공동체의 힘과 국가의 적극적인 공공 정책을 통해 시장의 실패와 부작용을 공동체 발전 방향에 맞게 조정한다.

3부에서 다루겠지만, 나는 최근 유럽 정책 여행을 계기로 유럽형 복지국가와 미국형 자본주의 모델에 대해 많은 생각을 하게 됐다. 양단간에 하나를 선택하는 것은 어렵고 바람직하지도 않다. 유럽 복지국가도 결국 시장주의다.

중요한 것은 핵심 가치가 무엇인가이다. 유럽 모델의 핵심 가치는 사람과 공동체를 중심으로 함께 협동해서 잘살자는 통합의 사회, 복지 공동체의 사회였다. 나는 유럽형 복지 공동체를 기본 모델로 우리 현실에 맞게 창조적으로 보완해 가는 것이 우리가 갈 길이라 생각하며, 공동체 시장경제도 같은 맥락에서 나온 것이다.

공동체 시장경제가 추구하는 가장 중요한 목표는 좋은 일자리를 창출하는 것이다. 궁극적으로는, 원한다면 누구나 일자리를 가질 수 있는 완전고용 국가를 꿈꾼다.

공동체 시장경제는 ① 정의, ② 복지, ③ 진보적 성장을 그 기초로 한다.

정의는 우리 사회의 가장 기본적인 문제가 빈곤의 심화와 양극

정의의 과제

재벌 개혁

- 재벌 비리, 부당 내부 거래 엄단 등 반칙과 특권 타파
- 재벌의 소유 구조 및 경영 지배 구조의 민주화
- 노동자 경영 참여, 조세 정의, 금산 분리 확대·강화

상생 경제

- 대기업의 중소기업 시장 진입 규제
- 중소기업 공동 사업, 첨단산업, 지식산업 집중 지원
- 협동조합 집중 육성을 통한 지역 경제와 내수 활성화
- 금융감독·서민금융 기관 정비와 공공성 강화

노동 개혁

- 사유 제한 등 비정규직 남용 방지를 위한 제도 개선
- 노동시간 단축을 통한 '저녁이 있는 삶'과 일자리 나누기 실현
- 대화와 타협이 가능한 노사정 관계의 여건 조성

화, 불평등의 심화에 있고 이를 시정하는 것이 가장 중요한 과제라
는 인식에서 출발한다. 이는 비단 정의라고 하는 윤리적 차원에서
뿐만 아니라 효율적인 경제 발전이라고 하는 실용적인 측면에서

도 중요하다. 이런 차원에서 정의는 경제민주화를 실현해 공정한 경쟁 질서를 세우는 과제를 말한다.

이를 위해서는 재벌의 특권과 반칙을 바로잡아 경제력 집중을 완화하고 경영의 책임성·투명성·전문성을 강화해야 한다. 재벌이 중소기업의 정당한 권리를 침해하지 못하도록 하고, 중소기업 지원 정책을 통해 힘을 키울 수 있게 해야 한다. 금융의 공공성·건전성·안정성도 강화해야 한다.

이를 바탕으로 중소기업과 대기업이 협력해 성과를 증대하고 공유함으로써 대기업과 중소기업 간의 양극화를 해소해야 한다. 협동조합을 육성해 서민 경제와 지역 경제를 활성화하고 내수를 진작시켜야 한다.

노동시장에서 극심한 차별에 시달리고 있는 비정규직과 중소 영세 업체 노동자들의 고용·생계 불안을 해소하고 동일노동 동일임금 원칙을 실현해야 한다. 비정규직과 중소 영세 업체 노동자들을 포괄할 수 있는 사회 연대적 노사 관계를 구축하고, 노사가 힘의 균형을 이뤄 실질적인 사회적 대화와 타협이 가능하도록 해야 한다.

공동체 시장경제의 두 번째 요소는 복지이다.

국민이면 누구나 혜택을 받는 보편적 복지의 길을 큰 원칙으로 삼고, 사안에 따라 필요할 경우 선별적 복지를 추가하는 '함께 가는 복지'다.

복지의 과제

보편 복지

- 보편적 복지 원칙 아래 사안별 선별적 복지 추가

생활 복지

- 기초노령연금과 국민연금의 정합성 강화
- 고용 보험의 사각지대 해소
- 보편적 보육·의료 서비스의 제공
- 공정 임대차 및 주거 복지 정책의 제도화

일자리 복지

- 노동시장 개혁을 통한 '비공식 고용에서 공식 고용으로'
- 청춘 연금 도입 등 '교육·훈련에서 취업으로'
- 한국형 고용 안전망 구축 등 '실업에서 취업으로'
- 일·가정 양립 정책 확충을 통한 '육아·가사에서 취업으로'

또한 복지와 고용이 함께 가는 복지를 지향한다. 일하는 동안 노후·질병·실업 등 비경제활동기의 위험을 준비하도록 국가와 사회가 도움을 주는 생활 보장형 복지다. 실업, 교육·훈련, 육아·가사, 은퇴·장애 등의 취약 생애 주기에 놓인 국민의 취업을 돕는 고용 친

화형 복지다. 이처럼 복지와 고용을 상호 보완적 관계로 만들 때 성
장에도 도움이 되고 재정적으로도 지속 가능성을 확보할 수 있다.

복지 재정 확보의 원칙도 중요하다. 재정 낭비를 줄이는 지출 구
조의 개혁, 비과세·감면 축소 및 과세 투명성 제고 등 조세개혁이
우선돼야 한다.

공동체 시장경제의 세 번째 요소는 진보적 성장이다. 진보적 성
장은 성장의 과실을 국민이 함께 나눠 갖는 경제를 뜻한다. 똑같이
나눠 가질 수 있는 과실을 만들기 위한 성장도 진보의 과제다. 복
지는 성장으로 뒷받침될 때 지속 가능하기 때문에, 진보는 성장을
이뤄 낼 수 있는 실력을 갖춰야 한다. 유능한 진보에게서 국민은
안정감을 갖는다. 더 중요한 것은 성장의 내용이다.

진보적 성장은 균형 성장, 혁신 성장, 평화 성장을 추구한다. 우
선 진보적 성장은 균형 성장을 통해 일자리를 만들고 고른 발전을
추구한다. 재벌/대기업과 중소기업/자영업 간의 공정한 관계는 균
형 성장의 첫 번째 조건이다. 재벌/대기업이 중소기업과 자영업의
영역을 무차별로 침범해 이들의 삶의 터전을 빼앗는 것은 정의롭
지 못할 뿐 아니라 사회 통합에도 역행한다. 재벌/대기업이 중소
기업이 개발한 기술과 양성한 인력을 빼앗는 것은 장기적으로 국
가 경쟁력을 약화시키는 일이다. 내수를 키워 수출과 균형을 이루
면 훨씬 많은 일자리를 만들 수 있다. 내수의 주축인 서비스산업은

진보적 성장의 과제

균형 성장

● 재벌/대기업과 중소기업/자영업의 균형 성장

● 수출과 내수의 균형 성장

● 지역 간 균형 성장

혁신 성장

● 신성장 동력의 개발·육성

● 지식집약산업 지원 확대

● 신재생에너지 개발

평화 성장

● 한반도 평화 경제 공동체

● 동북아 에너지·물류 협력 체제

● 동북아 평화 협력 체제

수출 주력인 제조업에 비해 거의 두 배의 고용 유발 효과가 있다.

　한국 경제는 물적 자본보다 인적 자본과 지식 자본의 축적에 의한 성장 단계로 접어들었다. 기술을 개발하고 생산성을 높이는 혁신 성장이 동력이다. 생명과학, 로봇 과학, 해양 산업 등 지식집약

산업이 중요하다. 에너지 다소비가 아니라 신재생에너지 그 자체에 투자를 집중해야 한다. 특히 태양광·풍력·조력 등을 이용한 자연에너지의 개발은 에너지 문제 해결뿐 아니라 미래 산업 개발에도 지대한 공헌을 할 것이다. 문화와 인문학은 삶을 풍요롭게 할뿐 아니라 새로운 부가가치를 낳을 성장의 보고라 할 수 있다.

이제는 평화 성장이다. 이명박 정부 들어 남북 관계가 단절되지 않았다면 개성 공단은 지금보다 두 배, 세 배 더 커졌을 것이고, 북한 내륙 지방에도 한국 기업이 많이 진출했을 것이다. 나진-선봉지역도 중국 영향력하에 들어가지 않았을 것이고, 북한의 광물자원이 중국의 지배하에 들어가지 않았을 것이다. 대한민국(남한)의 경제를 위해서라도 북한과 교류·협력하고, 경제 공동체를 만들어야 한다. 세계경제의 중심이 동아시아로 이동하고 있지만 한반도의 남단 한국은 사실상 섬이다.

남북 관계의 개선을 통해 남북의 철도 연결, 남북의 가스 송유관 연결이 가능할 것이다. 이는 대한민국이 시베리아, 중국, 러시아를 거쳐 유럽 대륙으로 진출하는 동북아의 새로운 물류 거점으로 발전하고, 동북아 에너지의 또 하나의 거점을 마련한다는 것을 뜻한다. 앞으로 고비사막에서 개발될 태양광 에너지, 풍력 에너지를 우리의 것으로 만들고 그 과정에 참여하는 데도 한반도 평화는 필수적 조건이다. 한반도 평화는 진보적 성장의 필수 조건이자, 새로운 성장 동력이다.

이런 균형과 혁신과 평화를 바탕으로 하는 진보적 성장은 그 최종적 목표가 일자리 창출이다. 균형 성장, 혁신 성장, 평화 성장을 통해서 좋은 일자리를 많이 만들면 복지도 사회정의도 해결된다. 좋은 일자리를 통한 완전고용 국가야말로 공동체 시장경제가 추구하는 이상이다.

공동체 시장경제는 정의, 복지, 진보적 성장이라는 세 개의 다리를 가진 그릇이다. 어느 하나라도 빠지면 이 그릇은 제대로 된 기능을 할 수가 없다. 시장에서의 민주주의가 구현되지 않는 곳에서 보편적 복지가 설 자리는 없고, 보편적 복지에 기초한 인적 자원의 계발 없이 진보적 성장이 이루어질 리 없으며, 진보적 성장이 있어야만 경제 민주주의가 지속 가능하다.

과거의 유구한 역사만큼 앞으로도 번영할 대한민국 공동체를 미래 세대에게 물려줘야 할 책임은 오늘 우리에게 있다.

5

'저녁이 있는 삶'을 위해

우리는 정말 열심히 살았다. 산업화를 위해 헌신했고 범국민적 항쟁이라는 말에 걸맞게 민주화를 위해서도 최선을 다했다. 가장 길게 일하는 나라라는 오명을 들어가면서도 일하고 또 일했다.

외환 위기 때는 금도 모았고, 악정에 맞서 촛불도 들었고, 더 이상 비정규직이 희생되지 않는 사회를 위해 희망버스도 탔다. 그럼에도 우리들의 삶이 여전히 고단하고 희망을 찾기 어려운 형편이라면 뭔가 잘못돼도 크게 잘못된 것이다.

'이스털린의 역설'Easterlin's paradox이라는 말이 있다. 미국의 경제학자 리처드 이스털린Richard Easterlin 교수가 1974년 한 논문을 통해 발견한 것을 집약하는 개념이라고 할 수 있다.

그는 "경제가 성장하면 인간의 운명은 좋아질 수 있을까?"를 묻고는 그에 해당하는 경험 분석을 했다. 즉 1인당 국민소득의 증가와 실제 사람들이 느끼는 평균 행복감을 나라마다 조사한 것이다. 결과는 흥미로웠다. 기본적 필요를 충족시키는 소득수준을 갖게 된 이후에는, 경제가 성장해도 사람들의 행복감은 늘지 않는다는 것이었다.

다른 경제학자들도 다양한 조사를 통해 유사한 발견을 했다. 특히 일정 수준의 경제성장이 이루어지고 나면 오히려 스스로 평가하는 행복감self-rated happiness이 줄어드는 일도 있었다.

이런 연구 결과들이 말해 주는 것은 분명하다. 그것은 경제가 일정 규모 이상으로 발전하고 나면, 그때 이후 정부 정책의 목표는 경제성장 그 자체에 맞춰져서는 안 된다는 것이다.

그보다는 성장의 과실을 함께 나누고, 노사가 함께 협력적으로 일할 수 있게 하고, 개인 삶과 사회의 발전이 병행할 수 있는 길을 개척하는 것이 중요하다.

성장을 위해 우리 삶을 희생하는 것은, 더 이상 관용될 수 없다. 사람이 중심이 되는 경제, 사람이 중심이 되는 사회를 만드는 일은 그만큼 시급하고 절실한 일이다.

나는 사람들을 행복하게 만드는 정치, 사람들이 행복한 꿈을 꾸게 만드는 정치가 진짜 정치라고 생각한다.

시장 원리를 금과옥조처럼 높이 평가하는 사람들은 "일하는 것에 감사하라."고 말하는데, 나는 지금껏 이보다 더 비인간적이고 불합리한 노동 윤리를 들어 본 적이 없다.

우리는 정당하게 쉬어야 한다. 그게 정의로운 일이다. 정시 퇴근제가 지켜져야 한다. 더 이상 휴가 가는 것이 회사 눈치 보는 일이 되어서는 안 된다. 휴가는 일하는 자의 권리다.

8시간 일하고 그 뒤에는 가족·이웃·연인·친구와 행복한 시간을 가질 수 있어야 한다. 책도 읽고 영화도 보고 음악도 듣고, 하고 싶은 공부도 할 수 있어야 한다.

늦게까지 일해야 하는 부모를 기다리다 지쳐 잠든 어린아이들에게도 행복한 저녁이 있어야 한다. 야간 학습을 하고 늦게까지 학원에 잡혀 있어야 하는 학생들의 삶에도 저녁이 있어야 한다.

낮에 공부하고 심야에 졸린 눈을 연신 비벼야 하는 아르바이트 학생들도, 낮에 일하는 것도 모자라 밤늦게까지 대리 운전을 해야 버틸 수 있는 가장도 저녁이 있는 삶을 꿈꿀 수 있어야 한다.

그런 사회가 되어야 일자리도 나눌 수 있다. 단순히 노동시간 단축과 일자리 창출만 의미하는 것이 아니다. 지금 정규직은 야근까지 장시간 노동해야 가족들 건사하면서 겨우 살 수 있다. 그들의 삶은 힘들고 고단하다.

비정규직은 그렇게도 못해서 힘들어한다. 일하고 싶어도 일할 기회가 없는 사회가 되었다. 한쪽은 뼈 빠지게 일해야 해서 힘들다. 다른 쪽은 일자리가 없어서 힘들고 고단하다. 이건 정상적인 삶, 제대로 된 사회가 아니다.

저녁이 있는 삶은 행복하게 살 수 있는 경제, 그럴 수 있는 사회를 말한다. 내가 만들고자 최선을 다하고자 하는 대한민국의 미래 사회를 상징하는 말이다.

지금 한국 사회는 이스털린의 역설, 아니 그 함정에 빠져 있다. 성장해도 행복하지 않은 이 함정에서 과감하게 탈출해야 한다. 그래야 좋은 사회로 갈 수 있다.

열심히 일을 하면 행복한 저녁을 보낼 수 있는 삶이 주어져야 한다. 그것이 바로 공동체 시장경제, 즉 경제 민주주의, 복지, 진보적 성장을 통해 이루고자 하는 함께 잘사는 나라, 대한민국의 모습이다.

그것은 왜 성장해야 하는가를 묻는 것에서 무엇을 위한 성장인가를 묻고 성찰하는 것이다. 그런 성찰이 가능해야 하고, 그래야 비로소 그 위에서 한국 사회의 미래를 우리 모두가 함께 설계할 수 있게 될 것이다.

나는 그런 눈으로 경제를 바라보겠다. 그런 눈으로 우리가 사는 사회를 성찰하겠다. 그런 눈으로 정치를 해가겠다.

저녁이 있는 삶을 말하고 민생 대통령이 되겠다는 선언만으로 이루어질 미래가 아니라는 것을 잘 안다. 그러나 우리는 여기에서 출발한다.

다다를 목표가 있어야 나그네는 지치지 않는다. 함께 꿈꿀 미래가 있고, 우리가 그 꿈을 믿고 나선다면 이루지 못할 것은 없다.

　나는 당신의 따뜻한 저녁 밥상에 조용히 불을 밝히는 사람이 되고 싶다. 정말 그런 정치인이 되고 싶다.

정의·복지·진보적 성장을 위한 실천 방안

1장

경제민주화와 사회정의

1

경제민주화의 지향

나는 경제학자가 아니다. 그런데 어느 날 내가 자문을 받고 있는 경제학 교수가 나더러 경제문제가 곧 정치 문제이니, 경제학자가 아니라 하더라도 경제문제에 대한 이해와 해결 능력 없이는 올바른 정치인이 될 수 없다고 충고를 했다.

그는 폴 새뮤얼슨Paul A. Samuelson이라는, 얼마 전에 작고한 유명한 경제학자의 교과서에 나와 있는 말을 인용해 경제문제란 결국 "무엇을 얼마나 생산할지, 어떻게 그것들을 생산할지, 생산된 것을 어떻게 나눠 소비할지"를 정하는 문제라고 설명해 주었다.

모든 게 많고 넉넉해서 누구든 마음껏 소비할 수 있다면 이것들이 문제될 것이 없지만, 우리가 사는 현실은 그렇지 않기에 사람들 사이에 갈등이 발생한다는 것이다. 결국 희소성이 문제인데, 이 희소성을 해결하는 것이 경제문제이고, 그것은 결국 사회 구성원 간의 집단적 결정이니 이는 정치 문제라는 것이다.

그에 따르면, 대니얼 디포^{Daniel Defoe}의 소설에 나오는 로빈슨 크루소도 이 문제에 직면했다고 한다. 외딴 섬에 홀로 표류하게 된 로빈슨 크루소도 난파된 배에서 가져온 도구뿐만 아니라 자기 손으로 만든 연장을 이용해, 식량을 마련하기 위해 열매를 따거나 고기를 잡거나 보리농사를 짓거나 가축을 키웠고, 옷을 만들기 위해 가축의 가죽을 무두질했으며, 들어가 누울 자리를 만들기 위해 움막을 고치고 울타리를 세웠다.

외딴 섬에서 살아가기 위해, 자신의 '노동'과 '자본'(도구와 연장)을 이용해 무엇을 얼마나 생산할지, 또 어떻게 생산할지 끊임없이 결정하는 과정을 로빈슨 크루소는 겪게 된다.

그런데 어느 날 프라이데이가 나타나면서 문제가 복잡해졌다. 혼자 살던 곳에 둘이 살게 되다 보니, 지금까지는 생각해 보지 않았던 세 번째 문제, 즉 생산된 것을 어떻게 둘이 나눠서 소비할지를 고민하게 된 것이다.

무엇을 얼마나 어떻게 생산해서 나눌지는 로빈슨 크루소와 프라이데이 사이에서도 얼마든지 복잡한 문제일 수 있지만 수많은 사람들이 더불어 사는 사회에서는 훨씬 더 복잡할 수밖에 없다. 한 사람이 쓰는 물건의 대부분이 다른 사람들에 의해 만들어지고, 가장 단순한 물건조차 여러 사람의 재주와 노력으로 만들어진다.

내가 만드는 것을 누가 쓰는지 모르고, 내가 쓰는 것을 누가 만드는지 모른다. 서로 이름도 얼굴도 모르는 수많은 사람들이 함께 생산하고 나눠 소비하는 것이다. 이게 얼마나 복잡한 문제일지는 더 이상 말할 필요가 없다.

무엇을 얼마나 어떻게 생산해서 나눌 것인지는 사회문제다. 홀로 사는 로빈슨 크루소에게 그것은 사람과 자연 사이의 문제일 뿐이지만, 함께 사는 로빈슨 크루소와 프라이데이에게 그것은 사람과 사람 사이의 문제이기도 하다. 무엇을 얼마나 어떻게 생산해서 나눌지는 또한 정치 문제다. 그것은 한 무리의 사람들이 내리는 집단적 결정의 대상이기에 권력과 규율이 개입하게 마련이다.

내가 알기로 '경제'라는 말은 바로 이런 사정을 반영한다. 서양에서 정치경제Political Economy로 불리던 학문이 19세기 후반에 일본으로 전해지면서 '경제학'으로 불렸다고 하는데, 이때 '경제'는 '세상을 다스리고 백성을 구제한다.'는 뜻의 '경세제민'經世濟民을 줄인 게 아닌가? 다시 말해 '경제'는 정치의 일부이며 핵심이다. 그것은 사람과 사람 사이의 문제이자 한 무리의 사람들이 내리는 집단적 결정의 대상이고, 그런 의미에서 정치 문제다.

정치인이자 정치학도인 내가 경제문제에 골머리를 앓아야 하는 이유가 바로 여기에 있는 것이다. 이 땅을 살아가는 국민 모두가 경제문제에 대해 관심을 기울이고, 올바른 위정자와 불의한 정상

배를 구분하는 중요한 기준이 경제문제에 대한 입장과 식견인 것도 바로 이 때문이다.

무엇을 생산할 것인가는 수요의 문제이고, 어떻게 생산할 것인가는 공급의 문제이다. 수요의 문제는 사회 구성원의 욕구와 취향에 의해 결정되고, 공급의 문제는 그 사회의 전반적인 자원의 규모와 생산력에 의해 결정된다. 사실 여기까지는 그다지 갈등이 많아질 것이 없다.

그러나 생산된 것을 어떻게 나누어서 소비할 것인가의 문제에서는 사회 구성원의 이해관계가 첨예하게 맞부딪친다.

로빈슨 크루소가 살던 섬에서는 이것을 그냥 로빈슨 크루소가 결정했다. 고대 귀족 사회에서는 이것을 왕과 귀족들이 결정했고, 중세 봉건사회에서는 왕과 영주가 결정했다. 모두가 절대 권력자였다.

그러나 절대 권력이 사라지고 이른바 시민계급이 경제의 중심으로 등장한 근대에 들어서면서부터는 이것을 결정하는 가장 핵심적인 시스템으로 시장 메커니즘이 자리 잡게 되었다. 하지만 이때만 해도 시장은 아직 남아 있던 일부 귀족들에 의한 특혜와 독점에 의해 조종되고 있었다.

이런 폐해를 없애고, 개인의 창의와 자유를 극대화함으로써 사회의 분배 구조가 정상화되도록 하자는 것이 바로 애덤 스미스^{Adam}

Smith의 이른바 '보이지 않는 손'이다.

애덤 스미스의 생각은 물품을 팔려는 사람들과 사려는 사람들이 서로 경쟁하면서 흥정하는 가운데 가격이 정해지고, 그 가격이 높고 낮음에 따라 생산자들이 제각기 생산을 늘리거나 줄이면, 모든 물품이 알맞게 생산되고 소비되리라는 것이었다.

애덤 스미스의 주장은 시장의 운영 원리를 귀족의 특혜와 독점으로부터 보이지 않는 손을 통한 자유로 전환해야 한다는 것이었다. 애덤 스미스가 주창한 '자유경쟁'은 당시로서는 개혁이자 진보였다. 그것은 구체제의 특혜와 독점을 무너뜨린 자리에 새로 세워야 할 경제 원리였다.

그런데 그것이 19세기 서구에서는 '자유방임'으로 바뀌어 자유로운 경쟁이라는 미명하에 자본가의 이익을 지키고 노동자의 단결을 막는 원리가 되었고, 거대 기업에 의한 시장의 지배가 정당화되었던 것이다.

그 결과는 독점과 불평등과 빈곤이었다. 그리고 불황과 공황이 잇따랐다. 한편에서는 무엇을 만들어도 팔리지 않아 문을 닫는 공장이 늘어났고, 다른 한편에서는 일자리를 잃고 돈이 없어 아무것도 사지 못하는 사람들이 불어났다. 모든 물품이 알맞게 생산되어 소비되리라는 기대마저 무너졌다.

세계대전이 벌어졌고 공산혁명이 일어났다. 그리고 1924년 대공황을 맞아 영국의 케인스가 '자유방임의 종언'을 선언했다.

자유방임의 폐해로 흔히들 독점과 불평등을 지목한다. 19세기 서구의 경험이 이 진단을 뒷받침한다. 소수의 대기업이 담합과 합병을 통해 시장을 독점했으며, 그 과정에서 소수의 기업가가 엄청난 이득을 취했다. 미국의 록펠러와 카네기가 대표적이다.

반면에 대부분의 노동자들은 장시간 가혹한 노동에 시달리면서도 빈곤을 벗어나지 못했다. 이런 상황을 바꾸기 위해 20세기 미국에서는 여러 법률이 제정되고 정책이 시행되었다.

우리가 테네시 강에 댐을 지은 사업 정도로 생각하는, 그래서 심지어 이명박 정부에서도 4대강 사업을 그 일환으로 홍보한 바 있는, 미국 대공황 시기의 '뉴딜 정책'도 사실은 그 핵심이 '다수의 국민이 국부의 분배에 공평하게 참여'할 수 있는 정책과 제도를 만들어 낸 것이었으며, 그 일환으로 제정된 법률이 노동자의 권리를 향상시키는 전국노동관계법과, 미국에 본격적으로 사회보장제도를 도입한 사회보장법이었다.

이보다 앞서 1890년과 1914년에는 독점금지법과 연방거래위원회법이 제정되었다. 이런 것을 우리는 경제민주화라 부를 수 있다.

우리나라의 경제민주화는 더 큰 의미가 있다. 오늘날 우리나라의 독점과 불평등은 자유방임의 결과로 보기 어렵다. 해방 이후 수십 년에 걸친 정경 유착과 특혜의 결과이고, '수출 입국'을 위한 지원의 결과이고, '중화학공업 육성'을 위한 보호의 결과이고, '경쟁력 제고'를 위한 억압의 결과다. 당시의 임금·이자율·물가는 자유경쟁의 결과도 아니고 완전경쟁의 결과도 아니다. 독재 정권이 국민들에게 강요한 희생의 결과다.

노동자들은 낮은 임금을 강요당했고, 국민들은 낮은 실질 이자율을 강요당했다. 그 혜택은 일부 기업가에 집중되었고, 그들은 재벌이 되었다. 그 후 그런 특혜와 억압이 많이 줄었지만 그 결과는 오히려 확대 재생산되고 있다. 재벌은 더 거대해지고 불평등은 더 심각해지고 있다. 우리나라의 경제민주화는 바로 이런 결과를 바로잡는 것이다.

경제민주화는 그릇된 결과를 바로잡는 데 그쳐서는 안 된다. 그런 결과가 되풀이되지 않도록 정책을 바꾸고 제도를 고쳐야 한다. 개선을 넘어 개혁이어야 한다. 기회의 공평성은 물론이고 과정의 공정성을 확고히 세우는 개혁이어야 한다. 그리고 그 개혁은 모든 이해 당사자의 참여를 통해 이뤄져야 한다. 함께하는 개혁이어야만 모두를 위한 개혁이 될 수 있기 때문이다.

경제민주화는 곧 경제체제의 민주화다. 무엇을 얼마나 어떻게 생산해서 나눌지를 정하는 방식의 민주화다. 그 방식은 무엇보다 협력을 확대하고 심화하는 것이어야 한다. 노동과 자본의 협력을 이끌어 내고, 대기업과 중소기업의 협력을 촉진하고, 지배주주와 외부 투자자의 협력을 뒷받침하는 것이어야 한다.

거듭 말하건대 협력은 믿음을 필요로 하고, 믿음을 저버리는 행위로는 결코 이익을 취할 수 없게 하는 제도를 필요로 한다.

물론 경쟁도 중요하다. 그렇지만 새 경제체제가 촉진해야 할 경쟁은 공리공론의 완전경쟁도 아니고, 시대착오적인 자유경쟁도 아니다. 강자의 횡포를 막는 공정 경쟁이다. 공정 경쟁이어야만 협력과 병립할 수 있다. 협력과 병립하는 경쟁이어야만 '함께 잘사는 나라'를 만들 수 있다.

오늘날 세계의 거의 모든 나라에서처럼 우리나라에서도 경제문제의 많은 부분이 시장이라 불리는 제도를 통해 해결되고 있다. 이 제도의 기본 원리는 경쟁이다. 더 많은 돈을 주겠다는 사람이 물건을 차지하고, 더 적은 돈을 받겠다는 사람이 물건을 판매한다. 그렇지만 시장 거래가 항상 공정한 것은 아니다.

불공정 거래의 전형적인 예는 독점과 담합이지만 훨씬 더 교묘한 방식의 불공정 거래도 많다. 누가 봐도 '우월한 지위의 남용'이고 아무리 봐도 불공정한 거래임에도 불구하고 꼭 집어 말하기 어려운 경우는 더욱 많다. 우리 헌법 제119조에 쓰여 있듯이, 경제민주화는 이런 모든 불공정을 없애는 것이어야 한다.

시장은 저절로 생길 수 있지만 시장의 공정성은 저절로 생기는 게 아니다. 시장의 공정성은 국가가 나서서 만들고 지켜야 한다. 국가가 경제민주화의 수단이 되어야 하는 것이다. 함께 생산해서 나누고 소비하는 사람들의 문제와 관련해 국가가 해야 할 일은 그것만이 아니다.

시장에 맡겨서는 제대로 해결되지 않을 경제문제가 적지 않은데, 그런 문제를 국가가 나서서 해결해야 한다. 공공재와 외부성 그리고 불황이 흔히 언급되는 그런 문제다. 그러나 우리 헌법 제34조가 국민의 권리로 규정하고 있는 '인간다운 생활'을 모두가 누릴 수 있기 위해서는 국가에 그 이상의 임무를 부여해야 한다. 교육과 의료의 더 많은 부분을 국가가 맡아야 하고, 보육과 주거도 국가가 나서야 할 문제다.

그렇지만 이분법은 옳지 않다. 시장과 국가 사이에 다양한 공동체가 있을 수 있고, 그런 공동체가 더 잘 해결할 수 있는 문제가 적지 않다. 마을 공동체가 더 잘 해결할 수 있는 문제가 있고, 협동조합이 더 잘 해결할 수 있는 문제가 있고, 노동자 소유 기업이나 사회적 기업이 더 잘 해결할 수 있는 문제가 있고, 시민 단체가 더 잘 해결할 수 있는 문제가 있다.

시장의 기본 원리가 경쟁이라면 공동체의 기본 원리는 합의다. 그리고 합의는 협력을 촉진한다. 서로를 이해하고 배려하는 사람들 사이에서는 합의가 잘 지켜지고 협력이 잘 이뤄진다. 우리 모두에게는 얼마든지 그렇게 할 수 있는 품성이 있다. 우리의 그런 품

성이 시장에서는 발휘되기 어렵지만 공동체에서는 고무되고 배양
된다. 공동체에서는 우리의 그런 품성이 개인의 이기심을 이기기
도 한다.

그런 공동체를 만들고 가꿔 더 많은 경제문제를 해결하게 하는
것이야말로 '함께 잘사는 나라'로 가는 지름길이다.

2

경제민주화를 위한 재벌 개혁

우리나라에서 경제민주화와 재벌 개혁은 거의 동의어로 여겨진다. 재벌은 지난 수십 년에 걸쳐 제공된 온갖 특혜와 지원의 결과이며 강요된 국민 희생의 산물이다. 그런 재벌에게 공공성을 요구하는 것은 지극히 당연하며 최소한의 정의나마 구현하려는 것이다. 그러나 경제민주화를 위한 재벌 개혁은 그 이상이어야 한다.

우리나라에서는 재벌이라 불리는 소수의 개인 또는 가족이 적은 주식 지분을 소유하고서도 다수의 대기업을 절대적·배타적으로 지배하며, 그런 소유와 지배가 대물림된다. 이런 상황을 가리키는 말로는 재벌 체제가 더 적절하다. 그리고 재벌 개혁은 바로 이 체제를 개혁하는 것이어야 한다.

재벌 체제는 여러 문제를 일으키지만 그중에서도 본질적인 문제점은 소유와 지배의 괴리와 경제력 집중이다. 소유와 지배의 괴리는 개인 또는 가족이 적은 주식 지분을 소유하고서도 기업을 배타적으로 지배하고 있음을 가리킨다.

공정위의 최근 자료를 보면, 우리나라 10대 재벌 그룹 소속 회사들이 발행한 주식 가운데 총수 일가가 소유하고 있는 몫은 5퍼센트를 넘지 않는다. 그렇지만 소속 회사들의 상호 출자를 포함한 내부 지분율은 평균 40퍼센트를 넘어서기에 아무도 총수 지배에 도전할 수 없다. 경제력 집중이란 소수의 개인이 다수의 대기업을 절대적으로 지배하고 있는 것을 의미한다.

실제로 2010년도 우리나라 전체 기업의 매출액에서 10대 재벌 그룹 소속 회사가 차지하는 비중이 40퍼센트를 넘는데, 이런 대기업 집단을 소수의 개인이 절대적으로 지배하고 있다.

소유와 지배의 괴리는 개별 기업의 현상으로서 기업가와 외부 투자자 사이의 협력을 방해하고 갈등을 야기하는 요인이다. 적은 지분을 소유하고서도 기업을 배타적으로 지배하는 기업가에게는, 자신의 선택이 그 기업에 손해가 되더라도 자신에게 이익이 된다면 그런 선택을 할 동기와 기회가 있다. 기업가가 개인 기업을 세워 자신이 지배하는 기업과 거래하게 해 수익과 재산을 빼돌리는 게 그 예다.

재벌에 대한 검찰의 수사가 있을 때마다 빠지지 않고 나오는 수백억, 수천억 원 규모의 회사 자금 횡령 사태는 우리 사회에서 이제 그다지 놀라운 사건이 아니다. 이는 우리 사회가 공정하고 자유로운 시장경제가 아님을 보여 주는 단적인 사례들이다.

더 심각한 문제의 근원은 경제력 집중이다. 다수의 대기업을 절대적으로 지배하는 개인이나 가족은 그 영향력을 사회의 다른 영역에서도 행사하게 마련이다. 심지어 우리나라 재벌은 한때 신문과 방송을 소유했고, 지금도 광고 등을 통해 언론을 통제하고 있다.

재벌은 연구소를 통해 여론과 정책에 영향을 미치기도 한다. 독재 정권에서는 정치자금과 뇌물 제공이 공공연한 비밀이었고, 지금도 '장학생' 소문이 나돌고 있다.

그뿐만이 아니다. 재벌에 대한 규제 여론이 조금만 올라가도 이들은 은근히 우리 사회는 기업하기 좋은 나라가 아니라는 분위기를 만들고, 차라리 회사의 본사를 다른 나라로 옮기거나 회사의 운영을 포기하는 것이 낫다는 식으로 정부와 국민을 압박한다.

재벌의 이런 영향력이야말로 경제민주화를 위한 개혁의 가장 큰 장애이며 우리나라 민주주의에 대한 가장 큰 위협이다.

소유와 지배의 대물림도 심각한 문제를 야기한다. 그것은 우리 사회의 공정성을 해칠 뿐만 아니라 우리 경제의 효율성과 안정성까지 위협한다. 성공한 기업가의 자손이라고 해서 반드시 유능하리라는 보장이 없기 때문이다.

더욱이 세계화 시대의 대기업 경영은 개발독재 시대의 기업 경

그림 | 전체 기업 중 10대 재벌 그룹의 국민경제적 비중 (1997~2010년; 단위 : %)

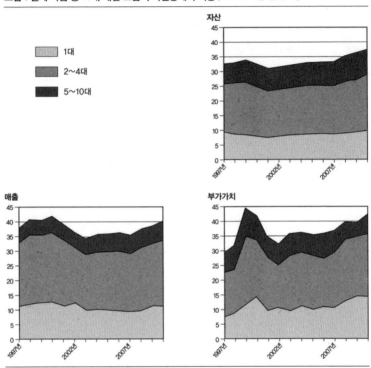

주 : 1) 외부 감사 대상 기업만을 포함하고, 금융보험사는 제외.
　　2) '1대'는 삼성과 파생 그룹(CJ, 신세계), '2~4대'는 현대, LG, SK와 파생 그룹(현대자동차, 현대중
　　　공업, 현대백화점, 현대산업개발, GS, LS).
　　3) 그룹별 합산재무제표(NICE 신용평가 작성).
자료 : 김진방, "재벌 체제의 실상과 정책 과제", 『217, 한국 사회를 바꿀 진보적 정책 대안』(메이데이,
　　　2012).

영과는 다른 방식을 필요로 할 텐데, 대물림 경영이 그런 요구에 부응하기란 쉽지 않을 것이다. 그로 인해 재벌 대기업이 흔들리면 우리 경제가 흔들릴 수 있다.

물론 재벌 또는 대기업 그 자체가 문제라고 할 수는 없다. 나는 경기도지사 시절에 경기도를 이른바 '기업하기 좋은 지역'으로 만들겠다는 신념하에 각종 규제 완화를 선도하고 정책적 혜택과 양보를 통해 해외의 첨단 기업 114개, 141억 달러 규모의 신규 직접 투자를 유치했다.

또한 우리나라 10대 기업의 상당수도 경기도에 유치했다. LG 필립스 LCD 공장을 파주에 세울 때는 165만 제곱미터(50만 평)에 달하는 부지를 조성하고 공장을 세워 가동하기까지 3년이 채 걸리지 않도록 모든 행정적 지원을 아끼지 않았다. 군대 병영과 6백 기의 묘지, 공장, 목장, 주택들이 들어차 있는 165만 제곱미터의 야산을 공장 부지로 조성해 준공·가동까지 3년밖에 걸리지 않았다면 얼마나 극성을 떨었는지 상상이 잘 안 될 것이다.

겨울로 접어드는 때 한창 부지 조성 중인 어느 지점에 문화재 발굴 조사를 해야 하는 판정이 나와서, 2만6천 제곱미터(8천 평)에 달하는 넓은 땅에 비닐 텐트를 치고 기름을 때는 온풍기를 돌려 언 땅을 녹여 가며 문화재 발굴을 마치고 겨우내 공사를 진행할 정도로 기업 지원에 열성을 다했다. 부품 업체를 위한 산업 단지 조성을 위해서는 이를 반대하는 중앙정부와 싸워 가면서까지 기어이 이루어 냈다.

군부대 지휘관들을 찾아가 폭탄주도 여러 잔 먹었다. LG 필립스 공장 준공식 때 노무현 대통령이 축사 모두에 "손 지사님, 이제 만족하십니까?" 하고 인사를 하고 내가 벌떡 일어나 90도로 허리를 굽혀 "네, 감사합니다."라고 한 것도 다 이런 연유에서다. 어찌 보면, 나는 경기도지사 시절 매우 친재벌적인 인사였는지도 모른다.

하지만 내가 기업 지원에 적극적이었던 것은 일자리 때문이었고 첨단산업 때문이었다. 그대로 뒀다가는 이런 기업을 외국에 빼앗기게 되고, 그 결과 우리 국민들의 고용 및 지역 경제성장의 기회가 상실되기 때문이었다.

바로 이런 것이야말로 재벌 혹은 대기업이 우리 사회에 미치는 긍정적 역할이다. 자발적으로 국내 투자를 통해 고용을 확대하고 지역 경제 발전에 기여한다면, 이런 재벌을 두고 아무도 비난하지 않을 것이다. 오히려 해외시장에서 국내 대기업의 경쟁력을 강화하기 위한 방법을 찾느라 노력할지도 모른다.

문제는 우리 재벌들이 보여 준 공정하지 못한 경쟁이며, 자유주의의 기본 사상이 담고 있는 게임의 법칙을 위배하는 것이다. 극소수가 절대다수를 지배하고, 이를 위해 여러 가지 방법으로 여론을 호도하고, 내부적으로는 소수의 개인 또는 가족이 적은 지분으로 다수의 회사를 지배하며, 심지어 능력에 대한 객관적 검증도 없이 이를 대물림하는 행태가 문제인 것이다.

최근에는 재벌 기업들이, 가난한 중소기업이나 자영업자들이 영위하는 업종에까지 거대 자본을 기반으로 닥치는 대로 진출하고 있어 심각한 문제로 떠오르고 있다.

재벌 기업의 소유와 지배의 괴리는 기업의 성장을 방해한다. 경제력 집중은 사회의 건강을 훼손한다. 대물림 경영은 경제의 안정을 위협한다. 경제민주화를 위한 재벌 개혁은 이 세 가지 재벌 문제를 해소하는 것인 동시에 재벌 기업을 더 잘되게 하는 것이어야 한다.

재벌 기업으로 하여금 더 많은 부가가치와 더 많은 일자리를 만들어 내게 하는 것이어야 한다. 이를 위해서는 기업 경영의 책임성·투명성·전문성이 필요하다.

기업 경영의 책임성과 관련해 핵심은 경영 실패에 대해 책임을 묻는 것이다. 실패한 경영자는 물러나야 한다. 그 경영자가 창업자이거나 그의 자손일지라도 물러나야 한다. 그 경영자가 대주주일지라도 물러나야 한다. 스스로 물러나지 않으면 기업의 여러 이해당사자가 나서서 물러나게 해야 한다. 그래야 더 큰 실패를 막고 기업이 산다.

기업 경영에 투명성이 없으면 책임성도 없다. 경영자가 스스로 자신의 실패를 인정하기는 쉽지 않고, 스스로 책임을 지기는 더욱 어렵다. 그래서 경영 실패는 반드시 그리고 재빨리 드러나고 알려져야 한다. 그래야 너무 늦지 않게 이해 당사자가 나서서 경영자에게 책임을 물을 수 있다.

투명성은 부패를 막고 신뢰를 얻기 위해서도 필요하다. 경영자가 자신의 이익을 위해 기업에 손해를 끼치고 있지는 않은지 여러 이해 당사자가 쉽게 알 수 있어야 한다.

경영의 전문성은 기업 규모가 클수록 중요하다. 다수의 대기업을 포함하는 기업집단에서는 더욱 중요하다. 창업자의 자손도 전문성을 갖출 수 있지만 반드시 그렇다고 장담할 수는 없다. 그래서 지배력의 대물림이 위험을 키운다는 것이다.

창업자의 자손이 대주주로 남아 그 역할을 수행하는 것은 해롭지 않다. 오히려 바람직할 수도 있다. 그러나 기업가의 역할을 수행하는 것은 다른 문제다.

다시 말하건대 경영의 책임성·투명성·전문성을 강화하려는 것은 경제민주화를 이루는 동시에 재벌 기업을 더 잘되게 하기 위해서다. 모든 기업이 그렇듯이 재벌 기업에도 많은 이해 당사자가 있다. 노동자, 주주, 채권자, 거래 기업, 지역사회가 모두 이해 당사자다. 이들이 잘되기 위해서는 재벌 기업이 잘되어야 하며, 그러기 위해서는 이들 사이의 협력이 잘 이뤄져야 한다. 그 협력에 꼭 필요한 것이 경영의 책임성·투명성·전문성이다.

1997년에 시작된 경제 위기의 소용돌이 속에서 출범한 국민의 정부는 재벌 개혁을 중요 과제로 설정하고서 여러 제도를 도입하거나 강화했다. 주주 대표소송, 외부감사, 회계, 공시 등의 제도를 강화했고 사외 이사 제도와 집중 투표 제도를 도입했다.

이 모두가 기업 경영의 투명성과 책임성을 강화하기 위해서였다. 그리고 그때까지는 금지되었던 지주회사가 허용되었는데, 이는 지주회사 체제가 기업의 구조 조정에 유리할 뿐만 아니라 경영의 책임성과 전문성을 높이리라는 기대에서였다.

그러나 실제로 시행된 제도는 대부분 그런 기대에 턱없이 못 미치는 것이었다. 예컨대 사외 이사의 선임이 지배주주의 뜻대로 이뤄지는 상황에서는 사외 이사가 제 역할을 수행하리라 기대하기 어려운데, 이런 예상이 대부분의 재벌 기업에서 현실로 나타났다.

집중 투표는 이사 선임에서 중소 주주들의 의견이 약간이나마 반영되게 하는 방식의 투표인데, 그 시행 여부를 지배주주가 결정할 수 있게 함으로써 유명무실한 제도가 되고 말았다. 지주회사를 허용한 결과는 더 고약하다. 여러 재벌 그룹이 지주회사로 전환한 목적은 총수의 지배력을 강화하기 위한 것이었고, 그 결과는 소유와 지배의 괴리가 확대된 것이었다.

모든 개혁이 그러하듯이, 재벌 개혁을 위해서는 여러 제도를 도입하기보다 제대로 된 제도를 도입해야 한다. 그러나 더 중요한 게 있다. 제도가 제대로 시행되게 하는 것이다. 사실 우리나라에서 기존 제도가 제대로 시행되기만 했어도 상당 정도의 개혁이 이미 이뤄졌을 것이다.

돌이켜 보자. 그동안 얼마나 많은 재벌의 탈세가 묵인되었는가? 그동안 얼마나 많은 재벌의 배임이 묵인되었는가? 그동안 얼마나 많은 재벌의 횡령이 묵인되었는가? 우리나라 감독기관과 사법기관은 이런 재벌의 불법행위를 적발하고 처벌하는 데 얼마나 적극적이었는가? 그리고 지금은 어떤가? 과연 현행 제도와 법률이 미비해서 그런 행위를 처벌할 수 없다고 말할 수 있는가?

재벌 개혁은 감독기관과 사법기관이 재벌의 반칙과 부정을 엄하게 처벌하는 데서 시작되어야 한다. 감독기관과 사법기관이 그렇게 하도록 국민이 만들어야 한다. 그것으로도 부족하다면 제도와 법률을 바꿔야 한다. 정부와 국회가 그렇게 하도록 국민이 만들어야 한다.

소수의 개인이 다수의 대기업을 절대적으로 지배하면서 그 영향력을 사회 여러 분야에서 행사하는 지금의 재벌 체제에서는 결코 쉬운 일이 아니다. 그러나 우리 국민이 반드시 해야 할 일이다.

경제민주화를 위해 반드시 해야 할 일이다. 함께 잘사는 나라를 만들기 위해 반드시 해야 할 일이다.

기업 경영의 책임성·투명성·전문성에 더해 필요한 것이 노동자의 경영 참여다. 각 기업은 저마다 특수한 형태와 내용의 '인적 자본'을 필요로 한다. 그 기업에서만 사용되는 기술과 숙련이 있고, 그 기업에서만 활용되는 지식과 경험이 있다.

이런 인적 자본은 기업의 투자만으로는 충분히 축적되기 어렵다. 노동자의 헌신이 필요하다. 그리고 헌신은 신뢰를 필요로 한다. 자신의 헌신과 협력이 합당한 대가를 받으리라는 믿음이 있어야 한다. 상대방의 배신이 없으리라는 믿음이 있어야 한다. 그 믿음을 가능하게 하는 것이 참여다.

더구나 우리 상황에서 노동자의 경영 참여는 지금의 재벌 기업이 만들어질 때까지 투입된 노동자의 피와 땀이라는 역사성 속에서 정당화되기도 한다. 1970년대 기업 성장의 초기에 노동자의 저임금 및 열악한 근로 환경, 국민들의 고비용 시장 및 저보상 저축 등이 기반이 되어 지금의 국내 재벌 그룹이 형성되었다는 사실을 부정할 수는 없다.

그렇다면 이런 역사적 사실에 입각해 기업 경영에 대한 공동의 책임과 권한을 갖는 것에 대해 기업의 소유자들이 부당하다고 생각할 수는 없을 것이다.

노동자의 경영 참여는 여러 방식으로 이뤄질 수 있다. 종업원 지주제 확대 또는 강화도 한 방안이다. 지금의 종업원 지주제는 노동자의 재산 증식에 더 큰 의의를 두고 있는데, 앞으로는 노동자의 발언권을 강화하는 방향으로 바꿀 수 있다. 노동자가 주식을 소유함으로써 주주로서 발언하게 하자는 것이다.

나는 노동자가 노동자로서 발언할 수 있을 때 노동자의 헌신과 협력을 기대할 수 있다고 생각한다. 그리고 노동자의 개별적 발언이 아닌 집단적 발언이 중요하다.

그런 의미에서 노동조합을 통한 경영 참여가 필요하다.

3

대기업과 중소기업의 협력

요즘 우리 사회에서 가장 심각한 문제로 꼽히는 것이 양극화다. 양극화는 여러 부문에서 공통적으로 나타나지만 대기업과 중소기업 사이에서 더욱 극명하게 나타난다.

예컨대 종업원 1인당 부가가치로 측정한 생산성을 보면, 우리나라 중소기업은 대기업의 3분의 1에 불과하다. 1980년대까지만 하더라도 절반 수준을 유지했었는데 1980년대 후반에 급격히 떨어졌고 그 후에도 이런 추세가 계속되었다.

생산성 격차와 함께 임금격차도 확대되어 요즘 우리나라 중소기업의 종업원 1인당 연간 급여액은 대기업의 절반 수준을 간신히 넘고 있다. 중소기업은 수익성도 낮다. 2007~10년 평균 매출액 대비 영업이익 비율을 보면, 대기업은 6.32퍼센트인 데 비해 중소기업은 5.18퍼센트이다. 순이익률 평균은 대기업과 중소기업이 각각

표 | 대기업과 중소기업의 생산성 격차 및 임금격차 추이 (제조업; 단위 : 천 원, %)

		1980년	1990년	1995년	2000년	2005년	2006년	2007년	2008년	2009년
생산성	중소기업	4,168	16,861	36,286	56,116	73,761	75,690	79,406	88,779	92,165
	대기업	7,577	34,174	93,308	158,441	223,083	227,811	257,180	295,396	300,170
	격차	55.0	49.3	38.9	35.4	33.1	33.2	30.9	30.1	30.7
임금	중소기업	1,553	5,422	10,930	14,419	20,375	21,314	22,153	23,506	23,495
	대기업	1,911	8,197	17,009	25,984	39,047	39,957	44,653	45,829	46,850
	격차	81.3	66.1	64.3	55.5	52.2	53.3	49.6	51.3	50.1

주 : 1) 생산성은 종사자 1인당 부가가치 생산성, 임금은 세전 연간 급여 기준임.
　　2) 격차는 대기업을 100.0으로 할 때 중소기업의 부가가치 생산성 및 연간 급여 수준임.
자료 : 중소기업청, 『중소기업관련통계』(2011/04).

4.32퍼센트와 1.51퍼센트로 그 차이가 더 크다.

우리나라의 대기업과 중소기업 사이의 격차는 세계 어느 나라에서도 찾아보기 어려울 정도로 심하다. 일본만 하더라도 생산성은 중소기업이 대기업의 55퍼센트를 넘고, 임금은 65퍼센트를 넘는다.

다른 여러 나라에서도 경제성장 초기 단계에는 부문 간 격차가 나타났다. 우리나라에서는 성장 자체에 의해 부문 간 격차가 더욱 확대되고 있다. 양극화 성장이라고 할 수 있다. 이런 양극화 성장의 특징은 소수 대기업의 성장을 위한 비용이 다른 부문으로 전가되지만 그 성과는 제대로 공유되지 않는다는 데 있다. 이는 '갑을 관계'로 불리는 대기업과 중소기업 사이의 하도급 거래에서 쉽게 발견된다.

누구나 알고 있듯이 하도급 거래의 핵심 문제는 대기업과 중소기업 사이의 교섭력 차이다. 대기업은 독점적 지위를 갖고 있는 반면, 중소기업들은 서로 경쟁해야 한다.

그뿐만이 아니다. 이제는 대기업과의 거래에서 국내 중소기업들은 해외 기업들과도 경쟁해야 한다. 이른바 대기업의 글로벌 아웃소싱이 확대되었기 때문이다. 이런 상황에서 대기업과 중소기업 사이의 거래가 공정하기란 쉽지 않다.

대기업과 중소기업 사이의 격차 확대는 공정하지 못한 하도급 거래 때문만은 아니다. 대기업과의 하도급 거래 관계에 편입되어 있는 중소기업보다 그렇지 않은 중소기업의 사정이 더욱 열악한 게 사실이다. 이렇게 된 배경에는 우리나라의 수출 주도 성장 정책이 있다.

특히 현 정부의 고환율 정책이 내수 중심의 중소기업에 불리하게 작용했음은 여러 전문가들이 공통적으로 지적하고 있는 문제이다.

대기업과 중소기업 사이의 양극화를 해소하는 것이야말로 경제 민주화의 핵심이다. 우리나라 소득분배의 불평등은 많은 부분이 노동자의 근로소득 불평등에서 나오고, 노동자의 근로소득 불평등은 많은 부분이 대기업 노동자와 중소기업 노동자 사이의 임금격차에서 나온다.

물론 정규직 노동자와 비정규직 노동자 사이의 임금격차도 크다. 그렇지만 중소기업의 비정규직 노동자 비중이 대기업의 비정규직 노동자 비중보다 크기 때문에 두 격차가 중첩되어 구분하기 어렵다. 어쨌든 이런 임금격차를 줄이는 것이 경제민주화의 핵심이라면, 대기업과 중소기업 사이의 양극화를 해소하는 것 또한 경제민주화의 핵심이다.

중소기업의 수익과 성장이 곧바로 중소기업 노동자의 임금 상승으로 이어지지 않을 수도 있다. 그렇지만 중소기업의 수익과 성장 없이 중소기업 노동자의 임금 상승을 기대하기는 어렵다. 전자가 후자의 충분조건은 아니더라도 필요조건임은 분명하다.

대기업의 성과를 중소기업과 나눠 갖게 하는 것만으로는 양극화를 해소하기가 어렵다. 비록 가능하더라도 바람직하지 않다. 그런 성과 공유가 협력으로 이어지게 하고, 협력을 통해 성과가 커지게 해야 한다.

그래야만 대기업과 중소기업 사이의 성과 공유가 지속될 수 있고, 그래야만 대기업과 중소기업 사이의 양극화가 해소될 수 있다.

그렇지만 이렇게 말할 수도 있다. 협력을 통한 성과 증대가 가능하려면 협력 성과의 공유가 보장되어야 한다. 협력의 결과를 나눠 가질 수 없다면 중소기업이 협력하려 하지 않을 것이고, 자발적이지 않은 협력은 지속되기 어렵다.

그래서 나는 협력과 공유를 통한 양극화 해소를 강조한다. 다시 말하면, 대기업과 중소기업 사이의 양극화 해소는 성과 증대와 함께 이뤄져야 하고, 성과 증대의 한 가지 좋은 방법이 협력 강화다.

그리고 대기업과 중소기업 사이의 협력 강화는 그 성과의 공유가 보장될 때 가능하다.

거듭 말하지만 협력과 공유는 같이 간다. 그런데 둘 중 어느 하나가 지나치게 힘이 강하면 둘 사이의 협력과 공유가 이뤄지기 어렵다. 우리나라의 대기업과 중소기업이 바로 그런 처지다. 그렇다면 해결책은 의외로 단순할 수 있다. 중소기업의 힘을 키워야 한다.

흩어진 중소기업의 힘이 크지 않더라도 뭉친 중소기업의 힘은 클 수 있다. 그리고 협동조합은 중소기업이 뭉치는 좋은 방식이 될 수 있다. 상품의 개발이나 판매를 전담하는 협동조합의 설립이 한 예다. 이런 협동조합의 사례는 내가 얼마 전에 방문한 스페인의 몬드라곤Mondragon에서 찾을 수 있다.

힘을 합치는 것도 한 방법이지만 각자 힘을 키우는 게 더욱 중요하다. 우리나라 중소기업이 중국·베트남·타이 등의 기업보다 생산성이 현저히 높지 않다면 해외시장에서는 물론이고 우리나라 대기업과의 거래에서도 불리할 수밖에 없다. 우리나라 중소기업도 기술과 경영에서의 혁신을 통해 생산성을 높여야만 한다.

그런데 여기서 우리는 주의해야 한다. 우리나라 중소기업의 높지 않은 생산성을 중소기업 탓으로만 돌려서는 안 된다. 그것은 수십 년에 걸친 개발독재 시대의 산물이다. 정부가 국내외에서 동원한 자원을 헐값으로 일부 기업에 몰아줬고, 그로 인해 많은 기업은 기회를 박탈당했다.

그리고 대기업에 유리하게 짜인 금융과 재정의 구조는 오늘까지 지속되고 있다. 이를 바로잡아 중소기업의 혁신과 성장을 이끌어 내는 것이 오늘 우리의 과제다.

대기업과의 협력과 공유 이전에 필요한 것은 중소기업의 정당한 권리를 보장받는 것이다. 2011년에 부산의 어느 중소기업을 방문했을 때, 그 중소기업의 대표가 절실히 요청한 것은 '납품 단가 연동제' 하나였다. 원자재 가격이 오르는데도 이것을 반영해 납품 단가를 현실화해 주는 대기업이 많지 않다는 것이다.

건전한 시장경제 질서를 유지하기 위해서는 이런 불평등 구조가 시정되어야 한다. 중소기업이 애써 개발한 기술을 가로채고, 중소기업이 애써 육성한 기술자를 빼내는 사례도 이미 낯선 이야기가 아니다.

이런 불공정 관행을 제거할 수 있는 제도적 장치를 만들고, 나아가 중소기업의 기술과 인력을 육성할 지원 제도를 만들며, 그 위에 대기업과 중소기업의 협력과 공유가 이뤄진다면 우리의 중소기업도 탄탄하게 성장할 수 있는 계기를 만들 수 있을 것이다.

중소기업의 혁신과 성장을 이끌어 낼 좀 더 구체적인 정책을 내놓기에는 내가 아직 많이 부족하다. 여러 기업가와 전문가들에게서 제안을 듣고 있는데, 무엇을 하고 무엇을 하지 않아야 할지 아직은 구분하기 어렵다. 내 능력과 공부가 부족해서 그런 부분도 있겠지만, 기업가와 전문가들 사이에서도 진단과 처방이 엇갈리는 듯하다.

그래서 우리가 먼저 해야 할 일은 지금까지의 관련 정책과 제도를 제대로 평가하는 것이라고 생각한다. 밝혀지지 않은 사정과 공개되지 않은 통계도 적지 않은 듯한데, 이 역시 서둘러 고쳐야 할 일이다. 그런 바탕 위에서 협의와 합의를 통해 정책을 개발하고 집행해야 할 것이다.

4

노동시장과 노사 관계의 민주화

나는 1970년대 유신 시절 대학을 졸업하고 청계천 판자촌에서 빈민 운동을 하는 '투사'로 살았던 적이 있다. 박형규 목사님이 이끄는 수도권 특수지역선교위원회에 평신도로는 최초로 빈민 운동 간사가 되어 지역 조직 운동가가 되고자 했다. 고 제정구 의원이 송정동 판자촌에서 빈민 운동을 했고, 소설가 황석영 씨와는 구로동에서 노동운동을 하겠다고 같이 자취를 하면서 공장에 다니기도 했다.

당시는 유신 독재에 반대하는 반체제운동을 교회가 주도하고 있어서 본격적인 빈민 운동은 제대로 하지도 못하고 당국에 검거되어 감옥 가고 도망 다니고 했지만, 반체제운동은 빈민 운동인 도시선교, 노동운동인 산업선교를 합쳐서 도시산업선교가 주도했다. 유신 체제하에서 나는 도시산업선교를 통해 원풍모방, 방림방적, 콘

트롤데이터, YH, 청계피복 노동자들과 함께 노동운동에 참여했다.

지금 50대 중반 이상의 사람들은 누구나 기억하겠지만, 당시 우리나라의 노동문제는 국가에 의해 통제되고, 국가 공권력의 비호 아래 기생한 기업에 의해 억압당한 처절한 생존의 문제였다. 최근에 일부가 남겨져서 역사적 유물로 보존된다는 소리도 있었지만, 방 하나에 세 명씩 교대로 돌아가며 잠을 자고 공장에 출근하고, 그래서 많은 사람들이 과로와 연탄가스에 숨져 갔던 구로공단의 벌집촌에서 자신의 청춘을 보냈던 사람들이 요즘 20~30대의 부모 세대인 것이다.

10·26이라는 정치적 격변과 그에 이은 1980년의 짧은 서울의 봄의 출발점도 사실은 YH라는 해외투자 가발 기업 여공들의 생존권 투쟁이었다. 당시에는 민주화라는 용어 이전에 생존권 투쟁이 노동문제의 핵심이었다.

그런 노동문제가 1980년대 후반, 이른바 '87년 체제'를 지나면서 어느 정도 안정기에 접어든 듯하더니, 1990년대 후반부터 다시 악화되었다. 벌써 3년 이상 지속되고 있는 쌍용자동차 노동자들의 복직 투쟁, 김진숙 지도위원이 1년간 크레인 위에서 고공 농성을 벌여 지난 연말 연초를 뜨겁게 달궜던 한진중공업 사태 등은 마치 우리가 다시 1970년대를 사는 것 같은 착각을 갖게 한다.

그뿐인가? 직접적인 노동문제는 아니라고 하지만, 공권력에 의한 무지막지한 진압으로 표현되는 용산 참사도 그 내용은 노동으로 부터의 소외, 정상적인 생활권의 박탈이라는 점에서 포괄적으로 보면 고용의 사각지대에서 발생한 것이다. 뉴스에 간혹 나오기 때문에 언뜻 눈에 보이지는 않지만, 모 재벌 기업의 공장에서 발생하는 잇따른 백혈병 사망 사고, 그에 대한 책임 회피도 비민주적 노동시장의 문제이다.

1970년대에 국가권력과 그 비호 아래 기생한 기업이 그랬던 것처럼, 2012년 현재에는 효율적 시장이라는 이름으로 무소불위의 권력을 휘두르고 있는 기업과 그를 방조하는 국가권력이 노동 탄압을 자행하고 있다. 우리가 경제민주화의 한 영역으로 노동문제를 거론하는 것은 바로 이 때문이다.

노동시장과 노사 관계로 나누어 노동 분야의 경제민주화 과제를 살펴보자. 먼저 노동시장이다.

내가 자문을 받고 있는 노동 전문가들은, 노동시장은 유연성과 안전성이라는 '두발자전거'로 달려야 경제가 잘 발전하고 그 혜택도 골고루 나눌 수 있다고 말한다.

유연성flexibility은 노동시장의 환경이 변화할 때 고용과 임금, 노동시간이 얼마나 빠른 속도로 변화해 적응하는가에 관한 것이다. 안전성security은 말 그대로 일자리가 얼마나 안전한가를 비롯해 실직했을 때 안전하게 생활하면서 재취업할 수 있는 여건이 어느 정도인가를 따지는 것이다.

기업은 경기변동에 따라 해고나 임금 및 작업 시간 변동이 쉽도록 유연성은 높이려 하는 반면, 노동자들은 당연히 안전성이 높기를 원한다. 전경련을 비롯한 기업 측에서는 아직도 노동시장이 경직돼 있다고 주장하지만, 외환 위기 이후 유연성은 높아진 가운데 안전성은 확보되지 못하는 방향으로 변화해 왔다.

다른 나라와 비교해서도 유연성은 매우 높은 수준이다. 한국노동연구원이 2005년 각국 고용조정 속도를 비교한 데 따르면 한국은 조사 대상 60개국 중 9위, OECD 회원국 중에서는 1위를 차지했다. 유연성이 높으면 기업은 단기적으로 경제적 효율성을 누릴 수 있지만, 노동자는 그만큼 고용 불안과 생활 불안을 견뎌야 한다. 그러나 노동자들이 견딜 수 있는 수준을 넘어서면 오히려 경제적 효율성을 가로막고 사회불안으로 이어질 수 있다.

반면에 사회적으로 체감하고 있듯이 안전성은 전반적으로 떨어졌다. 80개국을 대상으로 실시된 2008년 세계인 가치관 조사World Value Survey에 따르면 한국인들은 고용 안정을 직업 선택의 가장 일순위로 꼽았다. 다른 나라와 비교하면 임금이 얼마나 되며, 함께 일하는 동료는 누구이고, 얼마나 중요한 일을 하는지는 크게 따지지 않는다는 것이다. 가장 취업하고 싶은 직장이 공무원인 세태도 같은 맥락이다.

유연성이라는 '외발자전거'는 노동시장 참여자들을 불안하게 하고 있다. 해고와 실직이 자살로 이어지고 있는 쌍용자동차 사태가 이를 잘 보여 주고 있다. 불안은 사회적 타협보다는 갈등과 대결로 이어지기 쉽다. 무분별한 정리 해고와 비정규직의 남용, 과도한 아웃소싱을 제한하는 등 일자리의 안정성을 높이는 방향으로 노동시장을 정비해야 한다.

우리나라에서 실직은 빈곤층으로 이어질 가능성이 높다. 사회 안전망이 미흡하기 때문이다. 한국노동연구원에 따르면 2008년에 가구주가 실직한 경우, 52.9퍼센트의 가구가 다음 분기에 빈곤 상태로 전락했다. 실직했을 때 빈곤층으로 진입할 확률이 절반이 넘는 것이다. 이에 대한 대책에서 가장 중요한 것은 고용 보험을 실질적인 안전망이 될 수 있도록 강화하는 것이다. 적정 수준의 실업 급여, 사각지대 해소, 소득 대체율 인상, 수급 기간 연장 등이 주요 내용이 돼야 한다.

상대적으로 좋은 일자리로 분류되는 대기업이나 공공 부문 정규직과 같은 1차 노동시장도 고용 불안에서 완전히 자유롭지는 않다. 이 영역의 경우 노동시간 단축형 일자리 나누기를 통해 경기 불황이나 구조 조정에 따라 고용 불안을 극복할 수 있는 시스템을 노사가 자발적으로 만들 필요가 있다. 정부의 정책적 지원도 필요하다.

물론 노동시간 단축은 단지 고용 불안에 대비한 일자리 나누기만을 위해 필요한 것은 아니다. 고용노동부에 따르면 한국인의 연간 평균 노동시간은 2,193시간으로, 경제 규모가 비슷한 OECD 국가 평균에 비해 연간 2.5개월, 노동시간이 가장 짧은 네덜란드에 비해서는 무려 4.5개월을 더 일하는 셈이다.

이 같은 세계 최장 노동시간 체제를 그대로 두고는 한국 경제가 선진국 수준으로 발전하기 어렵다는 게 경제학자들의 공통된 분석이며, 한국인의 삶의 질 향상에도 큰 걸림돌이다. 여기에 노동시간을 단축함으로써 좋은 일자리를 나누고 늘리는 효과가 있는 것이다.

김대중 정부에서 시작한 주 5일 근무제가 2011년 7월 5인 이상 사업장까지 적용되어 마침내 완성되었다. 이제 실근로시간을 단축해야 한다. 정시 퇴근제를 정착시켜 한국인들에게 '저녁이 있는 삶'을 돌려줘야 한다. 단번에 어렵다면 우선 1주일에 화·금요일을 정시 퇴근하는 날로 정하는 식으로 단계별로 접근하는 것도 방법이다. 또 휴일 근무를 줄여 '주말이 있는 삶'을, 여름휴가를 2주일로 늘리는 집중 휴가제를 통해 '휴가가 있는 삶'을 누릴 수 있게 해야 한다.

노동시장에서 사실상 방치되고 있는 임시·일용직, 파견 용역, 간병인, 대리 운전기사, 청년 아르바이트생 등 취약 근로자들에 대

표 | 고용 형태별 사회보험 및 노동조건 적용률 (2012년 3월; 단위 : %)

	정규직	비정규직
국민연금	79.6	40.5
건강보험	81.3	46.5
고용 보험	78.3	45.0
퇴직금	79.4	40.6
상여금	81.4	38.7
시간외수당	55.2	23.6
유급 휴가	69.0	32.3
주 5일제	65.1	50.6
노조 가입	15.3	3.0

자료 : 통계청, 『2012년 3월 경제활동 인구조사 근로 형태별 부가 조사 결과』(2012/05/24).

한 대책도 절실하다. 2백만 명이 넘는 최저임금의 사각지대에 놓인 사람, 근로기준법도 아직 지켜지지 않고 있는 사업장에서 일하는 사람들, 중간착취 구조가 버젓이 살아 있는 고용 서비스 문제가 대표적이다. 이에 대해서는 중소 영세 기업 육성 산업 정책의 토대 위에서 최저임금제의 실효성을 높이고 중간착취를 근절하는 등의 적절한 제도·정책과 사회적 보호 시스템이 결합되는 종합적인 대책이 마련돼야 한다.

정부 통계 기준으로 전체 노동자의 3분의 1에 달하는 비정규직 규모는 OECD 국가 중 가장 높은 수준으로, 외환 위기 이후 과도한 노동시장 유연화 전략이 낳은 일종의 시장 실패에 해당한다. 따라서 시장 규제와 차별 시정이라는 두 가지 차원에서 비정규직 남용을 억제하는 것을 기본 방향으로 삼아야 한다.

기간제법, (사내 하도급을 포함한) 간접고용규제법, 시간제근로보호법 등 비정규직을 규제하고 있는 세 가지 법을 체계화해서 비정규직 남용을 체계적으로 차단하는 접근이 필요하다. 사내 하도급 관행을 규제하는 방향으로 시장을 정비함으로써 간접 고용 비중을 낮춰 가야 하고, 정부 차원에서 불법 파견에 대한 시정 조치를 엄격하게 집행해야 한다. 시간제 근로자에 대한 차별을 시정하고 최저임금과 사회보험 적용을 확대함으로써 시간제 일자리의 질을 높이는 정책도 필요하다.

차별 시정 정책이 실효성을 거둔다면 비정규직 남용을 상당 부분 방지할 수 있다. 현재 기간제법에 차별 시정 조항이 포함돼 있지만 실효성이 낮기 때문에, 차별 소송 주체, 기간, 영역, 비교 대상 등을 개선할 필요가 있다.

피신청인 자격 확대(노조 포함, 사내 하도급 포함), 차별 신청 기간 확대(1~3년), 차별 금지 영역 확대(근로 기준과 사회보험 등 포함), 동일(가치)노동 동일임금 원칙의 적용 범위 확장(사업장 외부의 유사 규모의 직종 및 업종 노동자로까지 확대) 등이 주요 내용이 될 수 있다. 고용을 보장되지만 대우는 차이가 있는, 정규직도 아니고 비정규직도 아니라 해서 '중규직'이라 불리는 무기 계약직에 대한 차별 시정도

구체적인 대안이 필요하다.

노사 관계는 노동시장과 서로 밀접하게 연관되어 영향을 주고받는다. 그런데 우리나라의 경우 노동시장과 노사 관계의 불일치 현상이 심각해 사회적 통합과 연대를 해치고 있다. 양극화된 노동시장의 문제점이 기업별 노사 관계를 통해 더 큰 사회적 분열과 갈등으로 확대 재생산되지 않게 하려면, 양극화를 완화함으로써 사회 통합에 기여하는 사회 연대적 노사 관계를 만들어 가야 한다.

'9988'이라는 말에서도 알 수 있듯이 한국의 노동시장은 전체 기업의 99퍼센트, 전체 피고용자의 88퍼센트를 차지하는 중소 영세 기업이 대다수를 이루고 있다. 여기에 비정규직을 더할 경우 전체 노동시장의 90퍼센트 이상을 중소 영세 업체 노동자와 비정규직 노동자가 차지하고 있다. 2011년 통계청 조사를 봐도 중소 영세 업체 노동자가 88.8퍼센트(이 가운데 비정규직은 32.3퍼센트), 대기업 비정규직이 1.9퍼센트로 이들이 전체의 90.7퍼센트에 달한다.

그런데 한국의 노사 관계는 전체 노동자 중 노조에 가입한 10퍼센트 정도만을 포괄하고 있으며, 이들 대다수가 대기업 정규직 노동자들이다. 민주화 직후인 1989년 19.8퍼센트를 기록했던 노조 조직률은 꾸준히 하락한 끝에 2010년 9.8퍼센트를 기록했다. OECD 국가 중 터키와 프랑스를 제외하곤 가장 낮은 수준이다. 중소 영세 업체와 비정규직 노동자들의 노조 가입을 확대해야 한다.

노조의 낮은 조직률은 교섭력을 약화시켜 노사 간 힘의 균형을 잃게 함으로써 노사 상호 존중과 신뢰, 대화와 타협을 어렵게 하고 사회적 양극화를 더 심하게 하는 요인이 되고 있다. 또한 기업의 규모와 고용 형태에 따른 교섭력의 차이는 노동계 내부 양극화의 중요한 요인이 된다.

단체협약 적용률이 낮은 것이 문제를 더 키우고 있다. 노동자들의 노동조건은 노동관계법과 노사가 체결한 단체협약의 영향을 동시에 받는다. 만약 선진국처럼 단체협약이 노조에 가입하지 않은 대다수 노동자들에게도 적용될 경우 노조 가입 유무가 바로 노동조건의 양극화로 연결되지는 않는다.

3부에서 다루듯이 네덜란드의 노조 조직률은 20퍼센트 수준이지만 단체협약 적용률은 80퍼센트가 넘는다. OECD 국가 평균 노조 조직률도 30퍼센트가 안 되지만 단체협약 적용률은 60퍼센트를 웃돈다. 프랑스는 노조 조직률이 7.7퍼센트로 우리보다 낮지만 단체협약이 95퍼센트의 노동자에게 적용된다. 그러나 한국은 단체협약 적용률이 12퍼센트에 불과해 OECD 국가 중 가장 낮다. 이처럼 OECD 최하위 수준의 노조 조직률과 협약 적용률은 비정규직과 중소 영세 업체 노동자들의 노동조건을 악화시키는 결과를 빚고 있다.

노동시장과 노사 관계의 불일치를 개선하기 위해서는 유럽 선진국과 같이 산업별 교섭에서 노사 쌍방이 체결한 단체협약을 동종 미조직 노동자에게 확대 적용할 수 있도록 단체협약 효력 확장 제도를 도입해야 한다.

대기업 정규직 중심의 기업별 노사 교섭을 넘어서는 노사 관계 및 노사정 교섭을 활성화하는 것도 중요한 과제다. 노조도 기업별로 만들고 교섭도 기업별로 하는 한국의 노사 관계가 계속된다면 비정규직과 중소 영세 업체 노동자들은 노조에 가입하기 어렵고 교섭의 혜택도 보기 어려울 수밖에 없다.

초超기업 단위 교섭을 활성화해 선진국과 같이 산업별 노사 대화와 교섭이 가능하도록 여건을 마련하고, 이를 바탕으로 산업별 협약의 효력을 미조직 노동자들까지 확장해 가야 한다.

노사가 산업별로 대화하고 교섭할 뿐 아니라, 노사와 정부가 함께 사회경제 의제를 놓고 대화하고 협의하는 체계를 실질적으로 정착시켜야 한다. 현재 기능이 크게 떨어진 경제사회발전노사정위원회가 실질적인 사회적 대화 창구로서 역할을 다할 수 있도록 관련 제도와 정책이 뒷받침돼야 한다.

사회 연대적 노사 관계를 만들어 가기 위해서는 노사정 모두 힘을 모아야 한다. 특히 정부와 정치권은 노사가 힘의 균형을 이뤄 실질적인 사회적 대화와 타협이 가능하도록 여건을 조성하고, 공공 부문에서부터 사회 연대적 노사 관계의 본보기를 만들어 가야 한다.

5

금융 민주화

자원 배분 과정에서 핵심적인 역할을 담당하는 금융의 민주화도 경제민주화의 중요한 영역이다. 금융 민주화는 금융의 공공성·건전성·안전성의 강화가 핵심이다.

금융의 공공성을 강화하는 것은 금융·산업자본의 분리와 공적 금융기관의 확충으로 구분해서 생각해 볼 수 있다.

이명박 정부 들어 금융의 공공성은 크게 후퇴했다. 산업자본에 의한 은행 지분 소유 한도를 확대했고, 산업자본이 소유한 비은행 금융기관이 또 다른 산업자본을 자회사 및 손자회사로 두는 것을 최대한 허용했으며, 동일 계열 금융기관이 산업자본을 지배하지 못하도록 하는 규정에 많은 예외를 허용했다. 산업은행 민영화를 추진했으며, 산업은행을 포함한 국내 4대 금융 그룹의 최고 경영자를 정권과 지연·학연으로 맺어진 인사들로 채워서 금융 분야를 완전히 특정 정권의 사금고화하려는 시도까지 진행되었다.

금융 산업의 공공성이 강화되어야 하는 이유는 특정 금융기관이 특정 기업의 사금고로 변질돼서는 안 되기 때문이다. 특정 금융기관이 특정 산업자본과 결탁해 특혜 대출을 하는 것과 같은 반칙과 특권을 막고, 특혜 대출이 부실화되어 그 피해를 국민이 다 떠안지 않도록 하자는 것이다.

금융기관은 경제활동의 중요한 투입 요소인 자본의 조달과 배분을 담당하기 때문에 산업자본과 거리를 두고 중립적인 위상을 유지해야 한다. 돈 가진 자가 특정 기업에만 유리하게 자본을 배분하면 그 경제는 독점적 구조가 될 것이고, 건전한 시장경제는 형성될 수 없다.

금융기관은 자본을 배분하면서 대상 기업들이 합리적이고 건전한 경제활동을 수행하는지 끊임없이 관찰할 의무가 있다. 그러나 상대가 자신과 가까운 기업이라면 이런 관찰 기능이 정상적으로 작동하지 않게 되고, 그만큼 자본의 배분이 부실화된다. 더구나 그 자본이 불특정 다수로부터 조달되었기 때문에 최근 저축은행 사태에서 보듯 그 결과는 사회 전체로 확산될 수밖에 없다.

나는 아무리 중립적이고 객관적인 금융기관이라고 하더라도, 민간은행일 경우 우리 경제의 성장과 안정을 위해 꼭 필요한 자원의 배분을 다 책임질 수는 없다고 판단한다. 오히려 시장에 충실한 금융기관일수록, 우리 경제의 미래를 위한 중장기적 대규모 투자에 선뜻 나설 수 없을 것이다.

이 같은 투자는 공적 기능이 담당해야 하지만 그 기능이 급격히 취약해졌다. 1990년대 초반까지만 해도 경제의 중장기적 투자를 위한 투자은행으로서 산업은행, 어려운 중소기업과 서민들에 대한 지원을 주요 목적으로 하는 중소기업은행과 국민은행, 서민 주거 안정에 대한 투자를 목적으로 하는 주택은행, 우리 기업의 수출을 지원하기 위한 수출입은행 등 다양한 공적 금융기관이 있었다. 그러나 1990년대 이후의 민영화 분위기와 IMF 환란 등을 거치면서 상당수가 민영화되었거나 민영화가 추진되고 있다.

물론 특수한 목적을 갖는 금융기관이 많을수록 시장 기능에 따른 자원의 효율적 배분에 역행할 수 있다. 하지만 이미 우리 금융시장이 3~4개의 대규모 은행 그룹으로 재편되어 독과점 구조를 형성하고 있고, 이들은 담보를 근거로 한 손쉬운 영업에 집중하고 있다. 여기서 배제된 많은 서민과 중소기업들은 높은 금리의 제2금융권으로 몰려 부실의 악순환에 처해 있다.

이 문제를 해결하려면 서민과 중소기업을 위한 전담 금융기관, 자본의 회임 기간이 높고 국가적으로 중요한 중장기 투자 사업을 위한 정책금융 투자 기관으로서의 금융기관 등을 공적 금융기관으로 설립할 필요가 있다. 그러나 이런 공적 금융기관의 설립과 운영은 WTO 체제하에서 정당한 경쟁 구조의 침해로 금지되어 있다. 따라서 일방적인 정부투자에 의한 설립 방식 대신 이해 당사자들의 기금 형식으로 추진한다면, 상호부조적 금융 구제 행위로서 국제 규범에 벗어나지 않을뿐더러 공동체 시장경제에 훨씬 더 부합할 것으로 판단된다.

금융의 건전성 강화도 시급한 과제이다. 최근 발생한 저축은행 사태에서 보듯 금융기관 그 자체가 투기적 영업과 소유자의 잘못된 치부 활동으로 인해 부실화되었을 때, 사회경제적 파급효과는 실로 막대하다.

금융감독원과 예금보험공사를 둔 이유가 금융기관의 건전한 영업 활동을 감독하고, 사후적으로 발생한 금융기관의 부실 문제에 대처하도록 한 것이다. 그러나 이명박 정부하에서 감독 기능이 금융위원회라는 금융정책 당국 산하로 들어가면서 금융 감독의 중립성이 훼손되고 말았다.

나는 여기에서 지난 1990년대 후반에 있었던 한국은행 독립과 금융 감독 기능의 통합 논란을 다시 떠올린다. 당시 논쟁의 초점 중 하나는 은행·증권·보험으로 나뉘어 있던 금융 감독 기능을 금융기관 기능 통합에 따라 단일한 감독 기관으로 통합하는 것이었다. 더불어 이 감독 기능을 정책 당국인 정부가 맡을 것인지, 중립적인 한국은행이 맡을 것인지였다. 실로 뜨거운 논쟁이었다.

당시 아직 경제적 지식이 짧아서 논쟁의 중요성을 충분히 파악하지 못하고 있었다는 반성이 든다. 다만 그럼에도 금융 감독 기능은 가능한 한 중립적인 기관이 맡는 것이 금융 건전성을 위해 바람직한 것으로 판단하고 그 방향으로 노력했던 것으로 기억한다.

이제 분명하게 정리하고자 한다. 금융 감독의 건전성을 제고하기 위해서는 금융 감독 기능은 중립적인 기관이 맡아야 한다. 그래야 정권의 정책적 목적에 의해 금융시장이 왜곡되는 것을 막을 수 있다. 또한 금융기관(혹은 회사)의 건전성에 문제가 발생했을 경우, 그에 대한 사후적 책임 소재를 명백히 할 수 있는 장치가 보완되어야 한다.

나아가 은행·저축은행·새마을금고·대부업으로 구분되어 있는 현재의 금융 분야의 불분명한 업태 구분을 소비자가 충분히 이해할 수 있도록 재정비하는 작업도 체계적으로 진행해야 할 것이다.

금융 민주화의 세 번째 과제인 안전성 보장은 곧 금융 소비자를 보호하는 것이다. 금융의 공공성 제고가 시스템의 확립이고, 건전성 강화는 공급자의 운영 합리화 대책이라고 한다면, 안전성 보장은 소비자의 관리 대책인 것이다.

금융시장은 경제 영역 중에서도 가장 정보가 비대칭적인 영역 중의 하나로 평가된다. 즉 금융 공급자가 가지고 있는 정보를 소비자가 거의 알 수 없기 때문에 소비자는 공급자의 의도와 논리에 영향을 많이 받은 상태에서 의사 결정을 할 수밖에 없다. 이런 상황은 곧 시장의 실패 가능성이 높다는 것을 의미한다. 자원 배분의 왜곡, 부실 같은 것이 그 사례이다. 그래서 이런 시장 실패를 최소화하기 위한 노력이 바로 금융 소비자의 보호이다.

금융 소비자 보호를 위해서는 금융소비자보호원을 설립하고 그 기능을 훨씬 강화해야 하며, 개인신용 정보 보호 대책도 더 정비되어야 한다. 또한 사후적으로 개인의 채무가 부실화했을 경우, 이를 해소하기 위한 신용 회복 기능도 좀 더 다양해져야 하고 그 내용도 채무자 친화적이 되어야 한다. 특히 대부업에서 많이 나타나고 있는 과도한 이자율을 규제하는 이자제한법도 강화되어야 한다.

소비자 보호는 가계 부채 문제와도 연관돼 있다. 1천조 원을 넘어선 가계 부채의 상당 부분이 본인 거주 주택을 담보로 한 것이다. 그런데 최근 부동산 가격 하락으로 주택의 담보 가치가 낮아지고 있어서, 이 부채들이 부실채권으로 전락할 가능성이 매우 높고, 그 시점이 임박하고 있다는 것이 많은 전문가들의 견해이다. 가계의 부실화, 금융기관의 부실화, 경제 전체의 끝없는 추락이라는 악순환을 막기 위해서도 개별 소비자의 부실화를 최소화할 수 있는 특단의 대책이 마련되어야 한다.

6

협동조합

나는 오래전부터 협동조합에 관심을 갖고 있었다. 내가 박정희 유신 독재에 맞서다 수배를 피해 도망가 있던 곳이 강원도 원주였다. 현재 원주는 32만 인구의 10퍼센트가 협동조합 조합원으로 한국 협동조합의 메카라 불리고 있는데, 당시는 바로 이런 협동조합의 역사가 막 만들어지던 때였다.

거기서 나는 지금은 고인이 되신 장일순 선생과 김영주 선생, 이창복 선생 등 여러분들의 도움을 받아 최규택 선배가 운영하는 사과 과수원에 '머슴'으로 '위장 취업'해 약 6개월간 일했다. 그때 박재일 선배로부터 한살림 생협 활동에 대해, 이경국 선생으로부터 신협에 대해 공부할 기회가 있었다. 지금도 내 주위에는 초등학교 때부터 친구인 신동수 등 협동조합 관련 활동을 하는 친구들이 많다.

최근에 협동조합을 다시 주목한 것은 전문가들과 새로운 사회경제적 대안 모델을 찾으려 공부하고 토론하는 과정에서였다.

19세기 중반 경제적 약자들이 불황기를 극복하기 위해 만든 자구 조직에서 태동한 협동조합은 시행착오를 거쳐 다양한 형태로 발전해 왔다. 그 결과 일반 기업과는 구별되는 독특한 성격을 띠고 있다.

국제협동조합연맹ICA은 1995년 1백 주년 총회 때 채택한 "협동조합정체성 선언"에서 협동조합에 대해 ① 공동으로 소유하고 민주적으로 운영되는 사업체enterprise를 통해, ② 공통의 경제·사회·문화적 필요와 욕구를 충족시키고자 하는 사람들이, ③ 자발적으로 결성한 자율적인 인적 결합체association라고 정의하고 있다. 또한 자발적이고 개방된 조합원 제도, 조합원에 의한 민주적 관리, 조합원의 경제적 참여, 자율과 독립, 교육·훈련 및 정보 제공, 협동조합 간 협동, 지역사회에 대한 기여 등 7대 원칙도 제시했다.

여기서 알 수 있듯이 협동조합은 영리를 목적으로 투자자들이 모여 만드는 주식회사와 달리, 공동으로 소유하고 공동의 필요를 충족시키는 자율적이고 독립적인 단체다. 1주 1표라는 주식회사의 원칙과는 달리, 출자 규모와 상관없이 1인 1표의 의결권을 행사하는 민주적 운영 원리를 채택하고 있다. 협동과 연대를 통해 자주·자립·자치의 지속 가능한 공동체를 지향한다.

협동조합은 선진국을 중심으로 1백여 년 넘게 검증된 성공적인 사회경제 모델이다. 스페인의 명문 축구팀 FC 바르셀로나, 미국의 AP 통신, 썬키스트, 세계 최대 보험회사 알리안츠는 각 업계를 대표하는 선두 기업이라는 것 말고도 모두 협동조합이라는 공통점이 있다.

전 세계 협동조합의 경제 규모는 세계 9위권에 해당하며, 여기에 고용된 인원은 10억 명에 달한다. 8억 명을 고용한 다국적기업보다 더 많은 일자리를 협동조합이 만든 것이다.

미래는 더 밝다. 2009년 12월 유엔총회는 2012년을 '세계협동조합의 해'로 지정하는 결의문을 채택하고, 각국에 협동조합의 발전을 위한 법 제도 정비를 권장했다. 세계가 협동조합을 미래 사회경제 대안으로 주목하고 있는 것이다.

일반 기업과는 사뭇 다른 협동조합의 소유 운영 원리는 자본주의의 취약점을 보완할 수 있는 대안 경제 모델로서 일찍부터 주목받아 왔다. 특히 경제 위기 때 그 장점이 잘 드러났다.

2009년 국제노동기구ILO가 펴낸 보고서 『위기의 시대에 강한 협동조합 사업모델』Resilience of the Cooperative Business Model in Times of Crisis에 따르면 2008년 국제금융 위기 이후 협동조합은 각국에서 경제 위기의 영향을 상대적으로 덜 받았을 뿐 아니라, 오히려 일자리와 시장점유율이 높아진 것으로 나타났다. 협동조합 은행들은 평소보다 금리를 올리지도 않았고, 대출을 회수하지도 않았다. 중소기업에 많은 대출을 해줌으로써 중소기업 성장에도 크게 기여했다.

수많은 투자자 소유 기업이 투자자와 경영진을 위한 단기적 수익 창출에 몰입하다 연쇄 도산한 것과 비교해 볼 때, 이 같은 성과는 협동조합이 지속 가능성과 안정성 면에서 높은 경쟁력을 갖추고 있음을 보여 준 것이다.

나는 전문가들과 토론을 거듭할수록 협동조합이 전부는 아니라 하더라도 중요한 사회경제적 대안의 하나가 될 수 있겠다고 판단하게 되었다.

경쟁과 이윤 극대화를 추구하는 일반 기업과는 다른, 자립과 공생을 추구하는 협동 경제의 영역이 넓어질 수 있다면 공동체 시장 경제의 튼튼한 주춧돌로서 손색이 없겠다는 생각이 들었다.

협동조합의 공동 소유적 성격과 민주적 운영 원리는 내가 추구하려는 경제민주화 정신에 잘 부합된다.

특히 매출액에 비해 고용 비율이 높다는 점은 일자리 문제 해결이 당면 과제인 우리나라에 더할 나위 없이 적합한 기업 모델이 될 수 있다는 생각이 들었다.

실제로 유럽 정책 여행 때 들른 스페인의 몬드라곤은 매출액 기준으로는 9위였는데, 고용 기준으로는 3위였다. 같은 금액의 매출을 올려도 일자리 창출 면에서 월등한 성과를 내는 게 협동조합이었다. 몬드라곤 소속 협동조합 에로스키의 경우 전체 직원의 85퍼센트 이상을 정규직으로 한다는 정관을 채택하고 있었다. 단순한 일자리가 아니라 좋은 일자리를 창출하고 있었다.

그뿐만 아니라 인적 자원 중심의 운영과 지역사회에 대한 높은 기여도는 지역 경제 발전, 내수 경제 활성화와 직결될 수 있다. 자활 단체, 돌봄 노동, 대안 기업, 청소·재활용과 같은 분야의 협동조합은 취약 계층의 경제활동을 지원함으로써 복지의 사각지대를 해소하고 복지 전달의 실효성을 높일 수 있는 다중 효과를 기대할 수 있다.

그런데 문제는 현행 법체계 아래에서는 협동 경제의 발전을 기대할 수 없다는 데 있었다. 물론 지금도 협동조합이 상당수 존재하고 있다. 그러나 생협 등 소수를 제외하고는 주로 1차 산업 분야에 한정돼 있다. 지금까지 협동조합은 8개 개별법에 따라서만 설립할 수 있었는데, 이는 이들 법 제도 정비가 대부분 1차 산업이 중심이던 1960~70년대에 이루어졌기 때문이다.

설립 요건이 까다로운 건 물론이고 8개 개별법 외의 분야, 특히 한국 경제의 대부분을 점하고 있는 2차, 3차 산업에서 협동조합 설립은 불가능했다.

협동조합을 새로운 사회경제의 대안으로 삼자면 모든 분야에서 자유롭게 설립할 수 있도록 법부터 새로 만들어야 했던 것이다.

그래서 당 대표를 맡아 경제민주화특위와 보편적복지특위를 가

표 | 협동조합기본법의 주요 내용 (총 7장 119조)

제1장 총칙

	협동조합 법인격	• 협동조합은 재화·용역을 구매·생산·판매·제공하는 사업 조직(제2조) • 협동조합은 '법인', 사회적 협동조합은 '비영리법인'으로 규정(제4조)
	정책	• 기획재정부가 협동조합 정책을 총괄하고 기본 계획을 수립(제11조) • 3년 주기의 협동조합 실태 조사 실시, 국회 보고(제11조) • 협동조합 활성화를 위해 협동조합의 날 지정(제12조)
	타법과의 관계	• 타법에 따라 설립된 협동조합 등에 대해서는 동법 적용 배제 • 제한적 공정거래법 적용 배제(제13조)

제2장 협동조합

	의결·선거권	• 출자좌수에 관계없이 1개의 의결권 및 선거권을 가짐 → 1인 1표(제23조)
	설립 등록	• 5인 이상, 협동조합 설립 시 시·도지사에게 신고(제15조)
	적립금	• 잉여금의 100분의 10 이상 법정 적립 등(제50조)
	해산	• 해산 시 잔여 재산을 정관이 정하는 바에 따라 처분(제59조)

제3장 협동조합연합회

	설립 등록	• 협동조합연합회 설립 시 기재부 장관에게 신고(제71조)
	의결·선거권	• 협동조합연합회의 의결권은 협동조합의 조합원 수, 연합회 사업 참여량 등을 기준으로 함(제75조)

제4장 사회적 협동조합

	설립 인가	• 사회적 협동조합은 기재부 장관 인가로 설립(제85조) • 설립 절차, 사업, 소액 대출 등을 협동조합과 구분(제86~88조, 제93~95조)
	소액 대출	• 사회적 협동조합은 총 출자금 범위 내에서 조합원을 대상으로 하는 소액 대출 및 상호부조 가능(제94조)
	해산	• 사회적 협동조합 잔여 재산 국고 등에 귀속(제104조)

제5장 사회적 협동조합연합회

	설립 인가	• 사회적 협동조합연합회 기재부 장관 인가로 설립(제114조)

제6장 보칙, 제7장 벌칙

	벌칙	• 의무 위반 사항에 대한 벌칙을 규정(제117~119조)

주 : 협동조합기본법 제정 경과는 다음과 같다.
- 2011년 10월 12일 : 손학규 의원 협동조합기본법안 대표 발의(공동 발의 의원 총 74명).
  - 10월 18일 : 제23차 민주당 정책의총에서 당론으로 채택.
  - 11월 2일 : 김성식 의원 협동조합기본법안 대표 발의(공동 발의 의원 총 10명).
  - 12월 29일 : 협동조합기본법 국회 본회의 통과.
  - 2012년 1월 26일 : 협동조합기본법 공포.
    - 5월 7일 : 협동조합기본법 시행령 제정안 입법 예고.
    - 12월 1일 : 시행.

동하는 한편으로, 협동조합기본법을 만들기 위해 전문가들과 여러 달 토론을 거듭했다. 2011년 10월 제정법인 협동조합기본법안을 대표 발의할 때는 민주당 의원 73명이 공동 발의에 참여했다. 의총에서 당론으로 채택됐고, 당시 한나라당 소속이던 김성식 의원도 별도의 법안을 발의해 힘이 됐다.

2012년이 유엔이 정한 세계협동조합의 해라는 시대적 분위기를 배경으로 정부 여당도 적극적으로 협조해서 12월 29일 마침내 본회의를 통과했다. 협동조합기본법의 발의와 제정 과정은 지금 생각해도 보람이 느껴지는 의정 활동이었다. 다만 저축은행 사태 등 현실적 여건 때문에 금융 부문 협동조합 설립이 제한된 점은 이후 여건을 마련해 보완할 필요가 있다.

2012년 12월 1일부터 협동조합기본법이 시행되면 2차, 3차 산업을 비롯한 모든 분야에서 5명만 모여 설립 요건을 갖추면 자유롭게 협동조합을 설립할 수 있다.

2012년 2월 국회 헌정기념관에서 그동안 법 제정을 함께 준비해 온 협동조합기본법제정연대회의와 "한국경제의 대안전략과 협동조합"을 주제로 토론회를 열었다. 토론자로 나온 기획재정부 이대중 협동조합팀장은 "협동조합은 상상의 산물"이라는 이탈리아 볼노냐 대학 스테파노 자마니Stefano Zamagni 교수의 말을 인용하며 다섯 가지 협동조합 활용 방안을 제시했다.

지역 주민 중심의 지역 재생 개발을 위한 마을 공동체 협동조합, 기업형 슈퍼마켓에 맞서 경쟁력을 확보할 수 있는 영세 소상공인 협동조합, 참여형 문화·예술·스포츠 활성화를 위한 문화·예술·스포츠 협동조합, 공공재 공급 다변화와 선진화를 위한 주택·에너지 SOC 협동조합, 청년·벤처창업 등을 통한 기술혁신과 활성화를 위한 청년 등 소규모 창업 협동조합이 그것이다.

어디 이뿐이랴. 말 그대로 협동조합은 상상의 산물이 될 것이다. 무엇보다도 협동조합이 대기업 중심의 경제구조에서 숨이 턱턱 막히고 있는 경제주체들에게 활로가 되었으면 하는 바람이 간절하다.

중소기업들이 연구 개발R&D, 구매, 생산, 유통, 판매, 고객 서비스 등 다양한 분야에서 서로 협약을 맺고 협동조합을 통해 법적 실체를 인정받아 공동 사업을 할 수 있게 됨으로써 대기업과 대등한 관계에서 성장할 수 있을 것이다.

화물·택시기사·대리운전기사나 토목·건축 일용직 노동자들도 원할 경우 협동조합을 설립해 이전보다 나은 조건에서 경제활동을 할 수 있을 것이다.

영세 소상공인들이 협동조합을 만들어 원재료를 공동 구매하고 제품을 공동으로 배송하고 판매함으로써 전통·재래시장과 골목 상권이 살아나는 데 큰 도움이 될 것이다.

자활 공동체, 돌봄 노동 등 취약 계층을 대상으로 하는 협동조합 활동도 크게 활성화되어 지역 단위의 사회 서비스의 자생력이 확대되고, 복지사업의 실효성도 높아질 것으로 기대한다. 낙후 지역의 사회 안전망을 구축하고 지역개발을 활성화하는 데도 도움이 될 것이다. 의료 생협, 주택 협동조합 등 복지 확충에 기여하는 협동조합의 활성화도 기대된다.

다종다양한 협동조합의 발전은 '협동 경제'를 한국 경제의 중요한 축으로 자리 잡게 함으로써 경제민주화와 공동체 시장경제의 발전으로 이어질 것이다.

2장

사람 중심의 함께 가는 복지

1

대한민국 공동체의 붕괴

대한민국에서 중산층이 무너지고 있다는 우려가 확산되고 있다.
집이 있지만 집 때문에 가난하게 사는 '하우스 푸어', 직장은 있지
만 비정규직과 저임금 딱지가 붙은 '워킹 푸어', 자식 교육으로 노
후를 준비하지 못한 '리타이어retire 푸어' 등 3대 신빈곤층의 대두는
중산층이 무너져 버린 대한민국의 현실을 나타내는 신조어들이다.

작년 연말 통계청이 전국의 3만8천 명을 대상으로 실시한 2011
년 사회조사 결과는 중산층 붕괴에 대한 이런 우려가 틀리지 않았
음을 잘 보여 준다.

이 통계에 따르면, 자신을 중산층이라고 생각하는 사람은 전체
의 52.8퍼센트이다. 이는 1988년 사회조사를 실시한 이후 가장 낮
은 수치이며, 2년 전의 조사 결과와 비교할 때도 2.1퍼센트포인트
나 낮다.

	상층	중간층	하층
1999년	1.1	54.9	44.0
2003년	1.4	56.2	42.4
2006년	1.5	53.4	45.2
2009년	2.7	54.9	42.4
2011년	1.9	52.8	45.3

자료 : 통계청, 해당 연도 사회조사.

반면에 자신을 하층이라고 생각하는 사람들의 비율은 2009년 42.4퍼센트에서 올해 45.3퍼센트로 늘었다. 1988년에는 24퍼센트 포인트만큼 벌어져 있던 중산층과 하층의 비중 차이가 2011년에는 불과 7.5퍼센트포인트로 좁혀진 것이다.

전국 234개 시·군·구 바닥의 민생 현장 탐방과 시민 토론 마당에서 내 손을 맞잡았던 거친 손의 주인들이 때로는 격렬하게, 때로는 눈물지으며 아프게 토로했던 것은 삶의 팍팍함 그 자체였다.

2006년 9월 어느 날 새벽 6시, 청주시 인력시장에서 만난 어떤 분은 내가 말을 걸자 아무 대답도 하지 않고 툭 한마디를 내뱉었다. "에이, X발! 밥도 못 먹게······." 얻어먹는 밥이었지만, 그날 일을 나가지 못한 그분은 그 밥이 유일한 한 끼였다.

10월에 대구에서 만난 노숙자 출신 노동자의 한 달 수입은 69만 원이었고, 그중 16만 원을 벌집 월세로 내고 있었다.

열심히 일하지만 손에 쥘 수 있는 생활비는 쥐꼬리만 하다는 농민과 노동자들, 일상적으로 가해지는 차별과 냉대가 힘겨운 비정규직 노동자들, 영세 자영업의 구조 조정 속에서도 거기에 자신과 식구들의 생계를 걸 수밖에 없는 소규모 자영업자들, 아침마다 일어나서 일하러 갈 데만 있어도 원이 없겠다는 젊은이들, 나이 먹은 것도 서러운데 길거리와 지하철 안에서 수거한 폐지로 하루하루를 연명해야 하는 어르신들. 그들은 해방 이후 불과 반세기 만에 신생 독립국가 대한민국을 모범적인 민주주의 국가로 발전시키고, 세계 11위의 경제대국으로 만드는 데 누구보다 앞장서서 애써 온 자랑스럽고 떳떳한 중산층이었다.

그들이 희망을 잃고 절망의 구렁텅이로 추락하고 있는 것이다. 민생 현장 탐방을 통해서, 봉사 활동을 통해서, 국민에게 가까이 가고 국민 속으로 깊이 들어갈수록 내가 온몸으로 더욱더 깊게 체감하게 된 것은 중산층의 불안이었고, 좌절이었고, 분노였다.

나는 중산층의 불안과 분노, 그리고 좌절이 대한민국 공동체를 붕괴시킬 수도 있다고 생각한다. 역사를 살펴보면, 정치적 선택이라는 측면에서 언제나 균형추의 역할을 하고 좌우의 양극단에서 중도의 목소리를, 나직하지만 힘 있게 내온 중산층이 무너지면 국민들 사이의 갈등은 커지고, 사회의 통합성은 현저하게 떨어질 수밖에 없다.

이는 우리 국민들이 커다란 희생 위에서 이룩한 민주주의 정치 체제에 위기를 초래할 수 있다.

약 2천5백만 명의 전사자와 약 4천만 명의 민간인 사상자라는 인류 역사상 가장 큰 인명 피해를 발생시킨 제2차 세계대전과 전 대미문의 참혹한 인종 학살을 도발한 나치즘이 출현한 배경은 어디에 있었던가?

그것은 히틀러라는 독재자에 의해 강제로 시작된 것이 아니었다. 세계 대공황이라는 참혹한 경제적 어려움이 파생한 불안과 좌절에 허덕이던 독일 중산층이 정치적으로 선택한 결과가 나치즘이었다.

중산층이 불안해하고 분노하고 그 결과 좌절에 빠지면 그동안 우리 국민들이 땀과 열망으로 발전시킨 대한민국의 시장경제 또한 내일을 기약하기 어렵다. 중산층의 붕괴는 포퓰리즘populism을 낳고, 이는 민주주의를 후퇴시키고 국민을 분열시키며, 다시 시장경제의 발전에 필수적인 경제성장을 저해하기 때문이다. 가난을 벗어날 수 없는 사회, 사회경제적 신분 상승이 어려워지는 사회는 불안해질 수밖에 없다.

가정이 해체되는가 하면 생계형 범죄가 늘고, 계층 간 갈등이 심화되는 것도 이와 무관치 않을 것이다. 중산층의 불안과 좌절, 그리고 분노가 몰아가고 있는 대한민국 공동체의 붕괴를 시급히 막아야만 한다.

물론 지금 진행되고 있는 중산층 붕괴의 문제가 우리나라만의 얘기는 아니다. 지난해 말 옥스퍼드 영어 사전 편찬자들이 선정한 2011년 올해의 단어는 '쥐어 짜인 중산층'squeezed middle이었다고 한다. 이는 글로벌 경제 위기 때문에 어려워진 중산층의 문제가 저 멀리 영국에서도 심각한 문제로 제기되고 있음을 잘 드러낸다.

당장은 어렵고 팍팍하더라도, 그것이 우리나라만의 얘기가 아니라 세계적으로 진행되는 일시적인 현상이라면, 우리 국민들은 참아 낼 수 있다. 전쟁과 빈곤의 혹독한 참화를 견뎌 낸 우리가 아니었던가?

지금은 불안과 좌절을 경험하고 있더라도 십 년 후에는, 혹은 내 자녀 세대에는 삶의 조건이 훨씬 더 좋아질 것이라는 희망과 기대를 가질 수 있다면 우리 국민들의 선택은 달라질 수 있다.

지금은 일시적으로 탈락해 있거나 벗어나 있지만 곧 중산층으로 복귀하거나 진입할 수 있다는 확신을 국민들이 가질 수 있다면 대한민국 공동체의 붕괴에 대한 우려는 말 그대로 기우일 것이다.

우리나라에서 가장 어려운 사람들이라고 할 수 있는 기초생활보장 수급자는 155만 명이고, 어렵지만 이런저런 이유로 수급자에서 배제된 빈곤층은 4백만 명이 넘는다고 한다.

당사자들에게는 말할 수 없을 만큼 고통스러운 일이지만, 이 또한 글로벌 경제 위기의 단기적 충격이 낳은 일시적인 어려움일 뿐이라면 이명박 정부와 새누리당이 그리하듯이 약간의 현금 지원과 일시적인 고용 지원 정도로도 충분할 수 있다. 잠깐 동안의 고통을 견딜 수 있는 대증요법도 이 경우에는 효과를 발휘할 것이기 때문이다.

하지만 삶의 조건이 나아지기는커녕 더 나빠졌으며, 앞으로도 더 나빠질 것이라고 생각하는 국민들이 늘어 가는 상황이라면 어떨까. 앞서 언급한 통계청의 2011년 사회조사를 다시 보면 일생 동안 노력하더라도 자신의 사회경제적 지위가 높아지지 않을 것으로 보는 우리 국민이 전체의 58퍼센트에 달한다. 이는 2년 전 같은 조사보다 10퍼센트포인트 높아진 수치다.

자녀 세대의 계층 상향 가능성에 대해서는 42퍼센트만이 '가능성이 크다.'고 답했고, 거꾸로 '가능성이 적다.'는 답은 42.9퍼센트에 달했다. 자녀의 계층 상향 가능성에 대한 부정적 응답이 긍정적 응답을 넘어선 것 역시 관련 조사가 시작된 1988년 이후 처음이라고 한다.

장기적으로 삶의 조건이 더 나아지지 않을 것이라는 우리 국민들의 이런 인식은 도대체 어디에서 비롯된 것일까? 글로벌 경제 위기로 인한 어려움이 전 세계를 휩쓸고 있는 시기에 조사가 이루어졌다는 상황적 배경도 이런 결과에 적잖은 영향을 미쳤을 것이라고 나는 생각한다.

하지만 장기적으로 삶의 조건이 더 나아지지 않을 것이라는 우리 국민들의 비관적 인식은 일상에서 반복적으로 접하면서 체득한 실존적 체험의 산물이라고 보는 편이 더 정확한 것이 아닐까 싶다.

1990년대 이후 대한민국에서는 이른바 소득분포의 양극화 현상이 심화되어 왔고, 그 과정에서 장기적으로 삶의 조건이 더 나아지지 않을 것이라는 국민들의 비관적 인식이 광범위하게 자리를 잡게 되었기 때문이다. 일자리 불안, 노후 불안, 자녀 교육 불안, 주거 불안이라는 4대 불안거리로부터 자유로운 대한민국 국민의 수는 과연 얼마나 될까?

당연히 4대 불안거리로부터 벗어날 방안을, 좀 더 맘 편하게 먹고 사는 것을 가능케 할 대안을 우리 국민들은 갈구하고 있는 것이다.

2

민생경제와 복지

절대 빈곤의 나락에서 허우적대다가 불과 한 세대 만에 무역 대국
으로, 선진국으로 도약한 대한민국을 경험한 우리 국민들이 이런
고통을 줄일 수 있는 방안으로 생각할 수 있는 것은 무엇이었을까?

우리 국민들이 우선 생각할 수 있었던 것은 국민소득의 증가로
상징되는 물량적 성장과 토건에 기초한 개발이었을 것이다. 그것
은 우리네 경험 속에서 생생히 살아 있는 기적을 창출한 원동력이
었기 때문이다.

경제성장은 지난 반세기 동안 일자리를 늘렸고, 빈곤을 줄였으
며, 중산층을 확대했다. 토건에 기초한 개발은 내가 가진 집값을
올렸고, 서민이 따뜻하도록 주머니를 채웠다. 그 좋은 시절에 대한
기억은 여전히 우리에게 생생하다.

이명박 정부가 7퍼센트의 경제성장과 4만 달러의 국민소득 공

약을 자신할 때, 표를 몰아준 우리 국민들은 '비즈니스 프랜들리'
가, 그리고 이를 통한 성장이 불안을 해소하고 삶의 조건을 향상시
킬 것으로 믿었다. 장밋빛 뉴타운 공약이 총선을 달굴 때도, 방대
한 대운하 건설의 청사진이 제시될 때도 우리 국민들은 토건에 기
초한 개발이 우리의 주머니를 채워 줄 것으로 기대했다.

하지만 지난 5년간의 경험은 물량적 성장과 토건에 기초한 개발
이 예전처럼 작동하지는 않는다는 점을 일깨웠다. 도도한 민심의
바닥에 무언가 새로운 흐름이 형성된 것이다. 이런 징후를 나는 지
난 1년간 계속해 왔던 희망 대장정의 도정에서 볼 수 있었다.

들녘에서, 공장에서, 시장 어귀와 기차역에서, 타운홀미팅을 가
졌던 군청과 마을회관에서, 그리고 가정집에서 확인했던 것은 바
로 그것이었다.

새로운 흐름의 일단은 이미 2010년부터 나타나기 시작했던 것
같다. 내가 춘천에 머물고 있던 2010년 5월 『한겨레』가 수행한
'대국민 복지 의식 조사'는 바로 그런 변화를 보여 주는 한 예이다.
경제성장과 복지 강화(소득분배) 중 무엇을 우선시해야 하느냐라는
이 조사의 질문에 대해 응답자의 48.3퍼센트가 성장을, 47.5퍼센
트가 복지를 꼽았다.

6년 전인 2004년 5월, 같은 기관에서 실시한 조사의 같은 질문
에 대해 응답자의 68.9퍼센트가 성장을, 29퍼센트가 복지를 택했

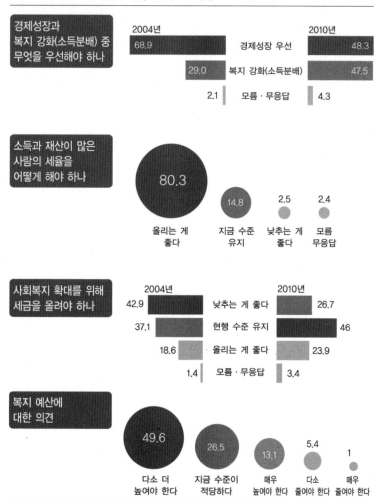

그림 | '성장보다 복지' 원하는 국민, 6년 새 30%에서 48%로 (단위 : %)

경제성장과 복지 강화(소득분배) 중 무엇을 우선해야 하나

2004년 / 2010년

68.9 | 경제성장 우선 | 48.3
29.0 | 복지 강화(소득분배) | 47.5
2.1 | 모름 · 무응답 | 4.3

소득과 재산이 많은 사람의 세율을 어떻게 해야 하나

80.3 올리는 게 좋다
14.8 지금 수준 유지
2.5 낮추는 게 좋다
2.4 모름 무응답

사회복지 확대를 위해 세금을 올려야 하나

2004년 / 2010년

42.9 | 낮추는 게 좋다 | 26.7
37.1 | 현행 수준 유지 | 46
18.6 | 올리는 게 좋다 | 23.9
1.4 | 모름 · 무응답 | 3.4

복지 예산에 대한 의견

49.6 다소 더 높여야 한다
26.5 지금 수준이 적당하다
13.1 매우 높여야 한다
5.4 다소 줄여야 한다
1 매우 줄여야 한다

자료 : 『한겨레』(2010/05/14).

다는 점을 감안하면, 이는 상당한 변화라 할 수 있다.

새로운 흐름은, 선호하는 우리 사회의 미래상을 묻는 응답에서도 엿볼 수 있었다. 이 질문에 대해 46.6퍼센트의 응답자가 '빈부격차가 크지 않은 사회'라고 답했다. 이 밖에 '경제적으로 풍요로운 사회'라는 답이 21.6퍼센트, '문화적 자유와 창의성이 존중받는 사회'가 14.8퍼센트, '정치적 민주주의가 성숙한 사회'가 14.9퍼센트였다.

그리고 2011년은 복지의 해였다. '복지'가 사회의 화두가 되고 시대정신이 되고 새로운 나라를 만드는 기본이 된 것이다.

그러나 복지가 사회의 화두가 되었지만 이에 대한 우려의 목소리도 만만치 않다. 세밀한 정책으로 뒷받침되지 못하는 복지는 사탕발림에 그칠 수 있기 때문이다. 대한민국에서 복지국가를 국정지표로 내세운 첫 번째 대통령이 전두환이라는 점은 이 같은 복지가 얼마나 맹랑해질 수 있는지를 잘 보여 준다.

여당이건 야당이건 이구동성으로 복지를 말하지만, 그동안 대한민국의 정치가 먹고사는 문제와 관련해 제기되는 국민들의 절실한 외침을 공익적 비전으로 바꾸고, 그 비전을 실현할 정책 대안을 제시하는 능력을 거의 보여 주지 못했다는 점도 우려할 만하다.

하지만 이런 우려에도 불구하고, 나는 복지가 사회의 화두가 되고, 시대정신이 되고, 새로운 나라를 만드는 기본이 된 것은 당연하다고 생각한다. 여기에는 몇 가지 이유가 있다.

첫째, 복지는 우리 사회의 패러다임을 바꿔 가는 것이자, 민생경제의 기본이기 때문이다. 경제가 성장하면 복지는 따라가는 것이다. 성장도 경제이지만 복지도 경제이기 때문에, 경제성장에 이견이 있을 수 없듯이 복지사회를 만들어 가는 것에도 이견이 있을 수는 없다.

복지를 반대하는 사람들은 복지가 마치 시장주의를 훼손하는 것처럼 얘기하지만, 나는 그것이 틀린 주장이라고 생각한다. 시장경제의 이념적 바탕이 되는 자유주의는 자유·평등·박애의 가치를 기초로 하고 있는데, 바로 이런 가치들이야말로 민주주의·시장경제·복지사회의 철학적 기반이다.

복지사회는 시장경제와 전혀 모순되지 않는다. 민주주의, 시장경제와 함께 복지사회는 우리가 세우고자 하는 새로운 사회가 지향하는 핵심 가치이다. 우리보다 앞선 선진국에는 자식만 믿고 사는 부모도 없고, 부모 힘만 믿고 사는 자식도 없다. 복지는 정부가 제공하는, 아니 우리 국민이 함께 키우는 효자이며 아무리 힘든 일이 닥쳐도 따뜻하게 손을 내밀어 주는 '키다리 아저씨'와 같은 것이다.

나는 복지가 단순한 정책이라고는 생각하지 않는다. 복지는 시대정신이며, 더 나아가 부모에게 효도하고 자식을 아끼는 마음을 가진 대한민국 국민 모두의 의무이자 지상 과제이다. 우리가 추구하는 복지는 더 높은 도약을 위한 복지이며, 사회구조를 바꾸고 우리가 지향하는 사회 패러다임을 바꿔 가는 것이라고 할 수 있다.

이런 차원에서 우리가 추구하는 복지국가는 '창조형 복지국가'라고 정의할 수 있을 것이다. 창조형 복지국가를 통해서, 나라가 창의와 혁신을 바탕으로 역동적으로 발전하고 그 안에서 국민이 함께 잘사는 나라를 이룩해야 한다.

둘째, 복지는 대한민국 헌법의 이념을 구현하는 것이기 때문이다. 마셜T. H. Marshall은 시민권의 발전 과정에 대한 역사적 분석을 통해 서구에서 시민권은 18세기 이후 시민적 요소, 정치적 요소, 사회적 요소의 3요소에 의해 실현되었다고 본다.

근대 시민혁명과 함께 실체적인 통치 원리로 등장한 것이 자유주의적 시민권, 혹은 자유권이다. 로크John Locke, 홉스Thomas Hobbes 등에 의해 철학적 근거가 다져진 자유권은 국가권력으로부터 개인의 자유를 방어하는 수단이었다.

즉 그것은 국가로부터 시민의 도덕과 재산을 안전하게 보장받는 권리로 종교의 자유, 양심의 자유, 사상의 자유, 언론·출판의 자유, 사적 소유의 자유, 경제활동의 자유라는 형태로 확대되었다.

그러나 역사적으로 볼 때 자유권은 남성 부르주아계급에 국한된 권리였다. 특히 노동계급의 형성과 성장은 시민권을 부르주아계급의 권리에서 전체 국민의 권리로 변화시키는 데 결정적으로 기여했다. 부르주아계급을 넘어서 전체 국민이 통치에 참여할 수 있는 권리는 19세기 중엽 이후에 나타나기 시작했다.

선거권(투표할 권리)과 피선거권(공직에 출마할 권리)으로 대표되는 참정권은 정치 참여에 대한 노동계급의 요구를 통해 점차 확대되어 20세기 초에 이르러 확립되었다.

마지막으로 사회권은 사회주의의 영향으로 노동조건이나 생활조건의 개선을 추구하는 운동을 통해 20세기 이후에 확립된 것으로, 적정 수준의 생활을 보장받고 인간다운 생활을 누릴 권리를 말한다.

대한민국의 헌법 또한 사회권을 분명히 하고 있다. 헌법의 제31조부터 제36조까지는 교육받을 권리, 근로의 권리, 단결권 등 근로조건과 관련한 노동3권, 건강하고 쾌적한 환경에서 생활할 권리, 인간다운 생활을 할 권리, 혼인·보건에 관한 권리를 사회권으로 규정하면서, 사회보장·사회복지를 증진할 의무를 국가의 책무로 두고 있다.

하지만 일상화된 고용구조 조정과 산업구조의 변화로 인해 경제성장의 과실에서 소외된 계층이 폭발적으로 증가했고, 인간다운 생활을 할 수 없는 국민들의 숫자는 늘었다. 헌법에 보장된 국민의 기본권이 훼손된 것이다.

국민의 기본권을 보장하는 것은 국가의 첫째가는 책무이다. 자율과 분권에 기초한 자유로운 개인들이 수평적·자발적으로 대한민국 공동체의 일원으로 조화를 이루려면, 국가는 자신의 책무를 다해야 한다.

그러므로 헌법에 보장된 국민의 권리가 실현될 수 있도록 앞장서는 것, 그것이 바로 민생경제, 국민 생활 우선 정치의 출발점이라고 나는 생각한다.

셋째, 복지는 대한민국을 자유로운 개인들이 함께 잘사는 공동체로 만드는 핵심 고리이기 때문이다. 윌렌스키Harold L. Wilensky와 르보Charles N. Lebeaux 같은 학자들은 현대사회에서 요구되는 복지의 핵심적인 특성 가운데 하나가 낯선 타인에 대한 관심이라고 말한 바 있다.

가족이나 친구, 이웃들 사이에서 이루어지는 상부상조 역시 중요하지만, 현대사회에서 요구되는 복지는 그것만으로는 부족하다는 것이다.

사실 국가가 복지를 책임지는 주체로 등장한 것은 서구 사회의 경우 불과 1백여 년 전이다. 동서양을 막론하고 그 이전까지 복지를 제공하는 일은 주로 가족이나 이웃, 종교단체 등 전통적 공동체에 맡겨졌다.

유교적 공동체의 전통을 가진 우리 사회도 마찬가지다. 근대화의 과정에서 이런 전통적 공동체들은 사라지거나 쇠퇴했지만, 인간에게 공동체는 여전히 필수적이다. 아무리 21세기의 사회가 개인주의를 요구하더라도 지구촌 전체가 모두 원자화될 수는 없다.

각 개인이 처해 있는 상황에 따라 그 이해관계의 충돌을 조정하고, 무한 경쟁이 불러올 수 있는 우승열패의 비정한 결과를 완화하기 위해서라도 공동체는 필수적이다. 그러나 오늘날 우리에게 필요한 공동체가 유교적 공동체는 아니다. 연령을 기초로 위계적인 체계를 갖춘 조직이 개인의 자율성을 억압하고 획일적으로 개인의 희생을 강요했던 전통적 공동체는 시대착오적이다.

새로운 공동체는 개인의 자유를 극대화하기 위한 사회적 계약의 산물로 탄생하며, 거기에서 사람들을 유기적으로 연결하는 고리가 바로 낯선 타인에 대한 관심에 기초한 복지이다. 이런 복지는 다른 사람에 대한 동정이 아닌 공감을 가져온다. 공감은 동정과 달리 다른 사람의 고통을 자신의 고통으로 느끼는 것이다.

동정이 수동적인 시혜나 적선이라면, 공감은 적극적인 참여이자 공생이다. 공감이 낳은 위대한 사례는 수없이 많다. 의사 허준은 평민들을 돌보는 혜민원에서 일하면서 백성들의 아픔에 공감했고, 그래서 쓴 책이 『동의보감』이다. 세종대왕이 한글을 창제한 것이나 측우기를 개발토록 한 것도 백성들과의 공감에서 시작한 것이었다. 그러나 공감은 역사적으로 위대한 사람들만이 가지는 것은 아니다.

　내가 민심 대장정을 통해 숱한 사람을 만나고, 그들의 삶 속으로 들어간 것도 바로 공감 때문이었다. 우리에게 필요한 것은 다른 사람에 대한 동정이 아니라 공감이며, 복지는 그런 새로운 공동체를 조직하는, 자유로운 개인들을 묶는 고리이다.

　불우한 처지에 대해 동정으로 최소한의 구제를 제공하는 것이 아닌, 모든 사람이 공감에 기초해 인격적으로 동등한 대우를 받고 사람다운 삶의 기회를 보장받는 것, 그것이 바로 우리가 목표하는 복지사회이다.

3

함께 가는 복지

복지가 오늘날 대한민국의 시대정신이라고 해서 무조건 장밋빛 청
사진을 그릴 수는 없다. 나는 복지를 통해 국민들의 좌절을 다시 희
망으로 돌려놓기 위해서는 해결되어야 할 과제들이 산적해 있다고
생각한다.

특히 아주 어려운 사람들에게만 자선사업 하듯이 시혜적으로 복
지 정책을 펼쳐 왔던 지금까지의 경험에 비추어 보면, 복지가 설령
다음 정부의 최우선 국정 과제가 된다 해도, 그래서 막대한 돈과
인력을 투입한다고 해도 국민들의 삶의 조건은 나아지지 않을 수
도 있다.

나의 이런 생각은 민주화 이후 지난 정부들에서 얻은 경험으로
부터 비롯된다. 1990년대 초반까지 비교적 순조롭게 기능했던 대
한민국의 경제체제는 1990년대 초중반 이후부터 국제적인 경쟁

격화와 신자유주의의 전면화, 탈공업화와 기술혁신의 숙련 편향성, 경제의 글로벌화에 따라 순조롭게 작동하지 못했다.

적어도 김대중 정부부터 현재의 이명박 정부까지는 이런 상황을 탈피할 과제를 짊어지고 집권한 것이라 해도 틀린 말은 아니다. 하지만 새로운 패러다임의 제시는 이루어지지 않았다. 무력한 정부였기 때문이다.

무력한 정부였던 원인은 물론 다양하게 제시될 수 있다. 하지만 번갈아 가며 등장했던 집권 세력이 권력의 대안은 되었을지 몰라도 정책의 대안은 가지고 있지 못했고, 결국 정책 의제를 설정하고 정책을 결정하는 것은 여전히 물량적 경제성장과 토건에 기초한 개발에 학습된 관료 조직에 위임되었다는 점이 무력한 정부를 가져온 한 원인이었음은 부인할 수 없다.

그러므로 복지가, 좌절에 빠진 우리 국민들을 다시 희망이라는 기차에 태울 수 있는 탑승권이 되려면, 복지에 대한 새로운 패러다임과 정교한 정책 대안이 제시되어야 한다. '함께 가는 복지'는 이런 나의 생각을 한마디로 요약한 것이다.

그렇다면 함께 가는 복지란 무엇인가? 그것은 보편적 복지와 선별적 복지가 함께 가는 것, 복지와 고용이 함께 가는 것을 말한다. 우선 왜 보편적 복지와 선별적 복지가 함께 가야 하는가? 보편적 복지와 선별적 복지가 이분법적인 개념이 아니기 때문이다.

그러나 잊지 말아야 할 것은 보편적 복지는 선별적 복지를 부분집합으로 가질 수 있어도, 선별적 복지가 보편적 복지를 부분집합으로 가지는 것은 불가능하다는 점이다.

그러므로 나는 보편적 복지의 길을 제시하고, 그 바탕 위에서 사안에 따라 또는 필요에 따라 선별적 복지가 추가되어야 한다고 생각한다. 보편적 복지와 선별적 복지가 함께 가는 복지는 바로 그렇기 때문에 필요하다.

다음으로는 왜 복지와 고용이 함께 가는 복지인가? 시장경제에서 이루어지는 1차 배분 구조의 개선 없는 복지는 지속 가능성이 현저하게 떨어져서 밑 빠진 독에 물 붓기가 될 가능성이 높다. 3부에서 자세히 살펴보겠지만 유럽 정책 여행에서 나는 이런 점을 다시 한 번 확신할 수 있었다.

스웨덴의 시장경제가 기술력과 경쟁력을 가질 수 있었기에 스웨덴 복지국가의 경제적 기반이 마련되었다. 스웨덴의 1인당 국민소득이 4만8천 달러라는 사실은 복지와 성장이 절대 배치되지 않는다는 강력한 증거이다.

복지가 성장이 되기 위해서는 복지와 고용, 그리고 교육의 선순환 구조가 마련되어야 하는데, 나는 복지와 고용이 함께 가는 복지가 그 바탕이 될 것이라고 믿는다.

좌절에 빠진 우리 국민들이 다시 희망을 갖게 하기 위해서는 복지가 고용과 유기적으로 결합된 고용 친화적 복지가 되어야 하며, 고용 또한 복지 친화적 고용이 되어야 한다.

4

보편적 복지와 선별적 복지가
함께 가는 복지

나는 복지가 부자에게 돈을 빼앗아 가난한 사람들에게 나누어 주는 것이 아니라고 생각한다. 그런데 우리 국민들 중 많은 사람들은 그렇게 생각한다. 이는 현재 대한민국이 가난한 사람만 골라 도와주는 선별적 복지 제도를 채택하고 있기 때문이다.

유럽 대부분의 나라들처럼, 시민권을 가진 사람이면 누구나 똑같이 혜택을 받는 보편적 복지를 채택하는 나라의 국민들은 복지를 그렇게 생각하지 않는다.

사회복지 학자들과 토론하면서 나는 복지의 핵심 기능이 두 가지임을 알게 되었다. 하나는 재분배 기능이다. 부자에게 돈을 빼앗아 가난한 사람들에게 나누어 주는 것도 재분배이지만, 건강한 사람이 낸 건강 보험료가 아픈 사람의 치료비로 사용된다거나, 젊은 세대가 낸 세금을 노인들의 생활비로 지출하는 것도 재분배이다. 복지는 이런 재분배의 기능을 수행한다.

그러나 복지의 또 다른 핵심 기능이 있는데, 그것은 위험 분산의 기능이다. 시장경제를 기본으로 하는 자본주의사회에서 사람들의 생애 주기는 크게 보아 노동시장에서 일하는 경제활동기와 일하지 않는 비경제활동기로 구분할 수 있다. 사람들의 생애 주기에서 경제활동기는 근로를 통해 소득을 확보하는 시기인 만큼 비교적 어려움이 적은 저위험 상태라 할 수 있다.

반면에 누구나 경험하게 되는 비경제활동기, 즉 실업, 교육·훈련, 가사, 은퇴·장애라는 생애 주기는 어려움이 큰 고위험 상태이다. 이처럼 비경제활동기에 겪을 수 있는 어려움을 경제활동기에 대비하자는 것이 복지의 위험 분산 기능이다.

그런 복지는 물론 공짜가 아니다. 가격을 지불해야 하는 것이다. 물건을 할부로 구입하거나 공동으로 구매할 때 부담이 적어지듯이, 노동시장에서 일하는 경제활동기 동안 할부로 구매하고, 모든 국민이 공동으로 구매하면 복지에 대한 비용의 부담도 줄어든다.

시민권을 가진 사람이면 누구나 혜택을 받는 보편적 복지는 경제활동기 동안 복지를 할부 구매하게 하고, 전 국민이 공동 구매하게 함으로써 그 비용을 낮추고, 어려움에 함께 대비하자는 것이다.

물론 보편적 복지에서도 누진세 때문에 부자는 세금을 더 많이 내는 반면, 가난한 사람은 어려움에 처할 확률이 더 높기 때문에 재분배 기능도 여전히 살아 있다. 그러나 선별적 복지는 위험 분산의 기능은 죽어 있고, 재분배 기능만을 강조한다.

보편적 복지는 선별적 복지를 부분집합으로 가질 수 있어도, 선별적 복지가 보편적 복지를 부분집합으로 가질 수 없다는 것은 바로 이런 점 때문이다. 그러므로 나는 보편적 복지의 길이 우리의 확고한 신념이 되어야 한다고 생각한다.

그렇다면 선별적 복지는 필요 없는가? 그렇지는 않다. 보편적 복지의 바탕 위에서 사안에 따라 또는 필요에 따라 선별적 복지가 추가되어야 한다. 보편적 복지와 선별적 복지가 함께 가는 복지여야 한다. 여기에는 두 가지 이유가 있다.

우선, 보편적 복지와 선별적 복지는 대립적인 것이라고 보기 어렵기 때문이다. 학술적으로만 보면, 보편적 복지와 선별적 복지는 복지를 어떤 원리에 따라 제공하는가와 관련된 기준이라고 한다. 즉 보편적 복지는 사회적 권리로서 복지가 모든 국민에게 주어져야 한다는 원리인 반면, 선별적 복지는 주로 경제적 능력에 기초해 국민들을 구분한 후 빈곤층에게만 복지가 주어져야 한다는 원리이다.

중요한 것은 보편적 복지와 선별적 복지가 학술적인 기준이기 때문에 실제의 복지 제도에서는 이 두 가지 원리가 중첩되어 나타난다는 사실이다.

하나의 예를 들어 보자. 제2차 세계대전 이후 유럽 복지국가의 형성에서 중요한 역할을 수행한 것은 사회보험의 개혁 청사진을 담아 1942년 영국에서 발표된 "베버리지 보고서"Beveridge Report이다. "베버리지 보고서"에는 현대 복지국가의 이념적·제도적 근간이 되었던 중요한 원칙들이 대거 포함되어 있는 만큼 보편적 복지의 전형으로 간주된다.

하지만 흔히 간과되고 있는 사실은 베버리지 사회보험에서도 선별적 복지의 원리가 혼합되어 있었다는 점이다.

베버리지 사회보험에서 선별적 원리는 정부가 사회보험 재원의 일부를 정부 재정을 통해 부담하는 방식으로 적용되었다. 정부 재정은 국민들이 낸 세금으로 충당되는데, 납세자로서 더 많은 세금을 납부해야 하는 부자는 본인이 부담하는 사회보험료 외에도 정부 재정의 일정 부분을 세금의 형태로 더 많이 낸다.

반면에 가난한 사람은 본인이 부담하는 사회보험료 외에는 추가로 내는 세금이 적거나 거의 없다. 모든 국민이 사회보험의 혜택을 받는 보편적 복지 안에, 부담이라는 측면에서는 선별적 복지의 원리를 담고 있다는 것이다.

보편적 복지와 선별적 복지가 함께 가야 하는 또 다른 이유는, 보편적 복지의 원칙은 산업구조와 노동시장의 일차적 배분 구조 등 거시 경제 조건의 변화에 따라 얼마든지 달라질 수 있고, 또한 응당 달라져야 하기 때문이다. 베버리지 사회보험보다 더 평등주의적 지향이 강한 스웨덴형 보편적 복지가 여기에서는 좋은 예가 될 수 있다.

사회복지 학자들에 따르면, 스웨덴에서 보편적 복지의 원칙은 시기에 따라 상이했으며, 그것은 거시 경제 조건의 변화와 밀접한 관련을 가지고 있었다. 정확하게 말하자면, 스웨덴에서 재분배 기능이 강한 보편적 복지는 1930년대와 1940년대에 적용되었던 원칙이다.

전 국민에게 소득수준과는 무관하게 같은 수준의 복지를 제공하는 한편, 재정은 소득수준에 비례하거나 누진적인 세금으로 충당함으로써 소득재분배 효과가 극대화되도록 한 것이다.

하지만 재분배 기능이 강한 이런 보편적 복지의 원칙은 1950년대 이후에는 더 이상 적용되지 않았다. 부자와 가난한 사람 사이에서 이루어지는 재분배가 아니라, 개인이 일생을 살아가면서 경험할 수 있는 육아·교육·질병·노령·실업 등의 어려움을 전체 생애 주기에 걸쳐 분산시키는 것으로 보편적 복지의 원칙이 달라진 것이다.

즉 위험 분산의 기능이 강화된 보편적 복지가 시작된 것이다. 그렇다면 왜 이렇게 보편적 복지의 원칙이 달라졌는가?

그것은 산업구조가 변화함에 따라 신중산층의 규모가 확대되었

2부 | 정의·복지·진보적 성장을 위한 실천 방안

고, 노동시장에서의 공정한 게임 규칙이 확립됨에 따라 기계적인 평등보다는 선택 가능성이 확대된 삶, 즉 진보적 자유에 기초한 삶을 요구하는 목소리가 커졌기 때문이다.

내가 여기에서 영국과 스웨덴의 사례를 굳이 든 이유는 이 두 나라의 보편적 복지가 대한민국에 그대로 옮겨질 수 있다고 생각해서가 아니다. 이 두 나라의 경험이, 거시 경제의 조건과 국민의 요구가 보편적 복지의 구체적인 원칙과 유형을 결정짓는다는 교훈을 주기 때문이다.

유럽 정책 여행에서도 나는 결과보다는 과정을 고찰하고 싶었고, 특히 이면에 안고 있는 약점과 이를 해결하기 위한 방안을 살펴보고자 했다.

지금 대한민국의 경우는 특히 그렇다. 수출 부문과 내수 부문, 대기업과 중소기업, 정규직과 비정규직 등의 구분에 의해 한국의 노동시장은 이중화되어 있다. 또한 영세 자영자와 무급 종사자, 근로기준법의 보호를 받지 못하는 비공식 고용 종사자의 규모도 매우 크다.

나는 이런 상황을 개선하지 않은 채로 보편적 복지를 추진한다면, 그 효과는 제한적일 수밖에 없다고 생각한다.

건강보험이나 국민연금 등 당초부터 보편적 복지로 출발했던 제도가 여전히 광범위한 사각지대를 남기고 있는 현실이 말해 주는 바를 무시해선 안 된다.

　국민들에게 실망감을 주고 결국은 정치에 대한 불신만을 남기지 않기 위해서는 보편적 복지를 바탕으로 하되, 사안에 따라 또는 필요에 따라 선별적 복지가 추가되어야 한다고 나는 생각한다.

5

복지와 고용이 함께 가는 복지

사실 외환 위기 이후 대한민국의 복지는 상당한 규모로 확대되었다. 외환 위기가 초래한 경제의 구조 조정이 실업자와 빈곤층의 규모를 늘렸지만, 그들을 보호할 안전망이 전혀 없다는 현실에 대한 반성이 있었기 때문이다.

기존 제도의 개혁과 새로운 제도의 도입은 대한민국이 시장경제의 발전, 민주주의의 확립과 함께 복지국가의 길로 나섰다는 국내외의 평가를 이끌어 낼 만큼 매우 인상적이었다.

김대중 정부에서는 4대 사회보험의 확대, 국민기초생활보장제도의 도입과 같은 소득 보장 제도의 발전이 있었다. 특히 1961년 제정된 생활보호법이 2000년 10월 국민기초생활보장법으로 대체되었다는 사실은 외환 위기 이후 대한민국 복지의 변화 중에서 가장 주목할 만한 성과였다.

김대중 정부의 뒤를 이어 등장한 노무현 정부에서는 취약 계층 위주의 잔여적인 사회 서비스를 노인과 장애인을 중심으로 한 보편적 서비스로 확충하려는 노력이 전개되었다. 악화된 고용 사정을 돌파하는 수단으로, 또한 인구 고령화와 가족 구조의 변화에 따라 커진 사회 성원들의 사회 서비스 욕구에 대한 대응 수단으로, 사회 서비스에 대한 정책적 관심이 증대된 것도 이 시기의 일이다.

한편, 빈곤 가구의 근로에 대한 재정적 유인을 직접 제공하는 근로장려세제EITC도 도입되었다.

하지만 그간 진행된 경제구조의 변화와 그에 따른 노동시장의 변화는 확대된 복지로도 감당할 수 없을 만큼의 어려움을 만들어 냈다. 외환 위기 이후 경제·사회적 구조의 변화는 대단히 빠른 속도로 진행되었다. 특히 미국이 앞장서고 국제금융 자본이 주도한 신자유주의 세계화의 물결은 대한민국에서 거대한 파도가 되었다.

대기업의 호조와 중소기업의 침체, 정규직의 소득 증가와 비정규직의 소득 불안정, 상층과 하층 사이의 점증하는 소득 격차, 세계 최저의 출산율과 빠른 속도의 고령화는 삶의 불안정을 가속화했다.

한편에서는 복지가 확대되었지만 또 다른 편에서는 그로부터 배제된 사람들이 증가하는 상황, 그것이 바로 외환 위기 이후 오늘날까지 대한민국에서 전개된 상황이라는 것이 나의 판단이다. 외환 위기 이후 지난 15년은 대한민국에서 복지국가의 태동을 지켜볼 수 있었던 시간이다.

하지만 또한 시장주의적 개혁이 파생한 경제성장의 저하와 불평등의 증가, 고용 불안의 확대가 일상화된 시간이기도 하다. 복지와 고용이, 성장과 분배가 따로 노는 시간이었던 것이다.

이래서는 안 된다. 나는 지금 우리에게 필요한 복지는 위기가 파생한 표피적인 상처에 대한 대증요법보다는 근본적인 원인을 치유하는 데 기여하는 복지, 반응적counteractive 수단을 넘어서서 미래 대응적proactive 수단으로 기능하는 복지, 프로그램의 변화에 국한되기보다는 패러다임의 전환이 이루어지는 복지여야 한다고 믿는다.

그렇다면 어떤 대안적 패러다임이 있을까? 우선 생각해 볼 수 있는 대안은 눈부신 기적을 가져다준 개발 국가형 복지 체제로의 회귀이다.

절대 빈곤의 나락에서 허우적대다가 불과 한 세대 만에 세계 11위의 무역 대국으로 발전하고 정치 민주화의 수준도 이제는 어디 내놔도 크게 손색이 없는 오늘의 대한민국, 그래서 제2차 세계대전 이후 70여 개나 된다는 신생 독립국 중에서 가장 성공한 사례로 꼽힐 수 있게 만든 기반이 바로 그런 전략을 통해 이루어졌음은 부인할 수 없다.

이명박 정부는 7퍼센트의 경제성장과 4만 달러의 국민소득을 공약하면서 이런 패러다임에 대한 국민들의 향수에 기대어 집권할 수 있었다. 그러나 과거의 업적이 미래의 영광을 보장하지는 않는다는 점을 우리는 이명박 정부가 집권한 지난 5년간 뼈저리게 알 수 있었다.

두 번째는 신자유주의에 기초한 영미식 경제·사회 발전 전략이라는 패러다임을 생각해 볼 수 있다. 사실 이런 전략은 외환 위기 이후 시장주의적 개혁이라는 이름으로 우리 사회에서 작동했고, 이명박 정부가 집권한 후에는 더 강하게 추진된 패러다임이다. 하지만 그 결과는 어떠했는가?

경제는 회복되지 않은 가운데 불평등은 한층 심화되었고, 고용 불안은 더욱 확대되었다. 국민들의 불안은 좌절로, 그리고 분노로 바뀌었다.

그렇다면 패러다임의 전환은 어디에 강조점을 두어야 할까? 국민들은 복지의 강화가, 증가하는 불평등을 완화하고 최소한의 생활을 보장할 수 있는 대안이 될 수 있음을 인식하게 되었다. 복지의 확대가 대한민국 미래의 핵심 가치가 된 것이다.

그러나 나는 또한 복지의 확대가 아무렇게나 이루어져서는 안 된다고 믿는다. 복지와 고용이, 성장과 분배가 따로 놀게 해서는 안 된다는 것이다. 신자유주의에 기초한 시장주의적 개혁의 병폐는 내버려두고, 복지의 확대만을 꾀한다면 지난 정부들의 과오를 되풀이할 가능성이 높다.

복지는 부자에게 돈을 빼앗아 가난한 사람들에게 나누어 주는 것이 아니다. 복지는 성장을 희생하고 분배에 치중하는 것이 아니다. 시민권을 가진 사람이면 누구나 혜택을 받는 복지, 경제 발전을 견인하고 성장에 도움이 되는 복지가 얼마든지 가능하다. 그렇게 되기 위해서는 복지와 고용이 함께 가야 한다.

'복지와 고용이 함께 가는 복지'를 통해 복지와 고용이 상호 보완적인 관계를 맺게 되면, 경제적으로는 성장과 고용, 그리고 분배의 선순환 구조를 작동시킬 수 있으며, 정치적으로는 민주주의의 훼손 없이도 재정적 지속 가능성을 담보할 수 있다.

대한민국은 어떠한가? 외환 위기 이후 지난 10여 년간 복지는 확대되어 왔지만, 그 과정에서 급변하는 노동시장과 고용의 문제를 통합적으로 고려한 적은 거의 없다. 다가올 선거에서 복지가 핵심 이슈가 될 것임이 확실해지자, 복지와 고용의 융합을 말하는 사람들도 늘어났다. 좋은 일이다. 그러나 진짜와 가짜는 구별해야 한다.

근로 빈곤층을 중심으로 한 노동시장 취약 계층의 문제가 중요하긴 하지만, 우리 경제의 근간이자 국민의 중핵이며 납세자인 다수의 임금 근로자와 자영 근로자를 포괄하는 복지여야만 진짜다.

고용 없는 복지는 지속 가능성이 없다는 점, 복지 없는 고용은 변화된 경제 환경에서 성립할 수 없다는 점을 인식해야만 진짜다.

경제 발전을 견인하고 성장을 돕고 불평등과 고용 불안을 억제하려면 거시적인 경제·사회 발전 전략을 구성하는 부분집합으로 복지의 발전 전략이 구체화되어야 한다.

나는 '복지와 고용이 함께 가는 복지'를 할 것이다. 또한 이런 발전 전략과 정책 방향을 구체화하는 데서 다음과 같은 세 가지 점을 반드시 고려할 것이다.

우선 대한민국의 발전 단계를 고려할 때, 과거처럼 모방할 만한 선진 사례를 찾기는 매우 어려운 실정이라는 점을 나는 염두에 두고 있다. 전통적인 유럽식 복지국가나 미국식 신자유주의를 우리 현실에 그대로 가져올 수는 없다.

따라서 완결된 발전 전략을 모색하기보다는 수정과 변화의 가능성을 염두에 둔 중장기 전략을 마련할 수밖에 없다.

두 번째로는 현재 주어져 있는 노동시장 상황을 고려할 것이다. 수출 부문과 내수 부문, 대기업과 중소기업, 정규직과 비정규직 등의 구분에 의해 한국의 노동시장은 이중화되어 있다. 또한 사회보장이나 최저임금제의 혜택을 받지 못하고, 노동3권 등의 기본권도 보호되지 않을뿐더러 소득세 과세 등도 이루어지지 않는 비공식 고용 종사자의 규모도 매우 크다.

나는 보호가 없기에 규제도 불가능한 주변 노동시장을 축소하지 않고는 공정한 복지도 과세 기반의 확충도 공염불에 그칠 가능성이 높다고 생각한다.

세 번째로는 효율적인 전달 체계의 구축이 최우선적으로 고려되어야 한다. 대한민국의 복지 전달 체계는 정부와 민간, 중앙정부와 지방정부, 부처와 부처 사이의 복잡한 역할 분담에 기초해 작동하고 있다.

이익집단의 사익 추구 행위가 만연해 있어 복지에 대한 국민들의 실질 체감도는 매우 낮다. 이익집단의 과도한 사익 추구를 억제하고, 사람 중심의 복지 전달 체계를 구축할 수 있는 세밀한 추진 전략과 프로그램을 마련해야 한다.

'복지와 고용이 함께 가는 복지'라는 나의 복지 발전 전략은 이런 세 가지 조건을 고려한 전략이다. 그것은 누구에게나 닥쳐올 비경제활동기에 대한 철저한 준비를 노동시장에서 일하는 동안 할 수 있도록 국가와 사회가 도움을 주는 정책들을 한 축으로 하고, 실업, 교육·훈련, 육아·가사, 은퇴·장애 등으로 인해 경제활동을 할 수 없는 사람들이 원한다면 신속하게 경제활동을 할 수 있도록 돕는 정책들을 또 다른 축으로 하는 투 트랙 전략이다.

우선 경제활동기에 있는 근로 계층에 대한 적정 수준의 복지가 제도화되어야 한다. 그를 통해 비경제활동기, 즉 누구나 경험할 수 있는 실업, 교육·훈련, 육아·가사, 은퇴·장애로 어려움을 겪는 시기에 생활 안정성을 확보하는 정책들이 필요하다.

노령연금을 충실히 만들어서 그동안 열심히 일한 노인들이 편안하게 노후 생활을 할 수 있도록 해야 한다.

또한 취직해 있다가 해고를 당한다든지 몸이 아파서 직장을 그만둔다든지 하는 사람들에게는 다음 직장을 얻을 수 있을 때까지 실업수당을 충분히 주고 다른 직장으로 옮겨 갈 수 있도록 직업훈련이나 연수 교육 같은 것도 보장해 한번 실패해도 다시 일어설 수 있는 기회를 주어야 한다. 아주 특별한 치료를 제외하고는 돈이 없어서 병원에 가지 못하는 일은 없도록 건강보험 보장성을 강화해야 한다.

마음 편하게 아이를 출산하고 보육할 수 있도록 보육 서비스의 질을 강화하고, 다양한 형태의 공공 임대주택과 주택 임대료 지원 정책을 확충함으로써 가계 지출을 경감할 수 있도록 해야 한다.

이런 정책들은 결국 적정한 수준의 사회적 임금체계의 마련을 의미한다. 적정 수준의 사회적 임금체계는 시장 임금만을 통해 생애 주기의 모든 어려움을 해결해야 하는 대한민국의 현실을 바꿈으로써 임금 인상에만 모든 것을 거는 행태를 억제할 뿐만 아니라, 일자리를 늘리는 노동시간 단축이나 임금 피크제의 활성화를 가능케 할 것이다.

실업, 교육·훈련, 육아·가사, 은퇴·장애로 인해 경제활동을 할 수 없는 사람들이 원한다면 경제활동에 종사할 수 있도록 돕는 복지 급여들도 생애 주기별로 마련되어야 한다. 나는 이런 정책을 추진함에 있어 가장 중요한 점은 노동시장 자체의 개선이라고 생각한다.

보호도 없고 규제도 불가능한 주변 노동시장의 개선을 통해 안정적인 노동시장을 확대한다는 기본 방향을 강화하고 지지하는 방식이 되어야 한다는 것이다. 전시성으로 단순히 숫자만 늘리겠다는 임시방편적인 일자리 확대 정책은 피해야 한다.

새로운 공동체의 활성화에 기여할 수 있는 협동조합 등 사회적 경제와 사회 서비스 혁신이 필요한 이유는 이런 영역이 괜찮은 일자리decent jobs를 늘리는 데 효과적이기 때문이다.

초과 근로시간 단축을 통해 노동시간을 선진국 평균 수준으로 줄이고 그만큼 고용을 늘린다면, 선진국 수준인 70퍼센트의 고용률을 실현할 수 있다. "대한민국 가족들에게 저녁이 있는 삶을 돌려 드리겠다."는 나의 주장도 그런 맥락에서 나온 것이다. 괜찮은 일자리를 많이 만들어야, 비공식 고용이 이루어지는 주변 노동시장을 축소하고 안정적인 노동시장을 확대할 수 있다.

그러나 영세 자영업의 구조 조정에도 불구하고 임금 근로로의 전환율이 연 4~5퍼센트에 그치고 있는 현실을 감안하면, 비공식 고용의 축소를 직접 겨냥하는 정책도 마련되어야 한다.

최저임금을 준수하게 하고, 근로기준법의 적용을 확대함으로써 노동정책의 사각지대를 해소해야 하며, 비정규직 문제를 개선하기 위해 모범 사용자로서 공공 부문의 역할을 강화하고 대기업의 고용 창출 노력을 촉진하기 위한 고용구조 공시제 등도 도입해야 한다.

또한 사회보험료 감면 제도는 사회보험 사각지대 완화와 함께 주변 노동시장의 축소를 정책 목표로 가질 수 있도록 체계화되어야 한다.

교육·훈련, 육아·가사 등 대한민국 공동체를 지탱하는 데 필수적인 역할을 담당하지만, 경제활동에 종사하지 않고 있는 사람들에게는 경제활동을 다시 안정적으로 시작한 후에 국민연금 가입 경력을 인정해 주는 연금 크레딧 제도의 도입이 이루어져야 한다.

또한 실업자들에게는 직장을 얻을 수 있을 때까지 실업수당을 충분히 주고 다른 직장으로 옮겨갈 수 있도록 직업훈련이나 연수 교육 같은 것도 보장해 한번 실패해도 다시 일어설 수 있는 기회를 주어야 한다.

국민기초생활보장제도와 근로 장려금, 의료 급여 등 근로 빈곤층을 위한 여러 정책들은 근로 빈곤층의 취업을 유인할 수 있도록 정교하게 재배치되어야 한다. 전시성의 단기적·임시적 일자리 창출 위주로 이루어진 정책들의 구조 조정을 통해 고용-복지 통합 서비스 전달 체계에 기초한 한국형 고용 안전망을 구축하는 것도 시급한 일이다.

여러 해 전에 민심 대장정을 하면서 화천 고추밭에 간 적이 있다. 처음에는 내가 누군지 모르고 고추를 따던 할머니가 군수도 오고, 시의원도 오고, 군의원도 찾아오니까, 내가 '높은 사람'임을 알아채고, 그때부터는 고추 딸 생각은 안 하고 "손주가 하나 있는데 대학을 졸업한 지 3년이 지나도 취직을 못하고 있다."라며, "선생님은 높은 분이니까 우리 아이 취직시켜 줄 수 있지 않느냐."고 나를 계속 따라다녔다. 본인이 편찮고 힘든 것은 아무런 상관이 없었다.

이런 청년들의 실업 문제를 해결해야 한다. 우선 일자리를 더 만들어야 한다. 청년들에게 일자리를 줘서 청년들이 미래에 대한 희망을 갖도록 하는 적극적인 정책을 세워야 한다.

나는 또한 아동이 자라 청년이 된 시점에서 대학 등록금, 해외 연수, 직업훈련 등 인적 자본 향상과 취업, 창업 등 노동시장 진입과 관련해 사용할 수 있는 급여를 사회보험 방식으로 제공하는 방안도 고민하고 있다.

'일·가정 양립 정책'의 확충 및 체계화를 통해 엄마들이 마음 놓고 어린아이들을 맡길 수 있는 보육 환경도 필요하다. 여성들이 육아·가사에 구속되지 않고 마음껏 일할 수 있는 환경이 되어야 진정한 선진국이며 세계 최저 수준인 출산율도 높일 수 있다.

자식 교육으로 노후를 준비하지 못한 노인들이나 장애인들도 일하기를 원한다면 일할 수 있어야 한다. 이를 위해서는 노인 일자리나 장애인 일자리의 창출뿐 아니라 실질적인 정년 연장이 이루어지도록 임금 피크제가 제도화되어야 한다고 나는 생각한다.

6

사람 중심의 재정

만사萬事는 비재막거非財莫擧라는 말이 있다. 돈이 없으면 아무 일도 도모할 수 없다는 뜻이다. 함께 가는 복지를 실현하려면 지금보다는 훨씬 더 많은 재정이 필요하다. 복지의 확대를 말하면, 그것을 포퓰리즘이라고 매도하는 사람들이 아직도 있다.

물론 재정 확보 방안을 제시하지 않으면서 복지의 확대만을 말한다면, 그것은 우리 경제를 망치고, 결국은 대한민국 공동체를 파괴하는 무책임한 자세다. 그러나 나는 함께 가는 복지를 말하면서, 동시에 그에 필요한 재정의 확보 방안을 세밀하게 준비해 밝힐 것이다.

일부에서는 복지 목적에 지출을 한정한 목적세를 부자에게만 부과하는 방식으로 세금을 더 거두는 방안을 주장한다. 납세의무가 있는 개인이나 법인 중 특정 소득수준 이상인 자에게 '사회복지세'

를 추가 부과하도록 하거나, 일정 규모 이상인 순자산에 대해 일정 비율을 과세하는 '사회복지 부유세' 등이 바로 그것이다.

하지만 전 국민을 복지의 대상으로 하는 보편적 복지를 하자면서, 그에 필요한 재정을 이렇듯 부자에게만 부담하도록 하는 방식은 역사적으로도 유례를 찾기 어렵다. 나는 이런 방법은 옳지 않다고 생각한다.

세계 최고의 복지 선진국이라는 스웨덴에서 추진했던 보편적 복지의 경우에도 재정 부담은 소득의 크기에 비례하거나 누진적인 방식으로 국민 모두에게 지워졌다. '돈 내는 사람 따로, 쓰는 사람 따로'는 함께 가는 복지의 이념에 맞지 않는다. 부자에게 돈을 빼앗아 가난한 사람들에게 나누어 주는 것은 선별적 복지이지 보편적 복지는 아니기 때문이다.

그러므로 보편적 복지를 위한 증세가 필요하다면 그것은 전체 국민의 부담 확대를 전제로 해야 한다는 것이 내 생각이다.

하지만 세금을 더 거두는 방안을 제시하기에 앞서 먼저 제기해야만 하는 문제들이 있다. 그것은 재정지출과 재정 운영 과정에 대한 개혁이다. '재정 관련 제도의 혁신'이라고 할 수 있는 이런 개혁이 이루어져야만 정부 재정에 대한 국민들의 불신을 완화하고, 증세가 가능한 정치적 환경을 조성할 수 있다.

정부 예산의 효율화, 탈세 방지, 각종 조세 감면의 축소와 같이 여러 번 강조되어 온 복지 재원 확보 방안도 다시 검토할 필요가 있다. 특히 내가 강조하고 싶은 것은 지출 구조의 혁신이다.

OECD의 자료를 활용해 한국을 포함한 주요 국가들의 재정지출 구조를 분야별로 살펴보면, 대한민국 재정지출 구조의 문제점을 한눈에 알아볼 수 있다.

사회 보호 분야와 보건 분야를 복지 분야의 지출이라고 한다면, 복지 분야에 대한 대한민국 재정지출의 비중은 2008년의 경우 전체 재정지출의 약 25.3퍼센트 정도에 불과하다. 다른 나라들은 복지 분야에 대한 지출의 비중이 적게는 42퍼센트, 많게는 60퍼센트를 넘는데 말이다.

주목해야 할 것은 한국의 재정지출 구조에서 국방과 관련된 지출과 경제 사업과 관련된 지출의 비중이 매우 높다는 사실이다. 국방과 관련된 지출은 분단국가라는 제약 조건하에서 불가피한 점이 있지만, 평화 체제가 구축되는 과정에서는 일정 정도의 비중 감소를 꾀할 수 있다.

무력 국가warfare state와 복지국가welfare state는 대립적인 개념임을 염두에 둔다면, '사람 중심의 함께 가는 복지'는 한반도에서의 평화 체제 구축이라는 과제와도 불가분의 관계에 있다.

국방 지출보다 더 눈여겨봐야 할 것은 바로 경제 사업과 관련된 지출이다. 주택 및 지역개발을 포함한 한국의 경제 사업 비중은 다른 국가들을 두 배 이상 상회한다. 단순하게 말한다면, 경제 사업 비중을 다른 국가들만큼만 낮춰도 사회 보호 예산은 두 배 가까이 증가할 수 있다는 것이다.

좀 더 구체적으로, 주택 및 지역개발을 포함한 경제 사업의 주요 항목들 중에서 OECD 국가들의 평균 수준을 훨씬 상회하는 것들은 ① 주택 및 지역개발, ② 농림어업, ③ 사회간접자본 등인데, 이런 항목의 대부분은 토건에 기초한 개발과 농어민에 대한 복지성 보조금이다.

이런 항목들의 재정지출은 투명성과는 거리가 있을 뿐만 아니라, 지출의 효과나 효율성이 검증되는 경우도 드물다. 그러므로 나는 경제 사업 분야를 우선 대상으로 하는 재정 개혁이 선행되어야 한다고 생각한다.

물론 개혁은 복지 분야에도 마찬가지로 적용되어야 한다. 현재의 복지 제도는 복지 급여의 수혜자보다는 공급자인 관료 조직과 이익집단의 관점에서 생산·유통되고 있다.

그 결과로 복지 제도는 부처별·보장위험별로 분절되었고, 급여의 중복과 누락이 다반사로 발생한다. 기초생활보장제도의 수급자에 대해서 기초 보장 급여 이외에 9개 부처에서 27개 복지 급여가 부가적으로 지원되고 있는 실정은 그 한 예이다.

적어도 차기 정부의 초기에는 재정 개혁을 통한 지출 구조의 혁신과 비과세·감면 축소, 과세 투명성 제고 등의 조세개혁이 이루어져야 한다. 이를 통해 정부 재정에 대한 국민들의 불신이 완화되고, 복지 체감도가 향상되어야만 증세가 가능한 정치적 환경이 조성될 수 있기 때문이다.

재정 개혁과 조세개혁을 위한 청사진은 이미 내가 당 대표로 있을 동안 마련해 둔 바 있다.

민주당의 보편적 복지 기획단에서 연구 용역과 전문가 논의를 바탕으로 제시한 안에 따르면, 재정 개혁과 조세개혁을 통해 조달할 수 있는 재원의 규모는 2013년부터 2017년까지 5년간 연평균 약 33조 원이다. 구체적으로 그 내역을 밝히면 다음과 같다.

우선 재정 개혁이다. 이명박 정부 들어서 크게 악화된 재정 건전성을 회복시키면서 보편적 복지를 실현해 가기 위해서는, 재정지출 개혁을 통해 소비성·중복성·선심성 예산과 시급성이 떨어진 예산을 삭감해 진정한 '국민 세금 가치의 실현'을 추구하고 과도한 재정 팽창을 억제해야 한다.

경제 사업 분야 등 지금까지 주로 중점을 두었던 물적 자본에 대한 지출 비중을 줄이고, 인적 자본에 대한 투자 지출 비중을 높이는 재정지출 구조의 개혁을 통해 연간 약 12.3조 원의 절감이 가능하다.

다음으로는 조세개혁이다. 이미 일부는 철회되었지만 소득세와

표 | 재정·복지·조세 개혁을 통한 복지 재원 조달 규모 (2013~17년; 단위 : 조 원)

	2013년	2014년	2015년	2016년	2017년	계	연평균
재정 개혁	8.44	12.36	12.95	13.57	14.22	61.54	12.3
복지 개혁	2.33	5.86	7.43	7.97	8.39	31.98	6.4
조세개혁	6.56	10.20	13.74	17.91	22.81	71.22	14.2
계	17.33	28.42	34.12	39.45	45.42	164.74	32.9

자료 : 민주당, "민주당 보편적 복지 재원 조달 방안 보고서"(2011/08/29).

법인세 감세를 철회하고 증권거래세 부과, 비합리적 비과세 감면의 축소, 소득세 및 재산 보유 과세의 적정화, 음성 탈루 소득에 대한 과세 강화를 통해 추가로 마련 가능한 재원은 연평균 약 14.2조 원이다.

마지막으로는 복지 개혁이다. 복지 전달 체계 혁신, 건강보험 부과 기반 확대, 종합소득 기준 건강보험료 부과, 직장 가입자의 고소득 피부양자 지역 가입자 전환, 건강보험료율 조정을 통해 확보할 수 있는 예산은 연평균 약 6.4조 원이다.

이런 세 가지 개혁을 통해 확보한 연평균 33조 원의 재원은 '사람 중심의 함께 가는 복지'의 기틀을 마련하는 데 활용할 것이다.

물론 '사람 중심의 함께 가는 복지'를 위한 모든 정책들이 현실화되기 위해서는 틀림없이 증세가 필요할 것이다. 그러나 재원이 충분하다고 해서 '사람 중심의 함께 가는 복지'의 정책들이 한꺼번에 시행·확대될 수 있는 것은 아니다. 대다수의 정책들은 상당한 준비 기간과 국민적 동의, 관계 집단의 합의를 도출하는 시간이 필요하다.

그러므로 국민 부담의 수준 등을 고려한 증세 논의는 이런 기술적 준비가 갖춰지는 과정에 따라 순차적으로 이루어져야 한다.

세 부담의 투명성과 공평성 확보를 위한 소득 세제의 개선, 부가가치세의 세율 조정 등 증세 가능한 세목과 폭 등을 구체적으로 담은 증세 방안은 다양한 정파 및 시민사회와의 협력과 협의를 통해 마련되어 새 정부가 집권하자마자 국민들에게 제시되어야 한다.

정리하자면, 나는 '사람 중심의 재정' 확보 전략이 다음과 같은 순서와 원칙에 따라 이루어져야 한다고 생각한다.

첫째, 개발 연대 이후 지속적으로 확대된 경제 관련 사업 예산과 이명박 정부에서 과도하게 팽창된 토목 예산 등 불필요한 예산의 구조 조정을 통해 재정 개혁을 이룬다.

둘째, 조세개혁의 첫 단계로 비과세·감면 축소, 과세 투명성 제고 등의 조세개혁을 새 정부의 집권 초기에 이룬다.

셋째, 재정 개혁과 1단계 조세개혁의 바탕 위에서 조세개혁의 둘째 단계로 증세를 추진하되, 국민적 합의에 기초해 세 부담의 투명성과 공평성 확보를 원칙으로 한다.

7

남은 문제들

앞서 보편적 복지와 선별적 복지가 함께 가는 복지를 말하면서 스웨덴에서 평등주의적 지향이 강한 복지가 1950년대 이후에는 선택 가능성이 확대된 복지로 바뀌었음을 말한 바 있다. 이는 복지의 핵심 기능이 재분배에서 위험 분산으로 바뀌었음을 의미한다.

그렇다면 여기에서 두 가지를 질문할 수 있다. 보편적 복지의 원칙 변화를 스웨덴 국민들이 용인했을 뿐만 아니라 오히려 지지했던 것은 왜일까라는 질문이 그 하나라면, 다른 하나는 복지의 핵심 기능이 재분배에서 위험 분산으로 바뀌었음에도 불구하고 스웨덴은 왜 다른 나라들에 비해 소득 불평등의 정도가 낮은가라는 질문이다.

이런 두 가지 질문에 대한 답은 바로 시장경제에서 이루어지는 1차 배분, 즉 노동시장에서의 배분과 관련되어 있다. 즉 보편적 복

2부 | 정의·복지·진보적 성장을 위한 실천 방안

지 원칙의 전환과 그에 대한 국민들의 지지, 그럼에도 불구하고 낮은 소득 불평등은 모두 완전고용의 기반 위에서 이루어진 임금격차의 축소가 있었기에 가능했던 것이다.

스웨덴 모델의 핵심으로 여겨지는 이런 정책 융합에서 우리가 주목할 것은 보편적 복지와 융합되었던 경제정책이, 경기변동에 대한 통상적인 수요 측면의 정책이 아니라 공급 측면의 정책이었다는 점이다.

또한 공급 측면의 정책은 교육이나 사회간접자본 투자, 연구 개발에 대한 일반적 지원에 국한된 것이 아니라 적극적 노동시장 정책을 포함한 노동시장 제도들, 소비자보다는 투자자를 위주로 한 저리 신용 정책, 지역 정책 등 기업과 산업 육성을 위한 산업 정책 등 산업구조의 고도화를 목표로 한 선택적인 것이었다.

이런 정책들이 끊임없이 고용을 창출하는 새로운 성장 부문을 만들고, 공정한 배분 규칙을 가진 노동시장을 작동시켰다. 물론 이 과정에서 한계 부문은 계속적으로 시장에서 퇴출되었는데, 복지는 그로 인한 국민들의 어려움을 방지할 수 있었다.

여기에서 이처럼 보편적 복지 정책과 선택적 경제정책의 융합이라는 스웨덴의 경험을 상기시키는 이유는 단순하다. 복지는 경제적 뒷받침 없이는 불가능하다는 점을 강조하기 위해서이다. 재정개혁과 조세개혁이 이루어진다고 해도, 복지 재정을 확대하기 위해서는 성장이 필수적이다.

성장은 보편적 복지의 지속 가능성에도 필요조건이다. 베버리지의 보편적 복지를 대표하는 영국의 공적 연금제도는 저성장 때문에 연금 급여의 수준을 향상시킬 수 없었다. 그 결과 대부분의 중산층이 민간 연금에 의존하도록 만들었다.

정책 하나로만 보면 보편적 복지였지만, 전체적으로 보면 그렇지 못한 결과를 초래한 원인이 바로 저성장의 문제였다. 대한민국에는 성장이 여전히 필요한 것이다. 물론 대한민국에 필요한 성장은 지금까지의 성장과는 다른 '사람 중심의 성장'이어야 한다. 민주·진보 세력은 더 이상 '성장'이라는 단어를 회피해서는 안 된다.

보수가 (그 내용과 진정성이야 어떻든) 복지라는 우리의 강점을 수용했듯이 우리는 우리의 성장 모델을 국민에게 제시해야 한다. 이에 대한 나의 생각은 다음 장에서 말하겠다.

마지막으로 언급해야 할 것은 복지 거버넌스의 개혁이다. 나는 '사람 중심의 함께 가는 복지사회'가 되기 위해서는 복지 거버넌스의 개혁이 선행되어야 한다고 생각한다.

대한민국은 이미 오래전부터 중앙집권적 국가 체제를 지속적으로 유지해 오면서, 강력한 국가권력을 특징으로 하는 사회이다. 통치 방식과 정책 결정 방식은 대단히 획일적인 국가주의에 기초해 제도화되었으며, 그것이 가하는 제약과 불합리함은 복지 영역에서도 그대로 관철되고 있다.

'사람 중심의 함께 가는 복지사회'가 새로운 공동체의 활성화를 목표로 한다면, 그에 걸맞은 거버넌스를 고민할 필요가 있다.

나는 현재 우리에게 요구되는 복지는 대외 경제 환경의 불안정성을 완화할 수 있는 내수 창출 정책이어야 하며, 심각한 고용 불안을 억제하는 고용 창출 기제여야 하고, 사회의 압도적인 다수를 구성하는 중산층이 어려움에 빠지기 전에 개입함으로써 사회의 건전한 기풍을 유지하고 재도약의 동력을 보존하는 미래 대응적인 것이어야 한다고 생각한다.

또한 나는 이런 정책은 복지와 고용, 더 나아가서는 교육을 아우르는 통합적인 것이므로, 현재와 같은 협소하고 분절적인 거버넌스에서는 현실화되기 어렵다고 본다.

따라서 세분화된 관련 정부 부처들을 통폐합하거나 정책 조정 기구를 마련해야 한다. 사회경제 정책의 정합성을 확보하기 위해 기획 기능을 수행할 수 있는 정부 조직과, 국민들의 요구에 기초해 국민 생활 우선 정치에 앞장설 수 있는 정당 조직도 '사람 중심의 함께 가는 복지사회'를 건설하기 위해서는 필수적인 조건이다.

3장

이제 '진보적 성장'이다

1

진보와 성장

진보적 성장은 성장의 과실을 골고루 나누는 것이다. 진보적 성장
은 지구상의 자원을 독점하거나, 사람의 노동력을 수탈하는 것이
아니라, 인간의 삶을 편안하게 하면서 자연과 인간이 조화롭게 공
생할 수 있는 새로운 지식을 축적하는 성장이다. 진보적 성장은 서
로 앞서기 위해 갈등하는 것이 아니라 공존과 협력을 통한 평화를
지향하는 성장이다. 그래서 진보적 성장은 보수적 성장과 다르다.

보수 진영에서 말하는 성장은 자유방임형 시장경제, 미국식 신
자유주의에 기초한다. 작은 정부와 민영화를 강조하고, 수출 대기
업이 잘 되면 경제 전 분야가 잘 풀릴 것이라는 '낙수 효과'를 신봉
한다. 시장에서의 해법을 따라 자원을 배분하고 소득을 분배하다
보면, '아랫목이 따뜻해진 후에 자연스럽게 윗목도 따뜻해진다.'고
믿는 것이다.

실제로 그런가? 지난 5년간 대기업 수출은 그럭저럭 나쁘지 않았고, 공공 부문의 민영화 추진은 속도를 더했다. 경기를 활성화하겠다고 감세를 추진하고 4대강도 이곳저곳을 파헤쳐 놓았다. 결과는 참담하다. 양극화는 극에 달하고 서민 경제는 파탄 지경이다. 가정은 생활고 때문에, 청년들은 등록금 때문에 빚이 늘어나고 있다. 이런 식의 성장은 잘못된 것이기 때문에 새로운 성장 모델이 필요하다는 것이 내 생각이다.

그런데 그동안 진보 진영에서는 성장에 대해 다소 주춤거리는 측면이 있었다. 그것은 잘못이다. 정의를 바로 세우고 복지를 확대해 '함께 잘사는 나라'를 구현하는 일은 우리가 꿈꾸는 공동체 시장경제의 기본 전제이지만, 그것만으로 충분하지는 않다. 함께 잘사는 나라를 위한 공동체 시장경제가 역동적으로 움직이려면, 그리고 공동체 시장경제가 지속적으로 확대 재생산되기 위해서는 성장이 필요하다.

그동안 우리 국민들은 진보의 가치를 존중하면서도 마음 한구석에는 '진보를 믿을 수 있을까?' 하는 의심이 있었다. 진보가 능력을 갖추지 못하고 이념만을 앞세우면 국민들로부터 신뢰를 얻지 못한다. 우리 국민들은 소리만 높은 진보를 원하지 않는다. 국민들이 피부에 와 닿는 대안을 제시하고, 고통을 해소해 삶의 질을 향상시킬 수 있도록 구체적으로 행동하는 진보를 원하고 있다.

보수 진영은 지금도 진보가 성장을 경시하거나 심지어는 성장에 적대적이라고 공격한다. 그들이 즐겨 쓰는 논법은 진보는 복지만을 중시하기 때문에 성장을 소홀히 하거나 성장의 발목을 잡고 만다는 것이다. 그래서 그들은 김대중·노무현 정부 10년간을 '잃어버린 10년'이라고, 우리 경제가 국민소득 2만 달러의 덫에서 헤어나지 못하게 한 정권이라고 공격하곤 한다.

과연 그럴까? 그렇다면 성장 중심을 외쳤던 이명박 정부보다 국민의정부와 참여정부의 경제성장률이 더 높았다는 것은 어떻게 설명해야 할까? 실제로 국민의정부와 참여정부 기간의 연평균 경제성장률은 각각 5.0퍼센트와 4.3퍼센트로 이명박 정부(2008~11년)의 3.1퍼센트보다 훨씬 높다.

더구나 그 이전의 정부들에 의해 야기된 IMF 환란을 벗어나기 위해 노력하면서도, 국민기초생활보장제 등을 통해 우리나라 복지 제도의 기반을 다진 것에 대해서는 뭐라고 해석해야 할까?

경제성장으로 보나 복지 제도 확충 면에서 보나 이명박 정부보다는 이전의 민주 정부가 훨씬 더 유능한 정부였던 것이다. 그럼에도 불구하고 국민들의 머릿속에는 성장과 복지의 이분법이 강하게 자리 잡고 있어서 보수 진영의 비판이 설득력 있게 들리는 것도 사실이다.

성장과 관련해서 진보가 반성해야 할 부분도 있다는 것이 내 생각이다. 과거 성장 일변도의 사회, 분열과 갈등의 사회에 대한 반작용으로 잠시나마 우리 사회의 성장에 대해 소홀한 적은 없었는지 되돌아봐야 한다. 성장과 복지의 이분법에 스스로 매몰되어 갈등을 확대시킨 적은 없었는지도 반성해 봐야 한다. 설령 분배와 복지, 균형과 평등을 우선하는 것이 시대적 과제였다고 하더라도, 그것을 자기도 모르게 성장과 대립시켰다면 그것은 잘못이다.

이제 우리 사회의 주역이 될 새로운 진보는 경제성장에 대해 매우 적극적인 입장을 취해야 한다. 그러나 단지 정치적으로 유리한 입지를 차지하기 위해서 보수가 주장하는 성장론을 받아들이는 것은 곤란하다. 보수가 말하는 성장은 성장 지상주의다. 그들의 성장은 국민경제 전반의 성장을 의미하지 않는다. 내용을 들여다보면 재벌·대기업의 성장, 특권계층의 이윤 극대화를 성장이란 단어로 포장한 것이다.

우리가 새로운 대한민국을 위해서 주장하고 실현하고자 하는 성장은 보수가 주장하는 성장과 다르다는 것을 분명하게 보여 줘야 한다. 사회의 일부 계층이 아니라 공동체 전체에 혜택이 돌아가는 성장, 복지와 성장을 동시에 달성하는 선순환 구조를 통해 국민 한 사람 한 사람이 행복해지는 성장. 나는 이것이 시대가 요구하는 '진보적 성장'이라고 생각한다.

복지와 성장의 대립 구조를 탈피해서 복지를 통해 성장을 이루고, 성장을 통해 복지를 이뤄 내자는 것이다. 진보가 성장을 말하고 좋은 일자리와 신성장 동력을 활발하게 만들어 낼 때, 국민들에게 안정감과 신뢰를 줄 수 있다.

정의, 복지, 진보적 성장의 조화를 추구하고 사람 중심의 경제 실현을 위해 교육과 노동을 연계시키는 새로운 성장 동력을 만들어야 한다. 이는 한마디로 미국식 신자유주의의 폐해를 극복하고 유럽적 가치를 수용해서 한국적 성장 모델을 만들 때 가능하다.

3부에서 자세히 다루겠지만 지난 4월 말에서 5월 초까지 유럽의 대표적인 복지국가를 둘러보고 왔다. 네덜란드에서는 노사관계, 스웨덴에서 복지, 핀란드에서 교육, 영국에서 의료 제도, 스페인에서 협동조합을 보았다.

이른바 북유럽 복지국가라 하는 이 나라들을 보고 온 결론은 '결국 우리가 갈 길은 복지사회', '성장과 복지는 선순환해야 한다.'는 것이다. 복지를 하면 재정이 파탄 나고, 국민들은 세금 내기 바쁘다고 하는데, 이 나라들은 복지사회를 만든 지 이미 수십 년이 지났다. 그런데 복지 수준은 가장 높고 국민소득도 높다. 높은 수준의 복지사회를 이룬 북유럽 나라들은 최근의 전 세계적 경제 위기도 잘 극복하고 있다. 복지와 성장이 따로 가는 것이 아니라 선순환한다는 것을 현실로 증명하고 있다.

이들 나라는 경제 위기가 닥치면 복지 체계를 보완한다. 어려울

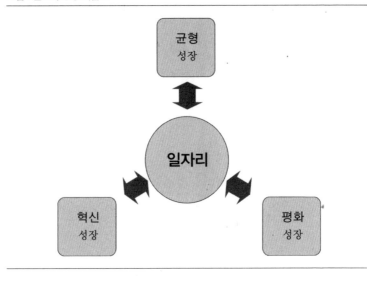

때는 네덜란드의 폴더 모델처럼 서로 양보하고 타협을 통해 사회적 합의를 이뤄 낸다. 노조에서는 임금 인상 요구를 자제하고, 기업은 노동시간 단축과 일자리 수 확대에 동의하며, 정부는 기업에 대한 지원과 사회보장 혜택을 늘린다. 북유럽에 있는 이런 대타협의 문화가 바로 지속 가능한 성장, 지속 가능한 복지의 근간이다. 우리에게도 이런 사회적 통합과 합의 정신이 꼭 필요하다. 이는 진보적 성장을 이루고 복지사회로 나아가는 중요한 기틀이다.

　그렇다면 '진보적 성장'을 어떻게 이루어 갈 것인가. 나는 진보적 성장의 3대 전략으로 '균형 성장', '혁신 성장', '평화 성장'을 제안한다. 진보적 성장을 위해서는 대기업과 중소기업, 수도권과 지방, 수출과 내수 시장이 균형을 이뤄야 한다. 20세기형 토목 경제에 매달릴 것이 아니라, 교육·산업·경제구조 등 사회 전 분야의 혁신을 일으켜야 한다. 나아가 한반도 경제협력 공동체를 형성해 새로운 성장 동력으로 삼아야 한다.

결국 진보적 성장은 균형 성장, 혁신 성장, 평화 성장을 통해 복지와 성장의 선순환을 이루고, 함께 잘 사는 대한민국 공동체를 만들기 위한 발전 전략이다. 따라서 진보적 성장의 목표는 결국 일자리다. 그것도 좋은 일자리다. 양극화 심화, 잠재성장률 저하, 가계부채 급증 등 우리 사회의 문제를 해결할 방법도 일자리에 있다. '완전고용 국가'는 불가능한 꿈이 아니다. 진보적 성장을 통해 좋은 일자리를 많이 만들어, 일하고 싶은 국민 누구나 일자리를 가질 수 있어야 한다. 일자리에 대한민국의 미래가 있다.

2

균형 성장

우리 몸의 일부가 상하면 몸 전체가 아프듯, 우리 경제의 한 부분이 병들면 나라 경제 전체가 망가지게 된다. 수도권과 지방, 대기업과 중소기업, 정규직과 비정규직, 수출과 내수 등에서 어느 한쪽만 일방적으로 커지는 것이 아니라 서로 균형 있게 성장해 가야 한다. 경제주체, 경제 부문 간 균형 잡힌 성장을 통해 성장의 혜택이 사회 전반에 골고루 돌아가게 해야 나라 경제가 건강해진다. 이것이 균형 성장이다.

성장의 과실을 일부 특정 집단이 독식하는 상황에서는 경제성장을 추구하는 국민적 열정은 사라지고 양극화와 빈곤의 문제가 심화될 수밖에 없다. 공동체 전체에 성장의 과실을 공평하게 분배하고, 이를 통해 성장에 대한 국민적 열정을 되살리는 것이 최고의 성장 전략이다.

균형 발전을 이루는 데 가장 중요한 것은 대기업과 중소기업의 균형이다.

2006년 민심 대장정 기간 중에 경북 영주에서 겪은 일이다. 알루미늄 코일을 만드는, 종업원 7백 명, 투자자산 6천억 원의 노벨리스 코리아라는 회사를 방문했다. 이 회사는 영주에 공장을 짓고 전국 각지에 있는 영주 출신 기술자를 불러 모았다 한다. 직원 모두가 영주에 살면서 직장을 다니고, 아이들도 모두 영주에서 학교를 다니고 있었다.

자신의 고장에서 향토애를 키우면서 모두 함께 살아가는 토착형 고용 창출 기업 같은 모범 사례가 더욱 늘어날 수 있게 지원하는 것이 정부의 역할이다. 향토 중소기업이 튼튼하게 살아나면 지역에 좋은 일자리가 늘어나서 수도권 집중 현상도 완화될 것이다.

흔히들 중소기업이라 하면 '9988'을 생각한다. 우리나라 기업체 수의 99퍼센트, 일자리의 88퍼센트를 중소기업이 차지한다는 것이다. 그만큼 중소기업이 우리나라 경제에서 차지하는 비중은 크다.

하지만 앞서도 언급했듯이 우리나라의 대기업과 중소기업 사이의 격차는 세계 어느 나라에서도 찾아보기 어려울 정도로 심각하다. 대기업의 '나 홀로 성장'으로는 지속 가능하고 국민 모두에게 혜택이 돌아가는 진보적 성장을 이룰 수 없다. 그러나 역대 어느 정권도 중소기업의 중요성을 외치지 않은 적이 없지만, 그렇다고 중소기업의 성장을 위해 제대로 된 정책을 펼친 정권도 없었다.

중소기업이 왜 중요한가? 사회 전체 일자리의 88퍼센트를 책임지기 때문이다. 따라서 중소기업이 몰락하면 일자리가 줄어들 뿐만 아니라 그나마 있는 일자리도 저임금과 노동환경이 열악한 나쁜 일자리가 되고 만다. 타이완은 우리처럼 대기업 중심이 아닌 중소기업 중심의 경제이지만, 높은 소득과 좋은 일자리를 바탕으로 성장하고 있는 사례이다.

중소기업이 왜 중요한가? 대기업이 생산하는 완제품의 부품 공급처이자, 국민들이 소비하는 작고 다양한 제품들의 공급처이기 때문이다. 따라서 중소기업이 몰락하면 대기업의 부품도, 국민들의 소비재들도 내부에서 생산하지 못한 채 수입할 수밖에 없고, 우리 경제는 자체 재생산 시스템을 갖지 못한 수입 의존형 구조가 될 수밖에 없다. 우리가 30년이 넘도록 일본과의 관계에서 무역역조를 벗어나지 못하는 가장 큰 이유가 바로 부품·소재 등 우리 중소기업이 차지해야 할 몫을 일본에 의존하고 있기 때문이다.

중소기업이 왜 중요한가? 작더라도 반드시 필요한, 새롭고도 다양한 지식과 기술을 개발하는 요람이기 때문이다. 바로 이런 지식과 기술이 우리 경제가 다른 나라와 차별화할 수 있는 기반이기 때문이다. 따라서 중소기업이 몰락하면 우리 경제는 대기업이 만들어 낸 소수의 기술 외에는 다른 나라와 경쟁할 수 있는 경쟁력을 확보할 수가 없다. 스위스와 독일이 다른 나라와 차별화된 경쟁력을 갖는 이유가 바로 중소기업들의 기술 및 지식 경쟁력이라는 것은 잘 알려져 있다.

결국 중소기업의 성장은 우리 국민의 좋은 일자리와 우리 경제의 정상적인 재생산 구조와 우리 경제의 경쟁력을 위해 필수적인 목표이다.

그런데 역대 중소기업 정책은 수출 주도형 대기업을 지원하기 위한 보조 장치로서의 범위를 벗어나지 못했다는 아쉬움이 있다. 대기업의 수출 가격 경쟁력을 유지하기 위해 값싼 부품을 만들어 내는 최소한의 중소기업을 유지시키려는 시혜적 지원 정책만 있었지, 중소기업의 자발적 성장과 질적 발전을 위한 기술 및 지식의 축적, 정보의 교류를 위한 본격적인 정책은 항상 구호뿐이었다고 해도 과언이 아니다.

최근 이명박 정부에서는 대기업과 중소기업의 협력과 공유를 통한 양극화 해소를 중요한 정책으로 내걸고 있다. 이른바 동반 성장이다. 중소기업의 성장을 위해 반드시 필요한 정책이다. 그뿐인가? 작고 힘없는 중소기업들이 스스로 힘을 가지고 대기업과 동등하게 협상하고 경쟁하게 하기 위해서는 협동조합 등을 통해 중소기업의 힘을 키우고, 기술혁신과 경영 혁신, 시스템 혁신으로 중소기업의 효율성을 확보해야 한다.

그러나 그것만으로는 부족하다. 동반 성장이라는 현재의 주장에서 언뜻언뜻 내비치는 것처럼 중소기업의 성장이 대기업의 아량과 시혜를 바탕으로 한 성장을 의미해서는 안 된다. 중소기업이 받아야 할 권리를 당당하게 되찾아 가는 동반 성장이어야 한다. 그와 더불어 그동안 소외되어 왔던 중소기업의 기술 개발, 정보 획득, 시장 확보를 위한 사회적 차원의 시스템에 본격적인 투자가 이뤄져야 한다.

대기업과 중소기업의 균형은 곧바로 내수 성장의 기반이 된다. 이를 바탕으로 한 내수와 수출의 균형도 안정적이고 지속 가능한 성장에 중요한 요소다.

우리나라의 국내총생산 대비 수출입 규모를 나타내는 무역의존도는 2010년 현재 102퍼센트로 매우 높다. 일본과 미국의 무역의존도는 20퍼센트 전후, 영국·프랑스·러시아가 35~40퍼센트 전후, 중국은 45퍼센트 정도에 불과하다. 물론 유럽 국가들 가운데 스웨덴·스위스·룩셈부르크의 무역의존도도 매우 높지만 이들 나라는 인구가 3백만에서 6백만 명 정도의 국가들로 내수만으로는 먹고 살기 어려운 나라들이다.

이처럼 규모에 걸맞지 않게 수출만 극도로 비대해진 경제는 안정적으로 성장하기 어렵다. 특히 세계경제의 장기 저성장이 예상되는 시기에는 더욱 그렇다. 2008년 말 세계경제 위기 때 경제 위기 진원지도 아니었던 우리나라가 분기에 마이너스 20퍼센트포인트가 넘는 경기 후퇴를 했던 것도 수출 일변도 경제의 취약성을 보여 준다.

이제는 내수를 키워야 한다. 이를 위해서는 안정적인 일자리 창출과 더불어 가계소득을 높이는 것이 필요하다. 가계소득이 높아지면 자연스레 소비가 늘고 이것은 다시 제품과 서비스 수요로 이어진다. 일부 수출 대기업이 아니라 저소득층의 소득이 높아지면 이들을 주 소비층으로 하는 중소기업과 자영업자가 살아나서 밑바닥 경기가 살아날 수 있다. 그러면 국민 대다수의 삶이 개선되고 자연스레 소득 및 산업 간 격차도 줄어들게 된다.

물론 그렇다고 인위적으로 수출을 위축시켜서는 안 된다. 수출 제품의 고부가가치화가 지속되어야 하고 중소기업의 기술 개발 지원 및 수출 판로 개척도 강화해야 한다. 다만 환율의 인위적 조정과 특혜성 수출 보조금 지원, 막무가내식 무역협정 추진 등을 탈피해야 한다는 것이다. 우리나라 경제는 수출과 내수가 균형을 이룰 때 훨씬 안정적으로 더 많이 성장할 수 있다.

대기업과 중소기업의 균형 성장, 수출과 내수의 균형 성장 못지않게 중요한 것이 지역 간 균형 성장이다. 지역 간 균형 성장은 국가 전체의 성장은 물론 사회 통합에도 필수적인 요건이다. 성장이 특정 지역을 중심으로 이뤄지면, 사회 전체의 총량적 지표는 증가

할지 모르지만, 특정 지역의 자원은 효율적으로 활용되지 않는다. 사회 내 인적·물적 자원이 제대로 활용되지 않는 성장 구조는 추가적인 성장을 저해한다. 결국 성장이 집중된 지역에서 성장에서 소외된 지역에 대한 지원이라는 거래 비용의 증가만을 야기할 따름이다.

지역 간 균형 성장은 각 지역의 성장을 기계적인 잣대로 수평적으로 맞추자는 것이 아니다. 지역의 인적·물적 자원 활용을 극대화해 성장의 디딤돌로 삼고, 그에 따라 지역 간 삶의 질을 조정하자는 것이다.

특정 지역에만 고용을 창출함으로써 좁은 지역에 인구가 밀집할 경우, 그에 따른 교통·환경 등의 사회적 비용이 추가되고, 내부에서의 마찰적 실업은 증가한다. 넓은 지역에 펼쳐진 고용의 기회야말로 삶의 질을 높이면서 다양한 고용 창출의 기회를 확대할뿐더러 삶을 위한 비용도 최소화하는 방안이 되는 것이다.

내가 경기도지사 시절 행정 중심 복합 도시(세종시) 이전에 찬성한 것도 그런 대의에 공감했기 때문이다. 지역 간의 균형적인 발전이 있어야 국가 전체도 발전할 수 있다는 소신이었다. 사실, 수도권 자치단체장으로서 그런 입장을 표명하기란 쉽지 않았다. 지방 의회와 단체들의 반대 목소리가 매우 높았다. 그러나 수도 이전 문제는 헌법재판소의 판결을 존중하되, 행정 기능의 분산이 국토 균형 발전에 도움이 된다는 판단에서 세종시 건설에 동의했다.

이후 경기도와 충청남도의 지역 상생 발전 협약이 성사된 것은 더욱 반가운 일이었다. 어쩌면 행정 도시 건설을 두고 양 지역 간 갈등의 골이 깊어질 수 있는 상황이었지만, 오히려 국가적 차원의 상생 발전의 모델을 만들 수 있는 기회라는 생각이 들었다. 평택-아산-당진이 동반 발전할 수 있는 기반이 그때 만들어진 것이다.

안타깝게도 수도권과 지방의 격차는 날로 심해지고 있다. 지역 간 소득 불균형 정도를 파악하기 위해 1인당 지역내총생산GRDP을 활용해 지니계수를 추정한 결과, 그 계수는 1997년 이후 두 배 이상 증가했으며, 이런 지역 간 소득 격차는 지속적으로 확대되는 것으로 나타났다.

면적으로는 우리나라의 12퍼센트가 채 안 되는 수도권의 인구가 전체 인구의 50퍼센트에 육박하고, 수도권과 지방의 사회경제적 격차가 갈수록 확대되는 것은 통합과 국가 전체의 성장을 저해한다.

대한민국 어디에 살든 성장의 혜택을 누릴 수 있어야 한다. 우리나라 헌법에서도 헌법 전문과 제120조, 제122조, 제123조 등에서 지역 균형 발전을 위한 국가의 의무에 대해 명확히 규정하고 있다.

수도권과 지방의 동반 성장, 균형 발전을 위해서는 기계적인 배분이 아니라 종합적인 계획과 노력이 필요한 상황이다. 무조건 지

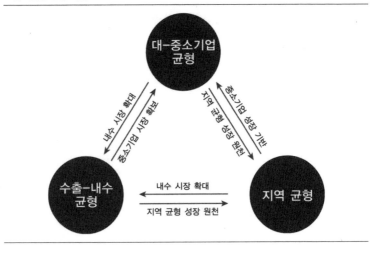

방마다 공항을 짓고 산업 단지를 조성한다고 될 일이 아니다. 나는 예전부터 지방의 발전을 위해서는 지방대학들부터 경쟁력을 갖춰야 한다고 생각해 왔다. 그것으로 모든 문제가 해결될 수는 없겠지만, 지방대학의 발전이 균형 발전의 중요한 촉매가 될 수 있다는 것이다. 지방의 대학에서 우수한 인재들을 양성해 내고, 또 이들이 지역 특화 산업과 연계되어 지역 발전에 기여한다면, 결과적으로 우리가 바라는 균형 발전에 접근할 수 있다는 믿음이다.

실제로 대학 하나가 창출하는 지역 경제 활성화 효과, 인구 유입 효과 등은 상상 이상이다. 강원발전연구원이 조사한 바에 따르면 강원대학교와 같은 규모의 4년제 대학은 지역 경제 직접 소득, 간접 소득을 합해 연간 1천5백억 원 이상의 경제 효과를 창출하고 있다. 여기에 인적 자원의 양성 및 공급에 따른 가치를 더할 경우 경제적 효과는 훨씬 커질 것이다.

나는 거점 지방 국공립 대학을 네트워크화하는 방안을 제안한다. 서울대학교와 거점 지방 국공립 대학을 네트워크화해 공동 학위를 수여하고, 각 거점 대학들은 지역의 특성 및 산업과 연계해 특성화 대학으로 육성해야 한다.

또한 등록금은 장기적으로 없애는 것을 목표로, 단기적으로는 대폭 낮출 필요가 있다. 현재 지방 국공립 대학 예산 중 정부 부담은 평균 30퍼센트 수준에 불과한데, 이는 우수 인재에게 고등교육의 기회를 부여한다는 국공립 대학 설립 취지를 고려할 때 너무 낮은 수준이다. 집안이 좀 가난해도, 지방에서 학교를 나와도 열심히 노력하면 성공할 수 있는 사회가 되어야 한다. 국공립 대학 네트워크가 그 출발점이 될 것이다. 지역 경쟁력을 강화하고 대학 서열화에 따른 입시 과열과 사교육비 문제를 완화하는 데에도 도움이 될 것으로 기대한다.

3

혁신 성장

혁신 성장은 사회경제 전반에 걸친 혁신으로 기업과 개인의 창의력을 극대화하고 새로운 성장 동력을 육성해 이뤄 가는 성장이다.

내가 자문을 받고 있는 경제학 교수들에 따르면 경제성장의 요인은 크게 두 가지로 나뉜다. 하나는 자본과 노동, 자연 자원과 같은 생산요소의 투입을 증가시킴으로써 이뤄지는 요소 투입 주도형 성장이다. 다른 하나는 주로 기술의 발전에 의해 이뤄지는 생산성 주도형 성장이다.

경제 발전이 일정한 수준에 이르게 되면 요소 투입 주도형 성장은 한계에 다다르고, 불가피하게 생산성 주도형 성장이 중요해진다. 2012년 6월 한국은행과 OECD가 공동 연구 결과로 발표한 "한국 2000년대 중반 이후 생산성 주도형 경제로 이행"이라는 제목의 보고서에 따르면 이미 우리나라도 이 단계로 접어들었다. 혁신 성장은 바로 이 같은 경제 발전 단계의 변화를 감안한 성장 전략이다.

나는 혁신 성장에 대해 대단한 사명감과 긍지를 갖고 있다. 민주화 운동을 하던 학창시절, 나는 혁명가를 꿈꿨다. 대학교를 졸업할 때 한국전력에 입사하기 위해 시험을 봤다. 좋은 직장이어서가 아니라, 노조를 만들어서 어느 날 일시에 서울 시내 전기를 다 끊어 버리겠다고 생각했다. 사실 나는 젊었을 때 사진이 한 장도 없다. 20대 후반에 청계천에서 빈민 운동을 시작하면서 "혁명가는 사진이 없다."라며 사진을 모두 태워 버렸기 때문이다.

그랬던 내가 경기도지사를 하면서 전 세계를 일곱 바퀴 반을 돌았다. 114개 해외 첨단 기업과 141억 달러(당시 환율로 14조 원 상당)를 유치했다. 경기도 지역내총생산은 연평균 9.65퍼센트 성장을 기록했다. 파주에 165만 제곱미터(50만 평)의 LG 필립스 LCD 단지를 만들었다. 양해 각서MOU 체결 3년 만에 풀가동하게 만들었다. 현장에 직접 찾아가 각 기관들을 소집해 직접 지휘했다. 그것이 먹고사는 일이고, 일자리를 만드는 일이었기 때문이다. 그 결과 경기도 취업자 수도 크게 늘었다. 내가 재임하던 기간 중 경기도 일자리 증가 수는 74만 개로 전국 일자리 증가 수의 76퍼센트에 해당되었다.

지금 안철수 교수가 원장으로 있는 서울대학교 융합과학기술대학원도 그때 만들었다. 왜 중앙정부가 할 일을 지방자치단체가 나서야 하느냐며 반대도 있었지만, 경기도에서 토지·건물·장비·운

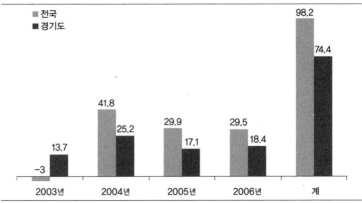

자료 : 통계청, 『경제활동인구조사』 각 연도; 경기도, 『경기도통계연보』(2008).

영비를 모두 지원했다. 미래의 먹고사는 문제가 달린 일이라고 생각했기 때문이다.

이것이 내가 생각하는 혁신 성장이고 유능한 진보의 모습이다. 성장 동력을 끊임없이 찾고, 새로운 기술을 개발해서 국민들에게 일자리를 주고 먹고사는 문제를 해결하는 것이 안정감과 신뢰를 주는 길이다.

날이 갈수록 신성장 동력 발굴의 필요성이 커지고 있다. 우리 국민들이, 또 우리 미래 세대가 어떻게 먹고살 것인가를 찾아야 한다.

성장 동력의 보호·육성은 복지사회의 경제적 기반을 확보하는 데 중요한 관건이 된다. 융합 기술, 문화산업, 신재생에너지를 비롯한 신성장 동력의 개발과 육성에 적극성을 보이는 것은 진보의 능력을 키우는 일이기도 하다.

현재의 성장 동력인 메모리 반도체, 휴대폰, 조선, 중공업은 이제 성숙기에 접어들었다. 이런 분야에 대한 우리 경제의 의존도가 지나치게 높은 상황도 문제이지만, 중국의 경쟁력이 급상승하고 있는 점도 걱정스럽다. 중국은 우리 기업들이 세계 시장을 주도하는 철강·조선·중공업·가전 등의 산업 분야에서 대규모 투자를 앞세워 맹추격하고 있다.

여전히 우리나라는 주력 산업인 IT와 중화학 분야에서 세계 최고의 기술력과 수익성을 가지고 있으나, 이들 산업이 경쟁력을 상실하거나 시장에 급격한 변화에 노출되는 경우 국가적인 타격을 입을 수 있다. 실제로 IT 산업 수출이 우리나라 총수출에서 차지하는 비중은 2000년 32퍼센트에서 2011년 23퍼센트로 내려갔다.

세계 각국은 신성장 동력의 확보를 통해 국가 경쟁력을 제고하는 데 국가 역량을 집중하고 있다. 이미 국가 경쟁력의 원천이 과학기술 지식의 창출과 활용을 통한 혁신 능력에 좌우되는 시대에 돌입한 것이다.

우리나라에서도 바이오 기술^{BT}, 환경 기술^{ET}, 문화 기술^{CT}, 나노 기술^{NT} 등 다양한 기술이 그 대안으로 제시되고 있으나, 산업화 단계로 평가될 정도의 수준이 아니기 때문에 현재 뚜렷한 신성장 동력이 없는 상황이다.

이런 상황에서 성장과 복지의 선순환을 뒷받침할 수 있는 신성장 동력은 지속 가능성이 높아야 하고, 다른 산업에 대해 강력한 생산 파급효과가 기대되어야 하며, 미래 사회의 트렌드에 적합한 산업이어야 한다.

나는 IT, BT, CT 등의 분야를 융합한 첨단 융합 산업에 주목할 필요가 있다고 본다. 지능형 로봇 산업, 유비쿼터스 헬스u-Health 산업 등의 첨단 융합 산업에 대한 지원을 확대하고, 서울대학교 차세대융합기술연구원 같은 융합 연구 센터를 권역별로 설치하는 일도 우리의 미래 먹을거리를 위해 반드시 필요하다.

다만, 첨단 기술이 필요하다고 해서 대기업에 지원이 집중되는 것은 나라 경제에 도움이 되지 않는다. 중소기업이 탄탄한 기술력을 바탕으로 강소 기업으로 성장할 수 있게 돕고, 실패를 두려워하지 않는 벤처기업들을 다시 일으켜 세워야 한다.

국민의정부에서 벤처 투자를 활성화하는 정책을 펼친 적이 있었으나, '눈먼 돈 퍼주기'라는 비판을 받고 그 이후에는 이런 정책들이 사라지고 말았다.

그러나 나는 과정이 잘못되었다고 목적을 포기하는 잘못을 범하지 말아야 한다고 생각한다. 현재 우리나라의 IT 기술이 세계적 수준을 유지하고 있는 것도 당시의 벤처 투자가 기반이 되었다는 평가를 우리는 되새겨 봐야 한다. 과정이 잘못되었으면 과정을 바꾸면 된다. 그리고 목표는 유지되어야 한다. 우리 국민의 능력과 우리 젊은이들의 창의가 우리 경제의 혁신이 되도록 하는 정책은 계속되어야 한다.

황우석 교수의 사건이 있고 난 다음 우리 사회에서는 생명공학에 대한 관심의 열기가 식고 말았다. 그러나 종교적 소신에 대한 존중, 연구 윤리의 준수가 전제된다면, 우리가 가지고 있던 지식의 경쟁 우위를 스스로 포기할 필요는 없다고 나는 생각한다. 우리, 나아가 인류의 삶을 개선하는 새로운 영역에 대한 끊임없는 도전이야말로 혁신의 기반이다.

최근 IT 분야에서는 서로 다른 언어를 사용하는 사람들 간의 대화를 동시에 통역해 주는 기술이 개발되고 있다고 한다. 만약 이것이 성공한다면 그야말로 '바벨탑을 무너뜨리는 기술'이 개발되는 것이다. 우리 젊은이들이, 우리 국민 모두가 영어 등 외국어를 배우기 위해 들이는 비용과 시간이 얼마인가? 이렇게 생활을 바꾸는 기술 하나만으로도 우리는 삶 그 자체를 송두리째 바꿀 수 있으며, 그것이 미래를 윤택하게 할 수도 있는 것이다.

또 한 가지 주목할 만한 것은 신재생에너지 분야다. 일본의 후쿠시마 원전 사고 이후 세계 각국은 에너지 정책의 전환을 시도하고 있다. 원자력 에너지에 의존할수록 환경 친화적이고 지속 가능한

에너지 수급 체계를 갖추는 것이 불가능하다는 인식이 확산되면서 독일은 2022년까지, 스위스는 2034년까지 원전 폐쇄를 선언했으며, 이탈리아와 덴마크는 탈핵을 선언했다. 일본은 2012년 5월 50기의 상업용 원전 모두의 가동을 중단했다. 일본 정부는 전력난 때문에 이 가운데 2기를 7월부터 재가동할 수밖에 없다고 발표했지만 원전이 퇴조하는 추세는 분명하다.

이런 세계적 흐름과 동떨어진 채 아직도 한국 정부는 원전 르네상스를 주장하는 한심한 상황이다. 국내 최고령 원전인 고리원전 1호기에서 방사능 누출 사고가 발생하면 최대 85만 명의 사상자와 628조 원의 경제적 피해가 난다는 환경 단체의 모의실험 결과가 보여 주듯 원전의 안전에 대한 우려도 증가하고 있다.

원전을 대체할 수 있는 신재생에너지 개발에 박차를 가하는 한편, 원자력발전소 추가 건설 계획을 전면 재검토하고 원전 안전에 대한 규제를 강화해야 한다. 2010년 현재 2.6퍼센트에 불과한 신재생에너지 비율을 늘리고, 대체에너지를 개발하는 한편, 한·중·일 3국이 원전 안전 협력 체제를 구축하고, 원전 안전 기술의 교류 및 교차 점검을 통해 안전에 대한 우려를 해소해야 한다.

동시에 에너지를 다량으로 소비하면서 경제성장을 견인해 왔던 중화학 산업 위주의 산업구조를 에너지 절약형 산업구조로 전환하고, 지역·공동체 단위 에너지 수급 체계로 재편할 필요가 있다.

4

평화 성장

우리나라는 세계 유일의 분단국가다. 반세기를 훨씬 넘긴 한반도의 분단 구조는 우리나라를 동북아의 '섬나라 아닌 섬나라'로 만들고 있다. 분단 구조의 고착화는 '코리아 디스카운트'Korea Discount를 넘어 이제는 생존과 번영이라는 국가의 기본 목표까지 위협하는 상황까지 와있다.

대한민국 외교는 '생존'과 '번영' 이외에 '통일'이라는 근대적 과제까지 동시에 수행해야 한다. 이 세 가지 국가 목표를 관통하는 최우선의 가치가 있다면 무엇일까? 아마도 가장 중요한 가치가 있다면 그것은 '평화'peace일 것이다. 평화 없이는 우리나라의 생존도 번영도 통일도 불가능하거나 의미가 없는 목표가 될 것이다.

평화 성장은 바로 북한과의 관계에 있어서 안보·통일·경제 분야를 관통하는 핵심 개념이다. 평화 성장은 남과 북의 경제적 상호 의존성을 확대하고 구조적 평화 체제를 구축해 남북 경제협력 공동체를 추구하는 성장이다.

미국발·유럽발 금융 위기 속에서 우리나라는 경제적으로 큰 어려움을 겪고 있다. 이는 우리나라 경제가 대외 의존적이기 때문에 더욱 그러하다. 여기에 이명박 정부 출범 이후 남북 간의 경색이 장기화되면서 고질적인 안보적 취약함이 커지고 있다.

세계 시장에서 우리 기업이 실제 가치 이하로 평가받는다는 이른바 코리아 디스카운트도 주로 이런 취약함 때문이다. 우리나라는 경제와 안보가 밀접히 연관되어 있다는 특수성을 갖고 있기 때문에 남북 관계를 잘 관리하고 진전시키지 못하면 경제 위기 극복에도 큰 부담이 될 것이다.

나는 경기도지사 시절 활발한 남북 교류 협력 사업을 추진했다. 한반도 평화, 남북 상생 발전을 위해서는 교류와 협력만이 유일한 방법이라는 생각 때문이었다. 특히 남북이 함께하고 함께 이익을 보는 협력 사업에 집중했다.

당장의 인도적 지원도 필요하지만, 그보다 더 중요한 것은 북한 경제의 자생력을 키워 주는 일이라고 믿었다. 경기도의 남북 공동 벼농사 시범 사업을 통해 생산된 '경기-평양미'는 분단 60년 만에 처음으로 남북한 주민들이 공동으로 파종하고 모를 내어 수확한 신뢰와 화합의 상징이었다. 또한 북한 평균 수확량의 두 배를 거둔 것에서 확인되는 것처럼 '물고기를 주는 것이 아니라 물고기를 잡는' 방법을 알게 해준 의미 있는 협력 사례였다.

이명박 정부 이전까지 한반도는 김대중 대통령의 남북 화해 협력 정책에 따라 긴장이 크게 완화되고 남북 간의 경제협력도 커다란 진전을 보았다. 금강산 관광과 개성 공단 등이 지속적으로 발전해 머지않은 미래에 한반도 경제 공동체를 형성해서 남북이 함께 번영하는 모습을 기대해 볼 수 있었다. 마침내 하나로 통일된 한민족 공동체의 꿈도 불가능하지 않다는 생각도 들었다.

그러나 이명박 정부가 들어서서 남북 대결 정책 속에 긴장이 고조되고 교류 협력은 전면 중단되었다. 경제 공동체의 꿈은커녕 개성 공단에 진출해 있는 일부 기업이 철수하는 등 남북 경제협력이 전반적으로 후퇴하는 가운데 오히려 전쟁의 위협과 심리적 불안감만 증가하고 있는 형편이다.

남북의 긴장이 가속화하고 대결 상태가 심화될 때, 우리에게 남는 것은 경제적 손실과 강대국 정치의 위험뿐이다. 우리에게는 남북 대립, 갈등이 아닌 진정한 평화가 필요하다. 나는 그 시발점이 경제적 협력이라고 본다. 즉 평화 성장이 필요하다.

평화 성장은 우리나라 중소기업들을 위한 활로를 열어 줄 수 있다. 세계 각국은 글로벌 금융 위기를 겪으면서 전통적인 제조업의 중요성을 절감하고 있다. 미국 정부는 중남미, 아시아 등으로 진출

표 | 2008~10년 남북 관계 경색에 따른 남북한의 경제적 손실 추정

남한 (단위 : 만 달러, 명)

		직접 효과	간접 효과		
			생산 유발	부가가치 유발	고용 유발
관광 사업	금강산 관광	75,350	147,878	54,322	20,326
	개성 관광	2,200	3,432	1,146	339
개성 공단 사업		232,141	482,819	157,873	40,404
남북 교역		146,734	304,179	95,817	26,155
항공기 우회 운항		2,310	-	-	-
합계		456,425	938,308	309,158	87,224

북한 (단위 : 만 달러)

	금강산 관광	개성 관광	개성 공단	남북 교역	우회 운항	합계
2008년	2,508	-	1,020	6,512	-	10,040
2009년	5,015	1,300	1,928	22,471	-	30,715
2010년	5,015	1,300	2,784	37,871	659	47,629
합계	12,538	2,600	5,733	66,854	659	88,384

자료 : 홍순직, "남북관계 경색에 따른 남북간 경제적 손실 추정", 국회외교통상통일위원회, 『남북 경협 기업 실태 조사 보고서』(2011/08).

했던 생산 공장을 자국 내로 다시 불러들여 미국의 경제성장률을 끌어올리려 하고 있다.

평화 성장의 대표 주자는 역시 개성 공단이다. 중단된 개성 공단 확장 사업이 제대로 진척되고, 제2, 제3의 개성 공단이 더 만들어진다면 한계상황에 내몰린 우리 기업들에게 다시 희망을 줄 수 있을 것이다. 노동자의 생산성, 임금수준, 물류비용 등 모든 측면을

고려할 때, 우리 중소기업들에게 개성보다 좋은 생산 기지는 없다.

북한 내 경제특구로 인해 우리 일자리가 줄어든다는 주장은 사실과 다르다. 개성 공단 진출 기업의 대부분은 중국이나 동남아 대신 북한을 택한 것이고, 우리 기업이 개성에 입주할 경우 남측 근로자들의 일자리도 동시에 늘어난다. 몇몇 구상처럼 남북을 연계하는 특구가 현실화될 경우, 남북 경제의 동반 성장 효과는 더욱 커질 것이다. 개성 공단은 우리 중소기업을 위해서도, 국가 경쟁력 향상을 위해서도 매우 중요한 경제협력 모델이다.

평화 성장이 필요한 다른 이유는 북한 경제가 자생적인 성장 동력을 상실하는 것은 우리에게 결코 도움이 되지 않기 때문이다. 북한의 경제난과 식량난은 이제 새로운 사실이 아니며, 김정일 사후 등장한 김정은 체제에서도 식량 생산을 최우선 과제로 제시하고 있는 실정이다. 그러나 남북 협력이 단절되면서 북한의 중국 의존도는 급격하게 증가하고 있다.

특히 북한 대외무역에 있어 중국 의존도는 급격하게 상승하고 있으며, 2012년 말에 이르면 90퍼센트에 달할 것으로 예측되고 있다. 북한은 나진·황금평 등 북중 접경 지역 특구를 활용해 돌파구를 모색하고 있으며, 중국은 장춘-지린-투먼 개발 계획의 일환으로 나진-선봉 지역 기반 및 항구 개발에 대한 투자를 확대하고 있다. 이와 관련해, 최근에는 북한에서 노동력을 투먼 지역으로 끌어 내어 활용하는 방안이 구체화되고 있다.

2000년대 중반 이후 성장의 정체를 겪고 있는 우리 입장에서도 남북 간 경제협력은 매우 중요하다. 이는 비단 경제 상황만의 문제가 아니다. 우리가 과연 천문학적 규모의 통일 비용을 감당할 능력이 있는지도 생각해 봐야 한다. 중장기적으로 통일의 편익이 비용을 능가할 것이나, 단기적으로 통일 비용을 감당할 능력은 부족하다. 그 결과 통일에 대한 부정적 인식이 확산되고, 20~30대의 상당수가 통일의 필요성에 대해 회의적이 되고 있다.

남북은 평화와 공영, 상생과 통합의 길로 나아가야 한다. 남북 경제의 통합성을 강화하면, 남한은 임금·토지·자원 등 각종 요소 비용을 절감함으로써 기존 산업구조를 안정화하고, 새로운 성장 동력을 발굴할 수 있을 것이다. 이 과정에서 북한은 새로운 성장의 기회를 잡을 수 있다. 산업 협력을 통한 남북한 동반 성장이 필요한 이유이다.

북한에는 360여 종의 지하자원이 부존되어 있으며, 이 가운데 40여 종이 경제적 유용성이 있는 광물로 추정된다. 특히 매장량이 세계 10위권인 광물 7종(마그네사이트·중석·몰리브덴·흑연·중정석·형석 등)을 보유하고 있다. 북한과의 자원 공동 개발이 본격화될 경우 광물자원 자급률이 10퍼센트 수준에 불과한 우리에게는 수입 물량의 상당 부분을 대체하는 효과를 기대할 수 있다.

아울러 남북 경제협력을 통해 기존 산업구조와 고용구조의 안정화를 추진할 경우 우리 경제구조의 지속 가능성을 높여 줌으로써 남한 경제의 취약해진 성장 동력을 보강할 수 있는 기회가 생긴다. 또한 '고립된 섬'으로서의 남한 경제에, 해양과 더불어 대륙 진출의 교두보를 제공해 줌으로써 물류 등 신성장 동력을 확보할 기회를 제공해 줄 수 있다.

적절한 지원과 협력을 통해 북한의 산업 수준을 향상시키고, 남북 소득 격차를 지속적으로 축소해야 통일 비용에 대한 우려도 감소할 것이다. 남한은 북한의 주요한 자본·기술 공급처 및 상품 시장으로 기능하고 세계시장을 향한 창구 역할을 병행해야 한다.

이 과정에서 남한은 산업 및 사업 구조의 지속적인 고도화를 모색하고, 이에 필요한 구조 조정의 매개체로서 북한의 산업을 활용할 수 있다. 또한 재벌 대기업 위주의 성장 성책으로 인해 자리를 잡지 못하고 있는 중소기업의 발전을 도모할 수도 있다. 즉 남북한 상생의 분업 구조를 형성함으로써 북한 경제의 회복을 지원하는 것과, 남한 경제의 구조 조정을 통한 신성장 동력 개발을 병행할 수 있는 것이다.

동북아 국가들을 연결하는 에너지·수송 네트워크를 건설하는 것 역시 매우 중요한 평화 성장 프로젝트다. 우선적으로 남북 간의 철도 연결 등 수송 체계 연결이 필요하다. 이것은 한반도와 대륙 간

육상 교통의 연계를 통해 한반도의 지정학적 장점을 살릴 수 있는 핵심적인 과제이다. 자원과 에너지가 부족한 우리나라로서는 시베리아 등 북방 자원의 중요성이 점차 부각될 수밖에 없는 것이다.

평화 성장을 위한 한반도 경제협력 공동체 실현은 남북 간에 이미 합의된 사안들을 어떻게 할 것인가에 달려 있다고 해도 과언이 아니다. 남북기본합의서, 6·15 공동선언, 10·4 합의 등 남북 협력과 관련해 각종 구체적인 언급을 담고 있는 남북 간의 합의가 제대로 이행되어야 한다. 또한 더 나아가 현재 북한의 현실을 고려한 전향적 협력 프로그램도 제안해야 한다. 평화는 곧 성장이다.

5

완전고용 국가를 향하여

진보적 성장은 성장과 복지의 선순환을 통해 그 자체로 좋은 일자리를 많이 만드는 것이다. 궁극적으로는 '완전고용 국가'로 상징되는 풍요로운 일자리 사회를 만들어, 성장의 과실을 국민들이 골고루 나누자는 것이다.

이를 위해 우리는 지난 50년간 유지해 온 양적 팽창주의를 뛰어넘어 질적인 성장을 추구해야 한다. 고용 없는 성장에서 고용 중심의 성장으로 경제 패러다임을 완전히 전환해야 한다.

고용 없는 성장에서 고용 중심의 성장으로 전환하기 위해서는 국가의 공정성과 책임성 강화를 통한 성장과 복지의 선순환이 필요하다. 이 같은 국가적 시스템을 통해 좋은 일자리를 많이 만들어내는 성장이 바로 진보적 성장이 추구하는 목표이다.

완전고용이 가능한가? 경제학적으로 완전고용은 '직업을 구하는 사람들 모두가 일자리를 구할 수 있는 경제 상태'이다. 그러나 직장과 구직자가 지리적으로 떨어져 있거나 정보가 모자라 불가피하게 발생하는 마찰적 실업과, 이직을 위한 직업훈련 기간 등이 존재하기 때문에 실업률 0퍼센트는 존재할 수 없다.

2011년 말 우리나라의 공식 실업률은 3.4퍼센트이다. 2011년 하반기에는 2.9퍼센트를 기록했는데, 이를 두고 관계 장관이 '고용 대박'이라고 표현했다가 질타를 받기도 했다. 이게 사실이라면 우리나라는 경제학적으로 완전고용에 가까운 상태이다. 하지만 우리 국민 누구도 이 사실을 믿지 않는다. 취업난에 취업 자체를 포기하는 청년, 그냥 쉬었다고 답하는 사람 등은 아예 경제활동인구에 포함되지 않기 때문이다.

현실은 고용률에 담겨 있다. OECD 기준으로 2010년 우리나라의 고용률은 63.3퍼센트이다. OECD 평균인 64.6퍼센트보다 낮고, 70퍼센트 이상을 기록하는 유럽의 복지국가에 비교하면 한참 뒤떨어진 수준이다. 청년 고용은 더욱 심각하다.

OECD 기준 청년 고용률은 23퍼센트다(OECD 국가들의 청년 고용률 조사는 15~24세를 기준으로 하지만, 우리나라 통계청은 군복무 등 노동시장 진입이 늦어지는 한국 현실을 감안해 15~29세를 기준으로 조사한다). 4명 중 1명도 채 일을 하지 않고 있으며, OECD 평균인 39.5퍼센트의 절반을 조금 넘는 수준이다. 서유럽 국가들은 말할 것도 없으며, 심각한 재정 위기를 겪고 있는 그리스(20.4퍼센트), 스페인(27.4 퍼센트)과 비슷한 수준이다.

여성 고용률 역시 52.6퍼센트로 OECD 평균치에 못 미치는데, 유독 노년층 고용률만 OECD 평균을 넘어선다. 청년과 여성들은 일을 못하고 있고, 노년층은 오히려 일터를 떠나지 못하고 있다. 왜 이런 기현상이 생겨나는가.

답은 고용의 질에 있다. 지금 우리 사회의 실업 문제는 일자리 수의 절대적 부족에서 기인한 것이 아니다. 수많은 대학 졸업자들 이 구직난을 겪고 있지만, 다른 한편으로 중소기업은 인력난에 시 달리고 있다. 구직자들의 눈높이에 맞지 않기 때문이다.

대학을 졸업한 고급 인력들은 최저임금 수준이거나 그것을 약간 상회하는 임금수준의 직업을 갖는 것을 포기한다. 아이가 있는 여 성들도 육아의 기회비용을 포기하면서 저임금 일자리를 얻는 것 을 원하지 않는다.

이런 저임금 일자리는 단위 시간당 임금의 부족을 노동시간을 늘려 보충하므로 여가 시간도 상대적으로 부족하며, 자기 계발 및 임금 인상의 가능성도 낮다. 저임금 일자리를 포기한 이들은 부모 나 남편 등 다른 가족 구성원에게 생계를 의존하며, 더 좋은 일자 리를 모색하거나 육아 및 가사를 담당하기도 한다.

노년층의 경우는 상황이 다르다. 노년층에 대한 우리 사회의 복지 지원이 부족하기 때문에 이들은 생계를 위해서 저임금 일자리를 거부할 수 없다. 폐지를 줍는 일이라든가, 아파트 경비원 등이 이런 일자리인데, 최저임금 수준이거나 더 낮기도 하다.

이런 상황에서 고용의 질보다는 고용의 양을 중시하면서 저임금 일자리를 다수 만들어 내는 정책은 소용이 없다. 질 좋은 일자리를 공급하면 구직을 포기했던 청년, 여성층을 노동시장으로 편입시킬 수 있다. 노년층 또한 장시간·저임금 일자리에 시달리지 않을 것이다. 완전고용 국가가 지향하는 것은 이런 좋은 일자리를 창출해 고용률을 70퍼센트로 만드는 것이다.

'완전고용 국가'와 '저녁이 있는 삶'은 동전의 앞뒷면과 같다. 더 효율적으로 적게 일하며, 가족과 함께 여유를 누리며, 안정적인 미래를 준비해 가는 것이다. '완전고용 국가'는 경제 원리로서의 원칙과 국가의 고용 책임을 강조한 목표이며, '저녁이 있는 삶'은 개개인의 삶의 질 향상이라는 측면에서 우리가 가야 할 모습이다.

2013년 들어설 새로운 민주 정부는 '완전고용 국가'와 '저녁이 있는 삶'을 국정 과제이자 최우선 과제로 삼아야 한다. 대한민국의 미래는 여기서 출발해야만 한다.

유럽에서
우리 사회의 미래를 생각하다

1

유럽 정책 여행을 가다

왜 유럽 정책 여행인가

2012년 4월 22일부터 5월 2일까지 유럽 5개국으로 정책 여행을 다녀왔다. 새로운 국가 발전 전략의 밑그림을 그리기 위한 재료를 준비하려는 목적이었다.

세계는 지금 커다란 변화의 소용돌이 속에 있다. 이 변화를 선도하는 것은 자본주의의 변화다. 1990년대 초 베를린장벽이 무너지고 소비에트연방이 붕괴할 때만 해도 세계는 미국을 중심으로 공고한 자본주의 체제가 안정화되는 듯했다. 그러나 20년이 채 되지 않아서 미국발 금융 위기로 미국 일극 체제는 휘청했고 유럽 재정 위기를 거쳐 글로벌 위기로 이어졌다.

지난 1월 열린 다보스 포럼의 주제는 "20세기 자본주의는 21세

기 사회에서 실패하고 있는가?"였다. 회장 클라우스 슈밥Klaus Schwab
은 "지금과 같은 자본주의 시스템은 더 이상 작동하지 않을 것"이
며 "우리는 죄를 지었다."라고 토로했다.

글로벌 금융 위기가 깊어지는 가운데 동아시아도 많은 영향을
받고 있다. 세계 질서의 재편이라는 격랑 속에서 한반도는 북핵 문
제를 둘러싸고 새로운 분쟁의 중심지로 변하고 있다.

우리 사회 내부도 질적으로 변화하고 있다. 압축적 경제성장을
이룩했지만 그 부작용으로 사회적 불평등이 심해지고 복지 수요
가 급격히 확대되고 있다. 재벌 개혁 문제가 크게 대두되었고 저출
산·고령화·실업 문제도 심각하다.

그간 우리는 많은 사람들의 눈물과 희생을 바탕으로, 1960년대
에 시작된 박정희 개발독재를 1987년 민주화 체제로 대체시켰다.
그리고 25년이 지난 지금, 우리는 민주주의를 한 단계 업그레이드
시킬 수 있는 미래 발전 모델에 대한 선택을 요구받고 있다.

미국형 자본주의의 모델을 고수함으로써 약육강식의 사회를 방
치할 것인가? 아니면 유럽형 모델을 바탕으로 적극적인 국가의 역
할을 통해 보편적 복지와 사회정의를 추구할 것인가?

세계 10위권의 개방 경제체제에서 복지는 필연이다. 문제는 지
속 가능성이다. 이번 유럽 정책 여행은 2013년 체제를 준비하고
국가 발전 비전의 핵심 과제를 살펴보기에 적절한 5개국을 선정해

떠났다. 네덜란드에서는 노동, 스웨덴에서는 복지, 핀란드에서는 교육, 영국에서는 의료, 스페인에서는 협동조합을 봤다. 물론, 북서 유럽 국가 대부분에 해당되는 주제이지만 한 나라에 한 주제를 택해서 구체적으로 공부함으로써, 각 분야에서 나타난 문제점과 약점, 성공 사례, 해결 방안을 살펴봤다.

5대 주제와 5개국

———

네덜란드 방문 주제는 노동이었다. 폴더^{Polder} 모델이라 불리는 네덜란드 노사정 협약 체제는 여러 가지 우여곡절이 있지만 여전히 중요한 기능을 하고 있었다.

네덜란드는 스스로 자부하는 대로 사회적 합의의 장점을 갖춘 나라다. 경제 위기를 배경으로 한 바세나르 협약^{Wassenaar Agreement}을 통해 노조 쪽에서는 임금 동결, 기업은 노동시간 단축, 정부에서는 사회보장을 확충하고 세금을 줄여 줌으로써 대표적 노사정 합의의 모범을 보여 준 나라다웠다. 이를 통해 노동시간을 크게 줄이고 동일노동 동일임금의 원칙을 실현해 냈으며 높은 수준의 경제 발전을 이뤄 냈다.

김대중 정부 초기에 노사정위원회가 설치되었지만 지금은 그 기능이 크게 약화되었다. 노동자의 권익을 지키고 동시에 경제 발전을 지속하기 위해 사회적으로 함께 힘을 모아 갈 방안을 적극적으로 찾아야 한다는 생각을 했다.

스웨덴의 복지는 한마디로, 복지와 성장이 별개 개념이 아니라 동시에 유지되는 시스템이었다. 스웨덴은 대표적 복지국가이지만 볼보Volvo 같은 세계적 대기업이 있는 나라이다. 심지어 세계적 수준의 전투기를 생산해서 한국 방위산업에 참여하려 하고 있었다. 복지를 하면 경제가 망한다고 하는 복지 망국론이 얼마나 근거 없는 것인가를 배울 수 있었다.

스웨덴 사람들은 "복지라는 것이 굴곡이 있어서 좋을 때도 있고 나쁠 때도 있지만 어떤 어려움이 있어도 복지는 결코 포기하지 않는다."라는 원칙 위에서 1인당 4만8천 달러대의 소득을 유지하고 있다. 작은 나라이지만 복지와 성장을 함께 추구했기 때문에 복지 포퓰리즘이라는 위협에 대응할 수 있었다.

핀란드의 교육은 이번 유럽 정책 여행에서 가장 인상 깊었다. 백문이 불여일견이라고 학교에 가서 학생들이 놀며 공부하는 것을 보니 생생하게 감이 왔다. 1~9학년이 함께 배우면서 650명 학생들이 다섯 개 홈 그룹으로 나뉜다. 학년별로 나뉘는 것이 아니라 함께 모여서 함께 수업하고 공동체 생활을 하고 있었다.

핀란드와 한국 학생들의 학습 능력은 세계 최고 수준이다. 그런데 그 아이들은 콜라 캔으로 자동차를 만들고 놀면서 공부해 세계 1위를 하는데, 우리는 노예와 같은 생활을 강요받으며 1위를 한다. 어느 쪽을 택할 것인가는 자명하다. 교사들이 교과과정을 스스로 정하고 학생들은 노는 듯이 공부하는 그 창의력과 경쟁력을 어떻게 우리 사회에 적용할 것인가를 고민했다.

영국에서 국가 보건 의료 서비스National Health Service, NHS(이하 NHS) 제도를 봤다. 바람직한 의료 체계를 세우기 위해서다. 영국 NHS 제도에 대해 비판도 많았다. 한국 교민들은 큰 병이 나면 한국에 온다고 했다. 그럼에도 영국 국민들은 이 NHS를 BBC와 함께 가장 신뢰할 만한 국가기관이라고 생각하고 있었다. 토니 블레어 정부 때 정부 재정을 집중 투자해서 대기 기간을 2년에서 5개월로 줄이는 개혁도 이뤄 냈다.

영국 의료 체계를 보면서 우리 국민 한 사람 한 사람에게 주치의가 있었으면 좋겠다고 생각했다. 병이 날 때마다 동네 병원에서 진료를 받을 수 있도록 일차 의료 기관 등 공공 의료 체계를 강화할 길을 모색해야 한다.

스페인에서는 몬드라곤 협동조합을 봤다. 몬드라곤 시 2만여 인구의 절반이 협동조합에 소속돼 있었다. 몬드라곤은 호세 마리아 신부가 스페인 내전 후 가난에 찌든 바스크 인들을 구하기 위해 교육기관을 세우고, 졸업생들에게 일자리를 마련해 주기 위해 다섯 명이 난로를 생산하면서 시작됐다. 명작 건축물로 널리 알려진 빌바오의 구겐하임 미술관을 몬드라곤에서 시공했고, 미국 그라운드 제로의 골조 공사를 맡을 정도로 기술력도 대단했다.

대기업의 횡포가 심각하고 중소기업이 위축되는 우리 현실에서 협동조합은 대안 경제의 좋은 모델이 될 것이다. 2011년 말 국회를 통과한 협동조합기본법을 잘 활용하면 중소·벤처기업 등 소규모 기업들이 자활 기회를 갖고, 기술력을 키워 지역 경제를 발전시키는 좋은 발판이 될 수 있을 것이라 생각한다. 이것이 사회 통합의 중요한 기초가 될 수 있을 것이다.

무엇을 배울 것인가

———

유럽을 돌아본 결과 복지국가는 건재하다는 것이 내가 내린 결론이었다. 복지국가이면서 세계 최고 수준의 국민소득을 올리고 있는 스웨덴 사람들은 아무리 어려워도 복지를 포기할 생각이 없다는 점을 분명히 했다. 교육 경쟁력에서 빼어난 면모를 보이고 있는 모범적 복지국가 핀란드의 경우 복지와 교육은 살길을 찾기 위해 시작한 것이었다. 북유럽 국가들 대부분이 그렇다.

영국 역시 1980년대 초 대처 정권이 집권한 후 부분적인 수정·

보완이 이루어졌지만 복지를 포기하지 않았고 꾸준히 발전시켜 가고 있다. 나는 미국에서도 생활한 바 있다. 미국은 세계 강국이지만 내부의 사회적 격차가 크고 이로 인해 치안 불안이 심각하다. 그 때문에 미국이 치러야 하는 사회적 비용을 생각하면 유럽 복지국가가 오히려 비용이 적게 든다고 할 수 있다.

복지는 사회적 합의에 기초한다는 점도 중요하다. 사회적 타협, 통합이 복지국가의 가장 중요한 문화적 기초가 되어 있다. 네덜란드의 노사정 폴더 모델이 그 모범 사례다. 네덜란드는 국토의 3분의 1이 해수면 밑에 있어 간척하기에 어려움이 많았다. 그래서 통합해 힘을 합한 것이 폴더 모델이다. 네덜란드인들은 "이것이 가능했던 것은 합의 정신 때문이다."라고 말한다.

복지·노동·교육이 긴밀하게 연계되어 있다는 것도 빼놓을 수 없는 교훈이었다. 핀란드가 교육 경쟁력을 갖춘 것은 우연이 아니다. 초등학교 선생님이 가장 존경받는 직업이고 교사는 모두 대학원을 졸업한 사람들이다. 대우해 주고 존경해 줌으로써 보람을 느끼게 한다.

자율에 의한 창의성이 핀란드 모델이었다. 훌륭한 선생님이 있고, 창의적이고 질 높은 교육을 통해 인재를 배출해 완전고용을 이룰 때, 복지사회가 지속 가능하다. 복지국가의 목표는 완전고용이다. 고용률이 높아지면 재정이 확충되고 복지 비용을 줄일 수 있다. 그것을 또 교육으로 뒷받침한다.

또 한 가지 배워야 할 것은 네덜란드·스웨덴·핀란드는 나라의 규모가 크지 않지만 모두 튼튼한 기업을 지녔고 경제가 성장하고 있다는 점이다. 복지냐 성장이냐 하는 이분법적 사고가 북서 유럽에서는 해당되지 않았다. 복지는 나눠 주는 것이고 퍼주는 것이라서 성장이 잘 안 된다는 말은 허구라는 것을 유럽에서 생생하게 알수 있었다.

성장 동력이 고갈되고 있는 한국에서 새로운 성장 전략은 필수적이다. 복지와 고용이 함께 가는 새로운 한국형 성장 모델이 필요하다. 일자리와 성장 동력을 만들어 국민들에게 안정감과 신뢰를 주는 진보가 되어야 한다.

물론 유럽의 제도를 국내에 그대로 이식할 수는 없다. 역사와 사회문화적 조건이 다르기 때문이다. 단순한 제도 이식보다는 공동체 정신과 연대·통합의 가치를 배우는 것이 더 중요하다.

유럽의 복지·노동·의료·교육 제도는 공동체 정신에 기초한 것으로서, 인간의 자유를 바탕으로 한 평등한 권리의 보장이라는 보편적 가치에 입각해 있다. 자유와 평등과 인간의 존엄성을 국가가 최대한 보장해 주는 것이 유럽 복지국가의 기본 틀이다. 경제적 분열, 정치적 갈등, 남북 분단 등을 해결해야 한다는 절박한 과제를 안고 있는 우리에게 지금 절실하게 필요한 것은 공동체 정신이며,

연대와 통합의 가치이다.

새로 탄생하는 대한민국 2013년 체제는 국민이 함께 잘사는 공동체의 가치가 제대로 구현되고 복지사회가 본격 출범하는 출발점이 되어야 할 것이다. 이를 통해 한국의 민주주의를 복지사회, 정의 사회로 한 단계 업그레이드시켜야 한다. 나는 이것이 2012년 대선의 시대정신이라고 생각한다.

2

네덜란드에서 본 노동

꽃의 나라 네덜란드. 그러나 그 꽃은 아름다움이 아니다. 돈이다. 놀라운 것은 저 넓은 들판을 덮고 있는 각양각색의 튤립은 꽃이 아니라 그 밑의 뿌리(구근)를 팔기 위한 것이란다.

_네덜란드 헤이그에서 올린 트윗 메시지

4월 23일 오전, 잘 정비된 헤이그 도로를 따라 가는 길에 만난 밭은 모두 꽃밭, 정확히는 튤립 밭이다. 경제사회이사회The Social and Economic Council of the Netherlands, SER에 도착해서도 꽃향기가 남아 있는 듯했다.

네덜란드를 첫 방문국으로 한 것은 항공편과 나라별 시차 등을 고려한 동선 때문인데, 주제는 '노동'이다.

먼저 1982년 바세나르 협약을 통해 '네덜란드 병'Dutch Disease이라 불리는 경제 위기를 '네덜란드의 기적'Dutch Miracle으로 바꿔 놓은 것으로 평가되는 폴더 모델을 보려 했다. 네덜란드를 상징하는 폴더는 간척지를 뜻하는데, 대화와 타협을 통해 사회적 갈등을 해결하는 노사정 사회 협약 모델의 대표적인 사례다.

폴더 모델의 협약 내용과도 관련이 있는 이슈이지만, 네덜란드는 비정규직인 시간제 근로자에 대해 정규직과 차별 없는 대우를 실현하고 있는 대표적인 나라로도 유명하다. 또한 세계에서 노동시간이 가장 짧은 것으로도 잘 알려져 있다. 2010년 기준 네덜란드의 연간 노동시간은 1,377시간으로 한국(2,193시간)에 비해 연간 무려 4.5개월 덜 일하는 셈이다.

노사정 관계는 물론 비정규직 차별 개선과 노동시간 단축이 한국 사회의 주요한 노동 현안이라는 점에서 네덜란드의 성공 사례는 충분히 들여다볼 가치가 있다고 하겠다.

첫 번째 대담자인 리누이 칸Alexander Rinooy Kan 경제사회이사회 의장은 네덜란드 노사 관계가 세 겹으로 이루어져 있다고 설명했다. 기업 차원에서는 노동자평의회Works Counsil와 사용주 사이에서, 산업 각 분야에서는 노조와 사용주 단체 사이에서, 국가적 차원에서는 경제사회이사회와 노동재단The Labour Foundation이 협의한다. 이 가운데 산업별 노사 관계 시스템이 매우 안정적으로 유지되고 있어 기업 차원의 갈등은 무시할 수 있을 정도라는 설명도 덧붙였다.

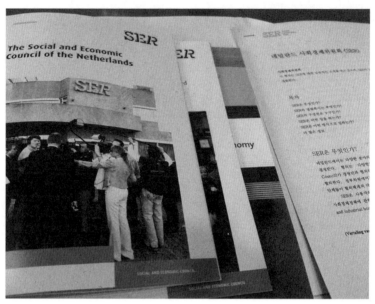

네덜란드 노사정 모델에 대한 한국의 관심을 반영하듯, 한글로 경제사회이사회를 소개하는 자료가 비치돼 있었다.

한국의 경우 산업적·국가적 차원의 노사 관계가 없거나 기능이 미약한 가운데 기업 차원의 노사 관계가 주를 이룬다는 점에서 '세 겹의 노사 관계'는 음미해 볼 만한 대목이다.

국가적 차원의 노사 관계를 담당하는 노동재단과 경제사회이사회는 각각 1945년과 1950년에 설립되었다. 노동재단이 민법에 근거한 민간 기구라면 경제사회이사회는 산업조직법으로 제도화된 의회와 정부의 자문 기구다. 노동재단에서 임금과 같은 단기적 노사 현안을 주로 다루는 반면, 경제사회이사회는 장기적 사회경제 정책 과제를 주로 논의한다. 노동재단이 노사만으로 구성되는 반면 경제사회이사회는 노·사·공익 3자로 구성된다.

외환 위기 직후 김대중 정부 때 설치된 노사정위원회의 롤 모델도 네덜란드였다. 그러나 지금 그 기능은 매우 미약하다. 네덜란드의 경우 노사정 협의가 잘돼 경제 발전의 기틀이 됐다는 평가를 받고 있는데 그 비결은 뭘까?

리누이 칸 의장은 네덜란드의 경제적 호황과 노사 관계 안정이 전적으로 경제사회이사회 때문이라고 할 수는 없지만, 60여 년간 안정적으로 운영돼 왔다고 평가했다.

그간 정치인-고용주-노동조합의 삼각관계에서 의견이 일치하는 경우도 있었고 충돌하는 경우도 있었지만, 대체로 노사가 의견 일치를 보고 정치인들과 협력해 안정된 관계를 유지해 왔으며, 이제는 하나의 시스템으로 자리 잡고 있다고 한다. 경제사회이사회의 견해 열 가지 가운데 아홉 가지를 정부가 받아들인다. 이렇게 되기까지는 시스템을 안정시키기 위한 오랜 노력이 있었으며, 그 결과 서로에 대한 신뢰가 형성됐다는 것이다.

다른 나라에서도 경제사회이사회와 비슷한 기구를 두고 있지만 이들과 달리 경제사회이사회는 NGO 대표들이 참여하지 않는다는 점, 정부의 자금 지원도 받지 않고 정부의 개입도 없다는 점 등이 특징이라고 했다. 'NGO 대표가 많이 상주할수록 합의가 힘들다', '브라질과 같이 대통령이 위원장인 경우 독립적으로 의견을 수용하기 어렵다.'는 분석은 독특하지만 흥미롭다.

리누이 칸 의장에 따르면 공익위원은 각 분야 최고의 전문가들로 구성되는데, 정부가 임명하는 형식을 띠고 있다. 그러나 정부의 영향을 받지는 않고, 노사 간의 건설적인 논쟁을 형성하고 협의를 촉진하는 데 큰 역할을 하고 있다는 것이다.

대화는 노동재단·노총^{FNV}과의 샌드위치 점심을 겸한 간담회로 이어졌다.

네덜란드의 사회 협약은 노동재단에서의 노사 간 공동 선언문과 정부의 정책 선언문의 형태로 체결되며, 노사정 간 이견이 없을 경우 '경제사회이사회 협의 → 노동재단 합의 → 정부 선언'의 과정을 거친다. 따라서 노동재단에서 노사가 의견 일치를 보는 것이 핵심이다.

노사 합의가 쉽지 않은 한국의 현실이 생각나 노동재단에서 노사 간에 합의가 잘 되는지 궁금했다. 노동재단 야니 모런$^{Jannie\ M.A.}$ ^{Mooren} 사무총장은 이렇게 대답했다.

"네. 우리는 앞으로 나아갑니다. 노사가 합의를 못하면 정부가 하고 싶은 대로 하기 때문입니다. 만약 우리가 의견 일치를 본다면 정부는 이를 무시하기 어렵습니다."

1982년 대규모의 경제 위기를 배경으로 체결된 바세나르 협약 이후 네덜란드의 노동 관련 사회 협약은 모두 노동재단을 통한 노사 합의의 산물이다.

"1980년대 네덜란드의 관심은 청년 실업을 해결하는 것이었습니다. 젊은 층의 실업률이 높아지자 사람들이 서서히 혁명을 걱정하기 시작했습니다. 그 결과 젊은이들의 취업을 위한 움직임이 시작됐습니다."

이 협약을 통해 노사는 임금 인상 자제와 노동시간 단축을 통한 고용 창출을 교환했다. 정부도 여기에 발맞춰 복지 제도 효율화 등을 약속한다.

임금 동결과 삭감을 노동자들이 쉽게 받아들이기 어려웠을 텐데 어떤 사정이 있었는지 궁금했다.

"가정마다 직업이 없는 자식 아니면 직업이 없는 부모가 있었습니다. 모든 가족들이 실업을 겪으며, 실업이 무엇인지 알고 있었습니다. 그들은 좋아하지 않았지만 다른 방법이 없었습니다."

어쩔 수 없는 선택이었다는 것이다. 이 협약은 대체로 이행되어 1985년까지 임금-물가연동제가 대부분 폐지되었고, 실질임금이 하락함에 따라 수출 가격 경쟁력이 회복되었다. 1983~84년 산업별 교섭에서 주당 노동시간이 40시간에서 38시간으로 단축되었다. 이후 노동시간은 점차 36시간으로 단축되었고, 줄어들 일자리가 유지되거나 새롭게 창출되었다.

노총의 클라라 본스트라Klara Bonstra 법률 담당자는 노사 당사자 간 교섭 확립의 계기라는 각도에서 바세나르 협약의 의미를 분석했다.

"그때까지 단체교섭은 정부 정책에 부가되는 정도의 위상이었습니다. 바세나르 협약을 통해서 단체교섭과 임금 결정 및 직업 안정은 노사가 결정할 문제라는 점이 명확해졌습니다. 그 뒤부터 임금 결정은 노사에게 맡겨졌습니다."

제2차 세계대전 종전 이래 정부가 임금 상승을 막기 위해 국가 재건을 명분으로 단체교섭권을 강력히 억제해 오던 시대가 바세나르 협약에 의해 비로소 끝났다는 평가였다.

네덜란드 전체 노동자 중 노조 가입자는 20퍼센트 수준이다. 그런데 노사 간 교섭을 통해 체결된 협약의 혜택은 노동자의 80퍼센트 이상에게 돌아간다. 한국에서는 노사가 협약을 체결할 경우 노조에 가입한, 10퍼센트가 약간 넘는 정도의 노동자에게만 적용되기 때문에, 나머지 90퍼센트와 격차가 생길 수밖에 없다. 네덜란드에서는 어떻게 이런 일이 가능한 걸까?

클라라 본스트라에 따르면 네덜란드 노사 단체교섭에서 가장 중요한 것은 산업별로 진행되는 구역별 단체교섭이다. 여기서 체결된 협약에 대해 80퍼센트의 노동자가 혜택을 보는 것은 두 가지 장치를 통해 가능해졌다.

먼저 노동법을 비롯한 관련 법률에 따라 사용주는 노조와 체결한 협약을 자신이 고용한 모든 노동자들에게 똑같이 적용한다. 이것이 첫 번째 장치다. 노사 단체교섭에 참여하는 전체 노동조합 단체의 조직원은 전체 노동자의 20퍼센트이지만, 사용자 단체로 조직된 사용자가 고용한 노동자 수는 전체의 70퍼센트에 달한다. 따라서 협약은 전체의 70퍼센트에 적용되는 것이다.

또 하나의 장치는 정부의 단체협약 확장권이다. 법률에 따라 노사가 맺은 협약이 그 구역의 대다수 노동자들에게 적용될 경우 그 협약을 체결한 단체가 사회부에 전 구역으로 확장해 줄 것을 요청할 수 있게 되어 있다. 이에 따라 10퍼센트 정도가 더 확장 적용되고 있다.

이 같은 교섭 체제를 달가워하지 않는 사용주도 있지만, 개별 교섭으로 할 경우와 비교하면 교섭 비용이 덜 들기 때문에 이 시스템이 유지된다고 한다.

바세나르 협약 체결 이후 노동조건은 노사 당사자의 단체교섭을 통해 결정할 수 있게 되었다. 무엇보다도 실업 문제가 완화되어 젊은이들이 많이 취업할 수 있게 되었다.

그런데 새로운 문제가 생겼다. 주 36시간보다 짧게 일하고 1~2년 계약을 맺는 비정규직 시간제 근로자가 크게 늘어난 것이다.

1983~2000년 사이 늘어난 일자리의 4분의 3이 시간제 일자리였고 대부분은 여성이었다.

시간제 근로자의 증가는 시장, 제도, 정책, 노사 관계 등 다양한 요인들이 복합적으로 작용한 것이다. 노동의 수요와 공급 측면에서, 여성의 경제활동이 증가하고 제조업에서 서비스업으로 산업구조가 변화한 것이 주요 원인이다. 네덜란드는 과거 강력한 남성 부양자 모델의 복지국가였기 때문에, 1970년대까지만 해도 결혼을 하면 여성은 일을 하지 않았다. 그러나 야니 모런의 표현에 따르면 "한 사람의 임금에 의지해서는 더 이상 살 수 없었기 때문에" 1980년대부터 여성들은 결혼을 해도 일을 하기 시작했고, 지금은 자식이 있어도 일을 한다.

주목되는 것은 노사정의 사회적 합의도 중요한 요인이 됐다는 점이다. 전통적으로 네덜란드 노총도 시간제 근로를 전일제 근로를 대체하는 한계적인 막다른 일자리로 보았으나, 바세나르 협약 이후 긍정적인 입장으로 선회했다.

네덜란드 노총은 남녀 모두에게 시간제로 일할 수 있는 권리와 시간제와 전일제 사이의 동등한 권리를 주장하기 시작했고, 시간제 근로 보호 정책에 적극 참여했다. 야니 모런에 따르면 노조는 단기간과 보장을 합친 '단기간 보장'이라는 계약을 추진했다.

1990년대부터 시간제 근로를 촉진하고 보호하는 정책이 노조의 참여와 동의 아래 제도화되었다. 1993년 시간제 근로자에게 최저 임금과 최저 휴가 급여를 적용하게 했고, 1995년 시간제 근로를 촉진하는 노동시간법을 제정했다. 1996년에는 평등대우법을 제정해 근로시간과 관계없는 동등 대우의 일반 원칙을 수립했다. 즉 임금, 초과 근로 수당, 보너스, 훈련, 휴일 급여나 부가 급여 등과 같은 고용조건과 관련해서 전일제와 시간제를 동일하게 대우하도록 한 것이다.

1990년 이후 보육 시설도 크게 강화되었고, 2005년 제정된 보육에 관한 법을 통해 저소득층에게는 보육비의 전액을, 고소득층에게는 3분의 1을 정부가 지원하기 시작했다. 2000년에는 노동자의 노동시간 선택권을 보장하는 노동시간 조정법이 통과되었으며, 2001년에는 조세 시스템을 개혁해 여성들의 유급 노동에 대한 인센티브를 강화했다. 2006년에는 무급 휴가를 저축해 나중에 사용할 수 있게 하는 휴가 시간 저축제를 도입했다.

그 결과 네덜란드에서는 공공 부문의 경우 전일제와 시간제의 시간당 임금격차가 거의 없고, 민간 부문의 경우도 7퍼센트 수준으로 매우 작다. 고용과 사회보장에서의 권리 차이도 거의 없다.

시간제를 전일제와 차별대우할 수 없기 때문에 기업으로서는 비용 절감 효과가 없다. 하지만 경기변동에 따라 노동시간을 유연하게 조정할 수 있기 때문에 시간제 근로를 선호하고 있다.

복지는 단순한 경제가 아니고 사회의 삶의 형태이고 인간의 가치 체계라고 역설하는 빔 콕 네덜란드 전 총리에게서 유연하지만 중후한 카리스마를 보았다. 암스테르담에서 빔 콕 전 총리와 대담을 마치고. ___ 2012년 5월 1일

외환 위기 이래 비정규직에 대한 차별 시정은 한국의 최대 사회 문제다. 동일노동 동일임금, 비정규직과 정규직의 동등한 대우를 노사정 합의를 통해 실현한 네덜란드의 성공 사례는 그래서 더욱 관심이 간다.

네덜란드를 떠난다. 노사정 협의 체제로 높은 복지 수준, 고용, 경제 발전을 이룩한 나라. 연금 수급 연령 문제로 노사정 협력이 흔들리고, 재정 긴축 문제로 연정이 깨지고 있지만 별로 걱정을 안 한다. 대화와 타협을 바탕으로 한 통합의 저력을 믿기 때문이다.

_네덜란드 암스테르담에서 올린 트윗 메시지

유럽 정책 여행 마지막 날인 5월 1일에 네덜란드를 한 번 더 들렀다. 빔 콕Wim Kok 전 총리를 만나기 위해서다. 생산직 노동자 출신으로 15년 이상 노조 지도자를 거쳐 야당 지도자가 되고 재무장관과 총리를 역임한 인물로, 그의 이력 자체가 강력한 '노동'의 전통을 가진 네덜란드를 상징한다.

빔 콕은 유럽의 복지국가는 완성된 것이 아니라 경제적 효율성, 사회보장, 일자리 창출이라는 세 가지 목표가 균형을 이룰 수 있는 지속 가능한 발전을 끊임없이 모색하는 단계라고 진단했다. 그 가운데서도 독일, 스칸디나비아 국가들, 네덜란드와 같이 대화와 타협의 국가들이 경제적으로 더 나은 모습을 보이고 있다며 합의 정신의 중요성을 강조했다.

"전례 없는 파업을 하는 어려운 시간에도 여전히 문을 열고 탁자에 모여 서로의 이야기를 들었습니다. 좋을 때나 나쁠 때나 상대방의 말을 진지하게 듣고자 하는 마음가짐이 중요합니다."

빔 콕에 따르면 네덜란드에도 3분의 1에 가까운 좌우 극단 세력이 있지만 든든한 중간층이 사회적 합의를 이끌어 내는 중심 역할을 하고 있다.

지금 한국은 분열과 갈등의 시대에 있다. 물론 갈등 속에 발전적 요소가 존재하기 때문에 무조건 부정해서는 안 된다. 변증법적 관점에서, 우리가 지금은 갈등과 대립의 사회라 하더라도 사회 발전과 구성원들의 삶의 질 향상을 위해 통합의 길로 가야 한다. 사회 통합의 방법을 찾아가는 것, 거기에 정치가 할 일이 있다.

빔 콕 전 네덜란드 총리. 이번 정책 여행의 마지막 일정이다. 복지는 단순한 경제가 아니고 사회의 삶의 형태이고 인간의 가치 체계라고 역설하는 그에게서 유연하지만 중후한 카리스마를 본다.

_네덜란드 암스테르담에서 올린 트윗 메시지

3

스웨덴에서 본 복지

'요람에서 무덤까지'로 상징되는 종합적 복지국가 스웨덴에 도착한 것은 4월 24일 정오가 훨씬 지나서였다. 복지국가의 지속 가능성이 화두가 되는 지금, 스웨덴의 고민과 모색을 보려는 것이다.

공항에서 우연히 한국의 방위산업청 직원을 만났다. 스웨덴이 자체 개발한 전투기를 한국에 수출하려 해서 협의차 왔다고 한다. 스웨덴은 모든 기술을 다 주겠다는 파격적인 제안을 하고 있다고 한다. 실제로 전투기의 성능도 우수한 것으로 알려져 있다. 스웨덴이 대단한 기술력과 경쟁력을 갖추고 있는 나라라는 것을 말해 주는 예다.

2010년 기준 스웨덴 국민 1인당 GDP는 4만8,754달러이다. 복지국가를 유지하면서 지속 가능한 발전을 위한 경쟁력과 성장 동력을 갖추는 것이야말로 우리가 끊임없이 모색해야 할 길이 아닐

스웨덴 크랍플라 아동 보육 센터에서 만난 호기심 많은 아이들. 넓은 마당과 풀밭과 운동장, 그리고 무상 보육이 부럽다. ___ 2012년 4월 24일

까 생각했다.

크랍플라 아동 보육 센터Krappla child care center 방문 시간을 맞추기 위해 차 안에서 김밥으로 점심을 대신하며 1시간 정도 달려간 우리를 맞아 준 건 호기심 많은 스웨덴 어린이들이었다. 우리로 치면 놀이방과 유치원에 다닐 연령대의 아동들이 취학 전에 다니는 후딩에Huddinge 시 소속 시립 어린이집이다.

미카엘 브로센Mikael Brozen 교장 선생의 친절한 안내로 안팎을 두루 돌아보면서 설명을 들을 수 있었다.

"1~3세와 4~5세 각각 2개 학급에 모두 78명이 다니고 있는데, 보조 교사 7명을 포함해 13명의 교사가 아이들을 돌보고 있습니다."

큰 건물 한 채에 작은 건물이 여러 채 있었는데, 큰 건물에는 자그마한 방들이 붙어 있어서 이 방에서 저 방으로 곧바로 옮겨 다닐 수 있었다. 넓은 마당과 풀밭을 갖췄고 운동장도 꽤 넓었다.

4월 하순의 이른 오후이지만 날씨는 꽤 쌀쌀했다. 그래도 아이들은 바깥에 더 많았다. 이보다 더 추운 날에도 많은 시간을 실외에서 보내게 한다고 했다. 밖에서는 아이들이 스무 명 남짓씩 무리를 지어 야외 식탁 주위에서 통밀 빵에 잼을 발라 먹고 있었는데, 무리에는 두 살도 안 된 아이들이 섞여 있었다.

한 무리마다 교사 두 명이 돌보고 있었지만 질서나 청결을 강요하지는 않는 듯했다. 아이들이 입고 있는 옷도 흙과 얼룩이 묻어 있었는데 누구도 개의치 않았다. 저만치서는 아이들이 공을 차며 놀고 있었는데, 어린아이들은 노란 조끼를 입고 있었다. 교사가 멀리서 알아보기 쉽게 하기 위해서라고 했다. 장애가 있는 아이도 있었는데, 스웨덴에서는 이들이 어릴 때부터 일반 아이들과 함께 어울릴 수 있도록 하고 있었다.

휴식 시간이라 실내에서도 아이들이 떠들며 다니고 있었고, 모여 앉아 공부를 하는 무리도 있었다. 다른 방에는 제각기 특이한 옷을 입은 아이들이 있었는데, 그중 한 아이는 공주 차림을 하고 있었다. 알고 보니 오늘은 'Princess'처럼 P로 시작하는 단어를 익히는 날이고, 각자 그런 단어에 맞게 분장을 하고서 파티를 벌이고 있는 중이었다. 모두들 다섯 살쯤 되어 보였는데, 한 여자아이는 우리 일행에게 영어로 말을 걸었다. "What's your name?" 제법 또랑또랑했다. 한 아이가 우리에게 사인을 해달라고 하자 너도나도 따라 해서, 일행 모두 한참 동안 사인을 해줬다.

스웨덴 스톡홀름의 한 어린이집. 우선 마당이 넓어서 좋다. 두세 살밖에 안된 아이들이 마당에서 간식을 한다. 네 살짜리 아이는 모래밭에서 집 짓느라 정신이 없다. 스웨덴 대학교 13개 중 12개가 세계 2백대 대학이다. 물론 모두 무료다.

__스웨덴 스톡홀름에서 올린 트윗 메시지

3부 | 유럽에서 우리 사회의 미래를 생각하다

손을 흔드는 해맑은 아이들을 뒤로하고 근처에 있는 스투브스타고덴 노인 복지 센터Stuvstagården elderly care center를 찾았다. 치매 노인을 비롯해 상시적인 도움이 필요한 노인 32가구가 머물 수 있는 시설인데, 각 가구에는 방이 많게는 3개까지 갖춰져 있고 욕실과 주방도 딸려 있다.

"여기 머물고 계신 노인들의 평균 연령은 90세이고 103세 되는 분도 계십니다. 몇몇은 건강하지만 모두 도움이 필요한 분들이고, 몇몇은 배우자와 사별하고 들어오셨습니다."

정규직 40명과 파트타임 직원 30명이 노인들을 돌보고 있다. 주간에는 간호사 셋이 근무하고 야간에 상황이 발생하면 시 소속 당직 의료 책임자가 달려온다. 후딩에 시의 모든 노인 가정은 노인 질환 관련 전문교육을 받은 의료진으로 구성된 기관과 연계돼 있고, 이 의료진들이 주 1회 정기적으로 방문하고 호출에 대비해 근무한다.

시설을 돌아보는 도중 어머니가 여기에 머물고 있다는 40대 남성이 우리에게 말을 건넸는데, 시설도 잘돼 있고 잘 돌봐 주고 있어 무척 안심이 되며, 특히 어머니가 머무는 집 안이 잘돼 있다고 했다.

실제로 집 안은 화려하지 않지만 노인들이 생활하기에 편리하게 돼있다. 동행한 서울의대 홍승권 교수는 침실과 주방, 욕실 등의 동선이 노인들이 생활하기에 무리가 없게 설계돼 있는 점이 배울 만하다고 평가했다.

스투브스타고덴 노인 복지 센터 회의실에서 대담에 응해 준 저명한 경제학자 얀 에들링$^{Jan Edling}$은 스웨덴이 어린이와 노인들을 위한 사회복지 서비스를 시작한 것은 1960~70년대부터였다고 말했다.

1970년대부터 여성의 경제활동이 활발해지면서 보육 시설을 세우기 시작했고 지금은 일하고 싶은 모든 부모들이 아이들을 안심하고 돌봐 줄 보육 시설을 갖게 되었다.

1960년대부터 시작된 노인복지는 살고 있는 집에서 서비스를 받는 방식이 주를 이루었는데, 1980년대에는 가장 좋은 수준에까지 도달했다. 그러나 점차 노령화 사회로 접어들고 최근에는 실업률이 이전에 비해 높아져 여러 가지 해결책을 모색하고 있으며, 이는 단지 노인복지 문제만이 아니라 복지국가 전반의 지속 가능성과 연관돼 있다고 했다.

얀의 브리핑을 들으면서 현재 복지국가 스웨덴의 고민과 모색의 화두가 어느 정도 감이 잡히는 듯했다. 얀이 가장 강조하는 초점은 완전고용의 달성이었으며, 이를 위한 경제성장 전략이었다.

"사람들이 일을 하면 실업수당을 주지 않아도 되고, 더 많이 생산할 수 있으며, 더 많은 세금을 청구할 수 있습니다. 사람들에게 아프라고, 빨리 퇴직하라고, 실업 혜택 밑에 숨어 있으라는 듯이 많은 돈을 지불만 할 수는 없습니다. 소비를 하기 전에 필요한 것은 '경제적 바탕'입니다. 사회민주당은 그동안 경제 발전에 대해 별로 고심하지 못했습니다."

성장 동력 확충을 위해 벤처 산업 등 중소기업을 적극 육성해야 한다고 했다. 복지 축소는 전혀 고려하지 않고 있으며, 한국과 달리 이미 높은 담세율을 기록하고 있어서인지 증세에서 길을 찾고 있지도 않은 듯했다. 증세할 경우 글로벌화된 세계에서 다른 나라로 이동이 쉽기 때문에 '글로벌화를 어떻게 관리하느냐.'가 중요한 과제라는 입장이었다.

일자리 문제의 심각성을 간과해 대안을 찾는 데 실패한 점에서 2006년 사회민주당 실권의 원인을 찾고 있는 얀의 문제의식에 공감이 가는 자리이기도 했다.

이튿날 스웨덴 의회 사회위원회 회의실에서 레나 할렌그렌^{Lena Hallengren} 의원을 만났다. 1973년에 태어났으니 우리 나이로 마흔이지만 벌써 장관을 역임한 재선 의원이다.

그녀도 사민당 실권의 원인이 일자리에 있었다고 진단했다.

"문제는 실업률이었습니다. 우리는 소통하지 않았고 그들(보수정당)은 소통했습니다."

그러나 보수정당조차 복지 축소를 꾀하지 못한다고 잘라 말했다. 국민들이 복지가 더 발전하기를 원하기 때문에, 오히려 보수정당도 복지의 공간으로 들어오고 싶어 한다는 것이다.

좋은 복지 시스템이 없다면 사람들은 일을 할 수 없다. 예컨대 어린이 보육 시스템이 없다면 부모는 일하기 어렵다. 또한 성장하지 못하고 새로운 직업들의 혁신을 관리하지 못한다면 좋은 복지 시스템을 유지할 수 없다. 복지와 일자리와 성장의 선순환이 필요하며, 복지 시스템의 부분적인 개선은 필요하지만 복지국가의 지향은 바꾸지 않겠다는 뜻을 분명히 했다.

2010년 기준 실업률 8.4퍼센트. 이 숫자는 스웨덴 사회에서는 그 의미가 매우 크다고 한다. 2014년 선거 역시 일자리가 초점이며, 사민당이 일자리·성장·혁신에서 무언가를 보여 주는 정당이 되지 않으면 안 된다는 게 그녀의 판단이다.

> 스웨덴도 문제는 일자리다. 2006년 사민당이 보수 연정에 정권을 내준 것도 높은 실업률 때문이고, 2014년 재탈환 목표도 일자리 창출이다. 사민당의 정책 목표는 완전고용에 있고, 복지국가 유지를 위한 재정도 고용률 제고에서 찾고 있었다.
>
> __스웨덴 스톡홀름에서 올린 트윗 메시지

방을 옮겨 만난 사람은 스웨덴 연금제도 설계의 주역으로 알려진 안나 헤드보그Anna Hedborg 전 사회부 장관이다. 그녀에 따르면 스웨덴 복지 모델의 대원칙은 평등과 완전고용의 실현이며, 연금제도 역시 같은 맥락에서 설계돼 왔다. 그러나 완전고용에 기초한 세금으로 지원되는 시스템이기 때문에 실업률이 높아지고 노인 인구가 늘어나면서 위험에 노출되고 있다. 해결책은 무엇일까?

"한 가지 방법은 더 오래 일하는 것입니다. 그러나 나이를 먹으면 일을 하지 않고, 연금을 받는 데 익숙하기 때문에 쉽지 않은 문제입니다. 우리는 현재 위원회를 구성해 어떤 것이 사람들을 더 오래 일하게 할 수 있을까 연구하고 있습니다."

네덜란드와 마찬가지로 스웨덴도 고령화 사회를 맞아 정년 연장 문제가 중요한 화두가 되고 있었다.

정년 연장은 젊은이들의 일자리 창출과 충돌할 수 있지 않을까?

"일은 일을 만들어 냅니다. 누군가와 나누는 것이 아닙니다. 노인들이 젊은 사람들의 직업을 뺏어 간다는 그림은 잘못된 것입니다. 젊은 사람들의 문제는 거기서 나오는 것이 아니라 제대로 된 교육, 시작과 관련된 것입니다."

교육에서 해답을 찾고 있다는 안나 헤드보그의 이야기는 올레 투렐Olle Thorell 의원 및 안 린데Ann Linde 사민당 국제국장과 함께한 샌드위치 오찬에서 좀 더 분명해졌다.

스웨덴 사람들의 일반적인 취업 연령은 28~29세, 은퇴 연령은 61~63세라고 한다.

굴곡은 있지만 유럽 복지국가는 건재했다. 현재 그들의 화두는 완전고용과 이를 위한 교육이었다. 스웨덴 의회에서 스웨덴 연금제도 설계의 주역인 안나 헤드보그 전 사회부 장관을 만났다.

___ 2012년 4월 25일

"너무 늦게 취업해 너무 일찍 은퇴합니다. 생산을 하고, 세금을 내고, 복지를 지원하는 기간이 짧아지고 있습니다."

사민당이 구상하고 있는 대안 중 하나는 25세 이하 젊은이들이 고등학교를 마치지 않으면 국가의 복지 혜택을 주지 않는 내용의 '청년 계약'Youth Contract이다. 청년 실업자 중 다수가 고등학교에 진학하지 못한 5퍼센트와, 진학했으나 졸업하지 못한 사람들이어서, 고등학교 졸업과 복지 혜택을 연계함으로써 취업을 촉진시키려는 것이다.

"봉급을 낮추고 저임금 취업 자리를 늘리는 방법이 아니라, 교육으로써 자신감을 높여 주고 능력을 향상시켜 직장을 얻게 하는 게 우리의 해답입니다."

오후에 노총LO을 방문해서도 고등교육 강화가 완전고용을 위한 당면 과제라는 내용이 이어졌다. 고등학교 교육 내용이 완벽할 수 없을 수도 있지만, 대학에서 질 높은 교육을 받게 하려면 고등학교 졸업은 필수라는 것이다.

노총의 토마스 카를렌Thomas Carlen 경제 담당은 고등학교 진학자 중 75퍼센트만 졸업하는 교육 시스템에서는 생산성이 높은 복지국가를 유지할 수 없다고 단언했다. 입학자 넷 중 셋만 졸업하는 이유는 뭘까?

"아직 정확한 원인을 모릅니다만, 고등학교 이전에 원인이 있는 것으로 보고 있습니다. 유치원 시스템은 완벽하기 때문에 9년간의 기본 교육과정에서 학생들을 잃기 시작하는 것이죠. 교사의 임금이 너무 낮아 훌륭한 선생님이 부족한 것도 원인입니다. 스웨덴 교육이 시장의 영향을 너무 많이 받는 방향으로 변한 게 문제입니다."

> 지속 가능한 복지는 보수 연정의 레토릭이라기보다 사민당의 고민이다. 재정 문제 해결을 위해 '임금을 낮춰라, 세금을 깎아라, 실업보험 급여를 줄여라, 정년을 연장하라.' 등 여러 가지 대안을 내놓지만, 핵심은 역시 고용이다.
>
> __스웨덴 스톡홀름에서 올린 트윗 메시지

> 교육. 스웨덴 복지의 열쇠인 완전고용을 위한 핵심 과제다. 오늘 사민당은 고등학교를 가지 않는 사람들에게는 복지 혜택을 주지 않겠다고 발표했다. 양질의 노동력 확보에 대한 의지의 표현이다. 산학 연계 교육도 일자리 창출에 중요하다.
>
> __스웨덴 스톡홀름에서 올린 트윗 메시지

복지국가에서 가장 중요한 것은 그것을 뒷받침할 수 있는 재정이다. 그 재정 문제는 어떻게 긴축할 것인가보다는 완전고용에 있다. 고용이 충분해야 재정도 충분해지고 복지 비용도 줄어든다. 완전고용이 복지국가의 필수 조건인 것이다.

스웨덴은 지금 완전고용이라는 목표를 정하고, 좀 더 빠른 노동시장 진출을 위한 교육개혁과 정년 연장을 위한 연금 개혁을 추진하고 있다. 이 같은 개혁정책의 결과는 좀 더 지켜봐야 하겠지만,

복지 축소가 아닌 완전고용과 정년 연장을 통해 늘어나는 복지 재정을 해결하려는 스웨덴의 시도는 많은 시사점을 주고 있다.

복지도 굴곡이 있어서 좋을 때도 있고 나쁠 때도 있지만 어떤 어려움이 있어도 결코 포기하지 않는다는 스웨덴의 도전을 보면서, 유럽의 복지국가는 건재하다는 사실을 새삼 확인했다.

4

핀란드에서 본 교육

4월 25일 밤늦게 세 번째 방문국 핀란드에 도착했다. 세계 최고 수준의 경쟁력을 자랑하는 핀란드형 교육의 현장을 보기 위해서다.

한반도의 1.5배 넓이인 국토의 대부분이 숲과 호수인 나라이자, 북극에 가까워 국토의 4분의 1이 1년 중 120일 이상 해가 뜨지 않거나 지지 않는 백야의 나라이다. 무척 아름답지만 자원이 빈약하고, 인구도 대한민국의 10분의 1 수준인 530만 명 정도여서 내수 시장도 크지 않다.

열악한 조건에서도 1인당 GDP는 우리의 두 배가 넘고, 무상교육과 무상 의료를 비롯한 두터운 북유럽형 복지를 실현한 나라이자, 국가 경쟁력과 투명성 및 혁신 지수에서도 세계 최고 수준에 도달하고 있다. 무엇이 핀란드를 세계 수준의 국가 경쟁력을 갖춘 복지국가로 만들었는가?

그 해답의 일단을 핀란드형 교육제도에서 찾으려는 시도가 많고, 나도 어느 정도 동의한다. 핀란드는 2000년 이후 OECD 주관 국제 학업 성취도 비교 연구Programme for International Student Assessment, PISA에서 항상 최상위권을 지키고 있다. 물론 한국 교육도 핀란드에 못지 않은 순위를 유지하고 있다. 그러나 지나친 입시 경쟁 교육과 높은 사교육비 등 한국 교육의 문제점을 생각하면, 핀란드형 교육에서 대안을 찾아보려는 노력은 충분히 의미가 있다고 생각한다.

라토카르타노 기초 학교Latokartanon peruskoulu는 헬싱키 시 동북부 지역의 비키Viikki라는 신규 주택지에 자리 잡고 있다. 우리나라의 초등학교와 중학교 과정이 핀란드에서는 기초 교육이라는 이름으로 한 학교에서 실시되는데, 우리가 방문한 곳이 그런 학교다.

먼저 눈에 띄는 것이 학교 건물의 구조였다. 마치 아파트 같은 건물 내부는 강당 겸 식당, 음악실, 공작실 등을 제외한 공간을 여러 구역permanent home areas으로 나누고, 각 구역은 8개의 교실과 1개의 로비를 갖추고 있다. 두 교실은 벽을 터서 하나로 사용할 수도 있게 했다.

이 학교의 경우 그런 구역이 다섯이며, 650여 명의 학생이 다섯 개의 홈 그룹으로 나뉘어 각 구역에서 공부하고 생활한다.

"홈 그룹이라 부르는 건 집에서 공부하기 때문이 아니라 한 그룹 안에 다양한 연령대가 다 섞여 있기 때문입니다."

알티오 카티Aaltio Kati 교감의 설명이다. 한 그룹마다 1~9학년까지 다 있는 통합 교육 시스템이다. 각 구역에서는 여러 명의 담임교사와 과목 교사 및 보조 교사 그리고 한 명의 로비 교사Lobby Teacher가 팀을 구성해 맡아 가르친다. 단, 과목 교사는 6~9학년의 학생들만을 가르친다. 특별히 학생이 바꿔 달라고 하지 않는 한 졸업할 때까지 같은 선생님과 공부하기 때문에, 학생들을 잘 알게 돼 좋다고 한다. 큰 학교 안에 다섯 개의 작은 학교가 있는 셈이다.

수업도 무학년제로 진행된다. 학년이나 나이를 기준으로 하지 않고 학습 레벨에 따라 진행한다. 무학년제 수업은 1930년대 미국과 스웨덴에서 시작되어 학생 개개인마다 각기 다른 요구 사항과 능력에 맞춘 수업 방식으로 정착되고 있다고 한다.

홈 그룹과 무학년제 수업 못지않게 로비 교사 또한 생소하지만 핀란드 기초 교육을 이해하는 데 중요한 개념이다.

"홈 그룹 지역마다 로비 교사가 있습니다. 각 그룹에서 과목 전공 교사들로 선정되는데 인기가 높습니다. 이 구역의 로비 교사는 베라입니다. 도덕 교사이자 스웨덴어 교사로, 로비에서 일합니다.

예를 들어 탈리아 교사가 영어 수업을 할 동안, 일부 학생들에게 로비에서 공부할 프로젝트를 줍니다. 로비에는 컴퓨터가 있고 로비 교사가 학생들을 지도합니다. 로비 티칭Lobby Teaching 또한 무학년제 시스템의 일부입니다. 유리 벽, 의자, 책상들의 디자인이 이런 시스템을 보조합니다."

어떤 주제로 서로 다른 레벨의 수업이 두 교실에서 진행되는 동안, 이미 그 내용을 잘 알고 있어 지겨워하는 특별히 월등한 몇 명이 있을 경우, 이들을 교실 밖으로 내보내 로비 교사와 특정 주제를 놓고 공부를 한다는 것이다.

"우리가 어렸을 적에는 교사가 교실 밖으로 학생을 내보내면 벌을 받는 것이었는데, 홈 그룹 로비는 그렇지 않습니다. 벌을 주는 게 아닙니다. 아이들은 로비에서 저마다 걸어 다니며 공부합니다. 노는 것처럼 보이지만, 또 다른 공부인 것입니다."

학교 건물은 홈 그룹-무학년제-로비 티처 등 이 학교의 교육 방식에 맞게 설계되었다고 한다. 이것은 아이들이 똑같지 않다는 것, 저마다 다른 속도로 공부할 수 있고 공부할 권리가 있다는 것, 그러나 대부분의 학생은 정상적으로 교육목표를 달성할 능력을 갖고 있다는 믿음에서 출발하고 있다고 한다.

우리 일행이 학교를 둘러볼 무렵에는 학생들이 점심을 먹기 시작했다. 그러나 그룹마다 식사하는 시간이 다르므로 일부 구역의 교실에서는 여전히 수업이 진행되고 있었다. 화학 시간인 듯 연소를 주제로 수업이 진행되고 있는 교실에 먼저 들어갔다.

서로 다른 연령의 학생들이 함께 수업을 받고 있었다. 무학년 교실의 현장이었다. 학생 수는 스물이 채 안 되었다. 동행한 김진방

공작실에서 콜라 캔으로 자동차를 만드느라 정신이 없는 아이들. 세계 최고 수준의 교육 경쟁력을 자랑하는 핀란드 라토카르타노 기초 학교는 한마디로 커다란 놀이터였다. ___ 2012년 4월 26일

교수가 학생들에게 "우리 몸 안에서도 연소가 일어나는데 어떤 것이냐."라고 묻자 한 학생이 제법 정확한 답을 했다. 교실 밖의 로비에서는 예닐곱 명의 학생들이 로비 교사와 함께 무언가를 만들고 있었다.

교실마다 각양각색의 수업이 진행되고 있었는데, 학교 자체가 하나의 커뮤니티이자, 커다란 놀이터 같다.

교감과 영어 교사 탈리아 키에시Talja Kiesi의 안내에 따라 교실에서 좀 떨어져 있는 공작실에 갔다. 아이들이 톱질, 납땜질을 하면서 장난감 같은 자동차를 만들고 있었다. 콜라 캔을 철사로 연결해 판을 붙인 뒤 배터리를 달아 바닥에서 움직이게 하고 있었다. 옆방은 공작기계가 있고, 그 옆엔 목공소가 있었다. 방마다 아이들이 뭔가를 골똘하게 만들고 있었다.

이 학교에는 교장이 한 명, 교감이 세 명 있다. 알티오 카티 교감은 특수 교사로 자기 반이 있고 한 주에 18시간 수업을 한다. 교장도 일주일에 두 시간씩 의무적으로 수업을 해야 한다. 학생들과 교감하고 교수법을 잃지 않음으로써 교육에 대한 감을 유지하기 위해서란다. 교장·교감·교사 외에 심리학자·사회복지사·간호사·의사가 상주하거나 방문해 학생들을 돕는다.

음악실도 둘러보았다. 크지는 않지만 훌륭한 시설을 갖춘 음악실에서는 수업을 하던 학생들이 우리를 맞아 공연을 했는데, 한 학생이 신나게 드럼을 두들기고 다른 학생들은 발을 구르며 노래했다. 요리실에도 들렀는데, 탈리아의 말에 따르면 학생들이 가장 좋아하는 게 요리 수업이라고 한다. 남녀 학생들이 다 배우는 필수 과정이다. 식당 한쪽에 밥 먹는 아이들이 있는가 하면, 저쪽에는 청소하는 아이들이 있다.

선생님은 아이들 속에 섞여 있어서 누가 교사이고 누가 학생인지 언뜻 구분이 되지 않았다. 자연스럽게 놀면서 하는 것이 공부가 되는 듯했다. 손놀림이 좋아야 머리가 좋아진다는 듯, 노는 게 공부라는 교육철학이 뚜렷한 듯했다. 못하는 아이들은 다른 기회를 주고, 장애인도 섞여 통합 교육을 한다. 이렇게 어려서부터 공동체를 배운다.

혼돈 속에 존재하는 정돈된 질서, 자율과 창의성의 현장인 듯했다. 여기서 진정한 경쟁력이 나오는 것이었다.

문득 입시 지옥이란 수식어가 붙기 일쑤인 한국의 학교와 아이들을 생각해 본다. 우리도 핀란드 못지않은 세계적인 교육 경쟁력을 자랑하고 있다. 만약 같은 경쟁력이라면 아이들이 즐겁게 공부할 수 있는 핀란드형 교육 시스템에서 배울 것이 많다는 생각이 들었다.

학교는 커다란 놀이터. 아이들이 선생님과 놀고 있다. 그것이 수업이고 토론이다. 콜라 캔으로 자동차를 만들고 재봉틀로 자기 옷을 짓고……. 세계 최고의 학습 능력이 여기서 나오고 있었다. 창의 교육이다!

_핀란드 헬싱키에서 올린 트윗 메시지

학교는 가정이었다. 헬싱키의 라토카르타노 학교. 1~9학년 아이들이 학년 구분 없이 아파트 구조의 공간에서 함께 생활한다. 교실은 아파트의 각 방 같다. 거실 격인 중앙 로비에는 튕겨 나온 아이들을 돌봐 주는 전담 교사가 있다. 어린이들은 여기서부터 공동체를 배운다.

_핀란드 헬싱키에서 올린 트윗 메시지

교실을 둘러보는데 어떤 아이가 알티오 카티 교감 선생에게 달라붙어 칭얼댄다. 교감이 맡고 있는 반 아이인데, 몸이 아프다며 집에 가고 싶다고 조른다. 선생님은 다정하면서도 단호하게 안 된다고 했다. 저 아이가 공부하기 싫어서 저런다고 내게 귀띔해 주었다. 그 말에는 아이에 대한 사랑이 담뿍 담겨 있다. 공부하기 싫은 아이들에게는 다른 놀이를 시키는 프로그램이 이미 준비되어 있었다.

핀란드 교육에서 내게 가장 인상적인 것 중 하나는 교사들의 위상이었다. 핀란드에서 학교 교사는 가장 인기 있는 직업이라고 한다. 대학원을 나와야 교사 자격이 주어지는데, 가장 우수한 학생들이 지망하는 직업이다. 대우가 최고는 아니지만 그런대로 괜찮고, 무엇보다도 사회적으로 가장 존경받는 직업이라는 것이었다.

오후에 방문한 핀란드 국가교육청Finnish National Board of Education에서 페트리 포효넨Petri Pohjonen 부청장에게 핀란드 교육이 세계적인 성공 사례가 된 가장 주된 이유는 무엇인가 물었다.

"당연히 선생님들 때문이지요. 핀란드에서 교육은 매우 존중되고 있습니다. 우리나라는 오랫동안 가난했고 그 문제를 해결할 수 있는 것이 교육이라고 생각했기 때문입니다. 또한 가르치는 직업이 높이 존중되는 이유는 선생님들이 늘 아주 높은 훈련을 받기 때문입니다. 선생님이 되기는 쉽지 않습니다."

교육부가 정한 기본적인 커리큘럼이 있지만 이를 바탕으로 학교마다 독창적인 커리큘럼을 만들 수 있다. 교실 내에서 완전한 자율권을 보장받고 독립적으로 일한다. 학교가 선택한 교재를 교사가 바꿀 수도 있고, 심지어 교재 없이 수업할 수도 있다. 학생들을 평가하는 기준도 교사 자신이 결정한다. 독립성은 창의 교육을 위한 전제다.

독립성은 전문성과 짝을 이룬다. 학년을 지정하지 않는 유연한 무학년제 시스템은 그만큼 교사에게 많은 부담을 주고 전문성을 요구한다. 모든 것이 교사를 신뢰할 수 있어야만 가능하다. 따라서 교사 선발도 엄격하다. 학교에서 교사를 선발할 때는 심사를 거친 뒤 학교 운영 위원회의 승인을 받아야 한다. 라토카르타노 기초 학교의 운영 위원회 구성원은 9~10명인데 대부분 학부모들이고 교직원 두 명, 교사 한 명, 행정부 직원도 한 명 참여하고 있다.

핀란드 교육정책의 이념은 질 높은 교육을, 동등한 기회를 보장하며, 무상으로 제공한다는 것으로 요약된다. 특히 정권이 바뀌어도 교육만큼은 기존 정책이 일관되게 유지되고 있다.

"새로운 정부가 들어설 때 교육이 큰 정치 문제가 되는 나라보다 일하기 쉽습니다. 정당마다 서로 견해가 다르지만 지난 50~60년 간 기본적인 방향은 변화가 없었고, 앞으로 50~60년도 그럴 것입니다."

교육청 보좌관 크리스티나 콜마리Kristiina Colmari 박사의 말이다. 대학까지 무상교육인 것은 물론 학원과 사교육비가 없고, 어린이의 99퍼센트가 다니는 유치원에서조차 인성 개발을 도모할 뿐 읽기나 숫자조차 가르치지 않는 핀란드. 이미 세계 수준의 교육 경쟁력을 확보했으면서도 2020년까지 세계 최고의 교육 국가를 만들기위한 교육개혁을 추진하는 중이다.

새로운 교육개혁의 우선 원칙은 평등이며, 이를 구체화한 교과과정 개혁안을 2년 뒤부터 기초 교육에 적용할 예정이다. 학급당

핀란드 국가교육청에서 페트리 포효넨 부청장에게 핀란드 교육이 세계적인 성공 사례가 된 가장 주된 이유는 무엇인가 물었다. 그가 대답했다. "훌륭한 선생님들 덕택입니다." ___ 2012년 4월 26일

가장 적절한 학생 수, 좀 더 안전한 학교, 소수의 상급 학교 진학 포기자에 대한 대책, 손으로 쓸 수 없는 학생들을 감안해 IT를 이용한 수학 시험 방법 등도 추진 중이다.

지금 한국 교육은 교사를, 심하게 말하면 성적 좋은 입학 기계, 출세 기계를 만들어 내는 보조 도구쯤으로 여기고 있다. 교육은 '사람'을 만드는 것인데, 오늘 우리 교육은 자꾸 성적이 좋은 '상품'을 만드는 데 치중하고 있기 때문이다. 무한 경쟁, 성적 제일주의

의 교육과정에서는 학생도 선생님도 행복하지 않다. 사람과 자연
을 중시하고 생활 속에서 협동과 실험을 위주로 하는 교육과정이
학생들과 선생님에게 함께 행복을 주고 있다는 것을 나는 핀란드
에서 보았다.

장학사가 없다. 커리큘럼도 학교가 만든다. 교재는 선생님이 선택한다.
자율과 신뢰! 핀란드를 2020년까지 세계에서 가장 경쟁력 있는 나라로
만들겠다는 국민적 열망이 교육을 국가 목표의 최우선순위로 만들었다.
교사들의 긍지와 자부심의 근거다.

_핀란드 헬싱키 교육청에서 올린 트윗 메시지

5

영국에서 본 의료

노동절이 낀 연휴 탓에 핀란드 헬싱키에서 런던으로 가는 비행기 좌석이 동나서, 우리 일행은 세 팀으로 나뉘어 가야 했다. 1980년 대에 영국에서 유학 생활을 했고, 경기도지사 시절 업무차 잠간 들른 뒤로는 처음이다. 오랜만에 방문하는 영국, 과연 어떤 모습일까?

영국 방문의 주제는 NHS 제도였다. 영국은 사회보험으로 국민의 의료 비용을 해결하는 우리와 달리 조세를 통해 NHS 제도를 운영하는 나라다. 1948년 국민에 대한 공평한 의료 서비스를 제공하기 위해 설립된 NHS는 건강 상태나 경제적 형편과 관계없이 국민 모두가 무료로 이용할 수 있다. 6개월 이상 합법적으로 영국에 체류하는 외국 국적의 학생도 혜택을 준다.

유학 때 일이다. 큰아이가 갑자기 열이 났다. 우리나라의 가정의학과 전문의에 해당하는 GP^{General Practitioner}에게 급히 연락하고, 포니보다도 작은 중고 자동차에 두 아이를 태웠다. 낡은 차가 하필 또 그때 언덕을 올라가다 시동이 꺼져 애를 먹었다. 주치의였던 그 GP가 자가 치료법을 친절하게 설명해 주고 잘 치료해 줘 무사히 위기를 넘겼다. 당시는 보수당의 대처 정부 시절이었는데도, 영국인이 자랑하는 NHS 덕택에 유학생인 우리 가족도 큰 병치레 없이 잘 지낼 수 있었다.

나는 1996년부터 1997년까지 보건복지부 장관을 지냈다. 당시 문민정부에서는 수많은 개혁을 시도했는데 의료 역시 수술할 게 많았다. 15년이 지난 지금 의료 개혁은 그 중요성이 더 커졌고, 한쪽에서는 의료 민영화가 해답이라고 주장하고 있기도 하다.

과연 바람직한 대안은 무엇일까. 함께 공부해 온 전문가들은 유럽의 보건 의료 제도가 구현하고 있는 '의료 형평성과 공공성'에 주목하라고 했고, 그 연장선에서 영국의 NHS 제도를 살펴보게 된 것이다.

동행한 서울의대 홍승권 교수의 설명에 따르면 영국 NHS에서 GP는 매우 중요한 위상을 차지한다. 영국 의료 제도의 하드웨어(보건 의료 서비스 시스템)가 NHS라면 GP 제도는 소프트웨어(서비스 주요 제공 체계)로, 영국 일차 의료를 담당하는 필수 인력이 바로 GP다. 보통 '일반의'로 해석하는데, 앞에서 말했듯이 우리의 '가정의학과 전문의' 제도와 같다. 우리나라는 의과대학을 졸업하고 의사 면허증만 따면 일반의가 될 수 있지만, 영국은 수련의 2년, 전공의 3년, 총 5년의 과정을 거쳐야 GP라고 불린다.

특이한 것은 OECD 국가 중 영국 GP의 소득이 가장 높다고 한다 (OECD Health Data 2009). 이는 NHS 탄생 과정과 관련이 있다. 1948년 NHS 설립 당시 보건부 장관은 웨일스의 광부 출신 어나이린 베번Aneurin Bevan이었다. 그가 국민 모두에게 공평하고 질 좋은 의료 혜택을 국가가 무상으로 베풀어야 한다는 원칙을 밀어붙이자, 이해관계가 엇갈리는 집단의 반발이 극심했다.

특히 의료 전문 집단의 반발이 심했다. 의사들은 진료의 자유를 박탈당하고 국가 소속 월급쟁이로 전락할 것이 두려웠던 것이다. 베번 장관은 뚝심과 설득력으로 밀고 나갔는데, 의사들을 돌려세우기 위해 몇 가지를 양보했다. 그중 하나가 바로 의사들에게 높은 수준의 보수를 보장하는 것이었다. 이후 영국 의사들의 보수는 다른 공무원보다 높게 책정되었다.

이런 탓인지 지금도 의사협회를 비롯한 영국 의사들은 NHS가 공공성의 원칙을 지키며 지속 가능한 제도로 발전하는 데 매우 적극적이라고 한다. NHS 도입 당시 강력히 반대했던 것과 비교하면 아이러니이지만, '국민의 이익이 의사의 이익'이라는 바람직한 원칙을 지키고 있는 것이다.

보건부가 있는 리치몬드 하우스에서 이안 닷지Ian Dodge 보건국장을 만났다. 보건부는 NHS에 대한 전반적인 관리 감독과 운영 기준, 예산과 전략을 책임지는 지휘부다. 여기서 1993년부터 일해 온 그는 NHS 정책의 중요한 실무 책임자다.

영국의 일차 의료는 1980년대의 '통제를 특징으로 하는 모형' hierarchical model에서 1990년대 마거릿 대처 보수당 정부의 '(일차 의료와 병원의 내부 경쟁을 특징으로 하는) 내부 시장 모델'quasi-market model로 이동했으며, 다시 2000년대 토니 블레어 노동당 정부의 '네트워크 모델'(일차 보건 의료 트러스트인 PCT 중심)로 변화해 왔다는 게 그의 설명이다.

이번 캐머런 정부의 NHS 개혁은 또 한 번의 큰 변화를 의미하는 것으로 주요 내용은 의료의 민영화와 분권화다. 큰 변화인 만큼 지난 3월 상원에서 관련 법률이 통과되기까지 그 어느 때보다 논란이 많았고 반대 여론도 심했다고 한다.

2010년 보건부가 『NHS 백서』Equity and Excellence : Liberating the NHS를 발간하자, 영국 NHS 역사상 가장 큰 변화가 될 것이라는 평가가 뒤따랐다. 의사협회를 비롯해 사회 각계에서 반대 의견이 표출되었고, 공공서비스 노조와 시민 단체도 반대 시위를 벌였다.

많은 반대에도 불구하고 NHS의 기본 정신인 의료 형평성을 훼손하지 않으면서도 질과 성과 체계Quality and Outcomes Framework로 불리는 인센티브 제도를 통해서 만성질환 관리를 도모하려는 것이 개혁의 중요한 취지라는 설명이다.

마침 저녁에 모교인 옥스퍼드 대학에서 "한반도 평화와 동북아의 미래"를 주제로 강연이 예정되어 있어 아쉬운 대담을 뒤로해야 했다.

> 어제 영국 보건부 NHS 책임자를 만났다. 보수당 정부가 효율성 제고를 명분으로 NHS 개혁안을 통과시킨 데 대해, 이것이 상업주의를 조장해 모든 사람이 똑같이, 부담 없이 진료를 받을 수 있는 형평성을 깨칠까 걱정이 많다.
>
> _영국 런던에서 올린 트윗 메시지

다음 날인 4월 28일 런던의 아침 날씨는 비가 내리는 가운데 잔뜩 찌푸렸다. 노동절 연휴가 시작되는 토요일인데도 고맙게도 우리를 만나 준 사람은 영국 동남부 지역에서 실제 일차 진료를 하고 있는 가정의학과 의사GP인 브라이언 피셔Brian Fisher 박사였다. 어제 정부 관계자에 이어 민간 전문가를 만나 NHS에 대한 견해를 듣는 자리다.

그는 영국의 의료 제도가 세계에서 두 번째로 좋은 제도라고 했다.

"첫 번째로 좋은 나라는 어디인가요?"

프랑스란다. 왜일까? 프랑스의 선호 의사 제도preferred doctor scheme

때문이라는 게 홍승권 교수의 분석이다. 프랑스는 우리나라처럼 행위별 수가제하에서 의사의 자유로운 개업이 가능하고 환자의 의료 기관 선택이 자유로웠는데, 2005년 일차 의료의 조정 기능을 강화해 보건 의료비를 절감하기 위해 주치의 제도의 일종인 선호 의사 제도를 도입했다고 한다.

하지만 형평성 면에서는 영국의 의료 제도를 따라올 수 없다는 것이 브라이언 피셔 박사의 진단이자 자부심이었다.

그런 그가 NHS의 주요한 변화를 의료 상업화 추세에서 찾고, 이를 우려하는 것은 당연했다. 그에 따르면 노동당 정부가 이 길을 시작했고 현 정부가 훨씬 더 진행시켰다고 했다. 그 예로 민간 부문이 의료 서비스를 제공할 뿐만 아니라 계획하고 허가하는 것이 가능해졌다.

의료 서비스를 민간사업이 쉽게 수용할 수 있도록 분절화시킨 것도 우려된다고 했다. 이차 진료를 담당하던 병원 서비스 부문인 NHS 트러스트는 파운데이션 트러스트Foundation Trust로 전환되는데, 파운데이션 트러스트가 기존의 NHS 트러스트보다 많은 재량권을 가지며 중앙화된 통제를 덜 받는 형태가 된다는 것이다. 또 NHS 에 민간 참여를 확대해 민간 병원들이 동등하게 경쟁할 수 있게 된다는 것이다.

캐머런 정부가 추진하는 보건 및 사회복지 법안Health & Social Care Bill

브라이언 피셔 박사는 세계에서 가장 형평성이 뛰어난 의료 제도는 영국을 따라잡을 만한 곳이 없다고 자신 있게 이야기했다. 한국인들에게 믿을 수 있는 '친척 같은 의사'가 있는 국민 주치의 제도를 도입할 수 있는 방법은 무엇일까? __ 2012년 4월 28일

에는 영국의 경제적 상황을 고려해 NHS 관련 예산을 2014년까지 2백억 파운드(한화 약 34조 원) 절감한다는 내용이 들어 있다. 이는 향후 4년 동안 NHS의 관리 비용을 45퍼센트 이상 절감하고, 그 재원을 의료의 질과 효과를 개선하는 데 투자한다는 취지다.

그 결과 기존의 지역 보건 의료 당국Social Health Authority, SHA과 일차 보건 의료 트러스트는 폐쇄되거나 인력 감축이 불가피해졌다고 한다. 그 대신 의료인의 자율성 보장과 책임성 강화를 명분으로 해

당 지역에서 보건 의료 서비스를 제공하기 위한 조직 협의체^{Consortia}가 구성되어 서비스를 관리·통제하는 커미셔닝^{Commissioning}을 하게 된다.

잉글랜드 지역마다 '임상 관리 그룹'^{Clinical Commissioning Group}이라는 위원회가 구성되는데, 주민 대표 두 명과 이차 병원 의사, 간호사들도 참여하지만 GP들이 주도한다. 중간 운영 과정이 많이 사라지고, 전체적으로 GP들이 운영하는 시스템으로 바뀌게 되었다는 설명이다. 또한 의료 분야와 관련된 결정이 보건부 장관이 정하는 사항^{top-down management}보다 시장 원리의 영향을 더 많이 받을 수 있게 되었다는 것이다.

너무 오래 기다려야 하는 것이 영국 의료 체계의 대표적인 단점으로 알려져 있는데 실제 상황은 어떨까?

"만약 10년 전에 내가 GP였고 당신이 백내장 때문에 클리닉에 왔다면 실제 2년까지도 기다려야 했습니다."

그러나 지금은 길어도 18주, 즉 다섯 달로 줄어들었다고 한다. 블레어 노동당 정부 10년 동안 일어난 변화로, 이는 시스템에 더 많이 투자하는 한편 효율성 평가 제도를 도입함으로써 가능했다.

"모든 의료 서비스 제공자들에게 대기 시간을 18주까지 줄이지 못하면 NHS에게 재정적 불이익을 감수하거나 관리 책임자가 사임하는 등의 처벌을 주는 방식입니다. 서로 기분 좋은 제도는 아니

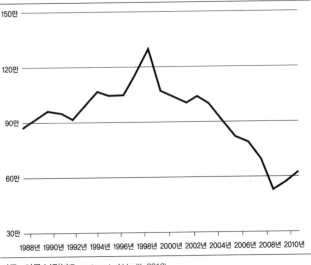

그림 | 영국 입원 대기 환자 수 추이 (단위 : 명)

자료 : 영국 보건부(Department of Health 2010).

고 문제점도 있습니다. 그러나 의료 체계 안에 이 성과 목표를 두었다는 점, 목표를 달성할 만한 자원이 충분히 있다는 점, 이 목표를 이룰 경우 상을 주고 그렇지 않으면 벌을 주는 시스템을 가용함으로써 큰 효과가 있었습니다."

물론 대기 시간을 줄이는 것으로 모든 문제가 해결되는 게 아니기 때문에 비판도 많다. 브라이언 피셔 박사와 헤어져 오후에 만나 본 한국 교민들은 앞서 말했듯이, 큰 병이 나면 한국에 가서 치료받는다고 했다. 그럼에도 꼭 필요한 치료를 제때 받을 수 있게 하

3부 | 유럽에서 우리 사회의 미래를 생각하다

고 있으며, 그래서 영국 국민들이 BBC와 함께 가장 신뢰하는 기관이 바로 NHS다.

이번에 방문한 영국을 비롯한 유럽 국가의 사회보험제도는 개인의 건강을 개인과 가족에게만 맡기지 않고 국가가 중요한 역할을 해야 한다는 '국가 기능론'에 바탕을 두고 있다.

보건 의료 전문가들에 따르면 고령화 시대의 질병 구조에 대응하기 위해서는 통합적인 진료 체계가 중요하기 때문에 이전보다 더 국가적인 뒷받침이 필요하다. 영국은 노동당 집권 13년 동안 의료 예산을 두 배 넘게 늘리고 GP의 영역을 존중하고 유인 동기를 마련했지만, 여전히 의료 서비스의 책임 주체는 국가였다.

우리나라의 건강보험 제도 역시 영국과 마찬가지로 국가 기능론에 바탕을 두고 국민들의 의료 접근성을 크게 향상시켜 왔다. 하지만 많은 과제를 안고 있다. 재정 건전성을 확보해야 하고, 선진국에 비해 개인 부담이 큰 의료비 문제도 해결해야 한다. 악화되는 형평성을 개선하는 것도 시급한 과제다.

영국 의료 체계를 살펴보면서, 우리나라 국민도 한 사람 한 사람이 모두 주치의를 가질 수 있었으면 좋겠다는 생각을 했다. 물론 잘사는 사람 중에는 사실상 개인 주치의를 둔 사람도 있지만 극소수다. 몸이 아픈 국민은 설사 돈이 없다 하더라도 치료받을 수 있어야 한다. 국가는 이것을 보장할 의무가 있다. 동네 의원이나 공공 의료 기관을 대폭 강화해 일차 의료에 대한 신뢰를 높이고 국민 주치의 제도를 만들 수 있다면, 모두가 종합병원에 가려고 하는 현상이 줄어들 것이다. 또 효율성과 형평성을 겸비한 훌륭한 보건 의료 제도를 만들어 가는 데도 튼튼한 기초가 될 것이다.

영국 국민이 가장 신뢰하는 기관이 BBC와 NHS라고 한다. 우리나라 건강 보험 제도도 세계적인 모범 사례이지만, 모든 국민이 '친척 같은 의사'를 가질 수 있는 '전 국민 주치의' 제도와, '믿을 수 있는 동네 병원'이 되도록 일차 의료를 강화할 수 있으면 더욱 좋겠다.

_영국 런던에서 올린 트윗 메시지

6

스페인에서 본 협동조합

스페인 방문의 주제는 협동조합, 바로 몬드라곤이다. 런던에서 마드리드로 가는 비행기 안에서 출국하기 전 전문가와 함께 공부한 자료를 다시 읽고, 2011년 3월에 방영된 KBS 스페셜 〈스페인 몬드라곤의 기적〉 동영상도 보았다. 과연 현재의 몬드라곤은 어떤 모습일까.

우리가 방문하려는 몬드라곤은 스페인 북부 바스크 지방에 있다. 바스크 지방은 기프스코아·비스카야·알라바의 세 행정구역이 모여 반*자치적인 바스크 지방정부를 구성하고 있다. 몬드라곤은 협동조합 복합체의 이름이자 기프스코아 지역의 한 도시 이름이다. 몬드라곤에 가기 위해서는 마드리드 공항에서 다시 스페인 국내선을 갈아타고 비스카야 지역에 있는 빌바오 공항으로 가야 했다.

나는 2011년 4월 경기도 분당을 보궐선거로 당선돼서 오랜만에 다시 국회로 돌아왔지만, 민주당 대표를 맡고 있었기 때문에 입법 활동이나 상임위 활동을 다른 의원들처럼 해내기는 어려웠다. 그래도 18대 국회 입법 활동과 관련해서 딱 한 가지 업적이 있는데, 그게 바로 협동조합기본법이다.

협동조합기본법을 발의하게 된 사정은 이렇다. 2010년 춘천에서 나와 당 대표를 맡아 바쁜 일정 중에서도 나는 전문가들과 공부하고 토론하는 모임을 이어 왔다. 어떤 때는 너무 피곤해 졸기도 해서 미안한 마음이 들었지만 최소한 일주일에 한 번은 공부했다.

주로 경제·복지·교육·노동 등 사회의 중요한 영역에서 대안 모델을 찾고 있었는데, 2011년 7월경 협동조합을 주제로 토론을 하다가 자연스럽게 협동조합이 그 대안이 될 수 있겠다고 생각했다. 우리 사회의 모순을 다 해결하지는 못하겠지만 지금 사회문제가 되고 있는 반칙과 특권, 빈곤화와 양극화 문제를 해결하는 데 있어 그래도 협동조합 모델이 한 탈출구가 될 수 있겠다고 판단하고, 좀 더 깊이 있게 공부해서 이를 위한 제도적 장치를 찾고자 했다. 바로 그것이 협동조합기본법의 구상이고 발의이며 통과였다.

이번 스페인 방문은 2012년 12월 협동조합기본법 시행을 앞두고 몬드라곤에서 협동조합을 활성화시킬 수 있는 구체적인 정책을 설계해 보려는 목적을 띠고 있었던 것이다.

우리 일행이 빌바오 공항에 내려 차량으로 구겐하임 빌바오 미술관에 도착한 것은 4월 29일 오후 5시가 넘어서였다. 한국 같으면 초저녁이지만 보통 밤 9시가 넘어야 어둑어둑해지는 스페인은 아직 한낮이었다.

비가 조금씩 내리는 구겐하임 미술관의 자태는 말 그대로 장관이었다. 티타늄판 구조물이 50미터 높이로 치솟은 기묘한 형상의 이 건물은 기둥을 쓰지 않은 철골 구조라고 한다. 중심축인 아트리움에서 3층의 전시 공간이 동심원을 이루며 돌아 올라가면서 다시 여러 방향으로 크고 작은 위성 전시 공간이 뻗어 가도록 설계되었다고 한다.

미술관에서는 여러 작품이 전시되고 있었지만 우리의 관심은 미술관 그 자체 즉 건축물이었다. 여러 개의 건물을 세워 하나로 연결하는 방식으로 지었다고 하는데, 그 공법이 매우 복잡해 고난도의 기술이 필요했다고 한다.

구겐하임 빌바오 미술관은 몬드라곤과 뗄 수 없는 관계다. 빌바오는 제철소·광산·조선소 등이 즐비했던 스페인의 공업 도시였다. 그러나 1980년대 들어 철강 산업이 쇠퇴하면서 도시는 침체되기 시작했다. 1991년 바스크 지방 정부가 1억 달러를 들여 구겐하임 미술관을 유치한 것은 침체에 빠진 빌바오 경제의 활로를 문화 산업에서 찾기 위한 거대한 프로젝트였다.

바스크 지방정부는 프로젝트의 재원을 조달하고 소유하며, 구겐

몬드라곤 소속 협동조합 우르사 건설이 시공한 구겐하임 빌바오 미술관. 한 해 1백만 명의 관광객을
모으며 빌바오 도시 경제에 새로운 부흥기를 안겨 주었다. 구겐하임 프로젝트를 추진한 주지사도
몬드라곤 출신이라 한다. ___ 2012년 4월 29일

3부 | 유럽에서 우리 사회의 미래를 생각하다

하임 재단은 미술관을 운영하고 주요 소장품을 제공하기로 협정을 맺었다. 설계는 캐나다 출신의 세계적인 건축가 프랭크 게리 Frank Gehry에게 맡겼다.

현지 안내를 맡은 김성환 씨의 설명에 따르면 이때 미술관 유치를 추진한 바스크 자치주 지사가 몬드라곤 출신이라고 한다.

그뿐만 아니라 7년에 걸친 미술관 시공을 담당한 것도 몬드라곤 협동조합 복합체의 일원인 우르사 건설이다. 우르사 건설은 단순한 공사는 다른 곳에 넘기고, 공법이 복잡하고 예술적이며 부가가치가 높은 고난도 공사에 도전해 이 분야에서 세계적인 경쟁력을 확보한 협동조합이다. 현재는 9·11 테러로 무너진 세계무역센터 자리를 재건하기 위한 그라운드 제로 지하 터미널 공사를 진행하고 있다.

구겐하임 미술관 프로젝트는 크게 성공을 거두어 지금은 한 해 1백만 명의 관광객을 모으며 빌바오 도시 경제에 새로운 부흥기를 안겨 주고 있다.

스페인의 조그만 철강 공업 도시를 세계적인 문화도시로 만든 구겐하임 미술관. 이 미술관 때문에 세계 각국에서 찾는 관광객이 연 1백만 명이 넘는다. 문화가 돈이다. 문화가 신성장 동력이다.

__스페인에서 올린 트윗 메시지

가는 날이 장날이라고 스페인 방문은 공교롭게도 메이데이 연휴 기간이어서, 화요일인 5월 1일 노동절을 포함해 4월 28일부터 5월 3일까지 휴무였다.

고맙게도 30일 아침 몬드라곤 본사에서 우리를 맞아 준 것은 몬드라곤의 두 핵심 협동조합의 전직 경영진 두 사람이었다. 유통협동조합 에로스키EROSKI 전 회장 호세 마리아JOSE MARIA LARRAMENDI 씨와 협동조합 은행 노동인민금고Caja Laboral 전 부총재 후안 마누엘 신데JUAN MANUEL SINDE 씨였다.

본사 2층으로 올라가자 오늘의 몬드라곤을 창시한 고 호세 마리아JOSE MARIA ARIZMENDIARRIETA 신부의 흉상이 있었고, 창문 너머로 몬드라곤 시의 정경이 한눈에 내려다보였다. 몬드라곤 시의 인구는 2만 명이 넘는데 그중 절반이 몬드라곤 협동조합에 고용되어 일하고 있다고 한다.

도시 인구의 절반을 먹여 살리는 몬드라곤은 호세 마리아 신부가 세운 기술 전문 학교의 첫 졸업생 중 다섯 명이 1956년 난로를 만드는 협동조합 울고Ulgor를 설립한 데서 시작되었다. 1958년 공작기계 협동조합 아라사테, 1963년 밸브와 온도계 생산 협동조합 코프레시가 각각 설립되었는데 모두 울고에 필요한 제품을 만드는 곳이었다. 같은 해 설립된 코메트는 울고의 주조 부문에 파산 기업을 인수 통합한 것이다.

이들 협동조합이 울고가 성장하면서 필요한 부품을 조달하기 위한 목적에서 태어난 것이라면, 1959년 협동조합 은행 노동인민금고 설립은 오늘의 몬드라곤을 있게 한 중요한 전환점이었다.

당시 은행들이 협동조합에 금융 지원을 꺼려 어려움이 많아 스스로 은행을 만들었다고 한다. 그러나 1970년대 중반부터는 단순한 금융 지원을 넘어 제조업 부분의 협동조합 기업 발전을 위한 컨설팅과 지원을 하기 시작했다. 1980년대 불황기에는 이자율을 낮추거나 아예 이자를 받지 않고 대출해 줌으로써 협동조합의 재정 건전성을 높이고, 파산 위험에 처하면 회생 방안을 찾고 투자를 늘림으로써 협동조합들의 회생에 결정적인 역할을 담당했다.

1982년 스페인 정부의 요청에 따라 일반인 대출이 시작된 데 이어 기업은 물론 주 정부 및 외국은행과의 거래로까지 확대되면서, 노동인민금고의 부채가 증가해 위기 요인이 되기도 했다.

1990년대 초 강력한 통합 경영 복합체로서 몬드라곤이 출범하고부터는 노동인민금고가 담당해 오던 새로운 벤처 협동조합과 직업을 창출하기 위한 컨설팅 및 지원 등을 몬드라곤 중앙이 담당하게 되었다. 이에 따라 노동인민금고는 금융 부문 핵심 기업으로 자신의 위상을 재정립하고 안정적으로 성장하고 있다.

"노동인민금고 없이 몬드라곤의 엄청난 발전을 이해하는 것은 불가능합니다." 얼마 전까지 노동인민금고 부총재로 일해 온 후안 마

몬드라곤은 스페인에서 매출액 규모 면에서는 9위이지만 고용 면에서는 3위를 차지하고 있다. 이는 매출액에 비해 고용 창출 기여도가 높은 협동조합의 특성을 잘 보여 준다. 현재 스페인 전체 실업률은 24퍼센트에 달하지만 몬드라곤이 자리 잡은 바스크 지방의 실업률은 13퍼센트로 상대적으로 낮은 것도 같은 이유다. 몬드라곤 본사 앞에서 유통 협동조합 에로스키 호세 마리아 전 회장(왼쪽)과 협동조합 은행 노동인민금고 후안 마누엘 신데 전 부총재(오른쪽)와 함께. __ 2012년 4월 30일

누엘 신데 씨가 노동인민금고 본사 회의실에서 브리핑을 마치면서 한 말이다.

우리의 경우, 작년 협동조합기본법 제정 과정에서 금융 부문 협동조합 설립은 제한하는 것으로 했다. 저축은행 사태 등 여러 여건이 불비한 현실도 무시할 수는 없다. 그러나 협동조합의 성장을 뒷받침하려면 협동조합 은행의 역할이 매우 중요하다는 점에서, 충

분한 준비를 거쳐 적절한 시기에 기본법을 개정해야 한다는 생각이 들었다.

오전 일정을 마치고 점심을 먹으러 몬드라곤에서 차로 1시간 정도 걸리는 산세바스티안 해안가 작은 어촌 마을에 갔다. 스페인 사람들은 점심을 오후 2시부터, 저녁을 오후 8시부터 먹는데, 점심 식사를 보통 2~3시간 동안 한단다. 잠시지만 배를 타고 건너 찾아갔던 선착장 식당에서도 스페인 사람들이 두 시간 넘게 점심을 먹고 있었다. 세계 여러 나라를 취재한 경험이 있는 방송국 ENG 기자가 말하기를 "카메라에 잡히는 스페인 사람들의 표정이 가장 행복해 보였다."라고 했다는데, 일리가 있다는 생각이 들었다.

점심을 먹고 산세바스티안에 있는 에로스키 협동조합 매장을 찾았다. 몬드라곤은 현재 제조업(87개), 금융(1개), 소비자(1개), 농업(4개), 교육(8개), 연구(12개), 서비스(7개) 부문의 120개 협동조합으로 구성되어 있고, 약 8만4천 명을 고용하고 있다. 또한 약 130개의 유한책임 회사에도 투자하고 있다. 120개 몬드라곤 협동조합이 만든 일자리의 절반을 유통 협동조합 에로스키가 만들고 있었다. 1969년 설립된 에로스키는 현재 스페인에서 두 번째로 큰 유통 업체인 것은 물론 유럽에서도 수위를 다투는 업체다.

언뜻 보기에는 우리나라 중소 규모 유통 업체와 다른 점을 발견하기 어려웠다. 매장에서 협동조합 제품을 우대하는지를 보려 했지만 "특별히 협동조합을 우대하지는 않는다."라는 게 호세 마리아 전 회장의 설명이다. 신선한 제품에 별도의 마크를 부착하는 등질이 좋은 상품이 가장 큰 기준이며, 생산조직과 직거래하고 지역물품을 우선 취급하기도 한다. 그러나 질이 떨어지는데 협동조합이라고 해서 우대하는 경우는 없는데, 이는 협동조합의 경쟁력을 갖추게 하기 위해서다.

에로스키 매장은 도심을 피해 주로 외곽에 자리를 잡고 있다고 한다. 중소 유통 업체를 보호하기 위해서다. 더 중요한 점은 운영이다. 직원 중 비정규직과 정규직의 임금 차별이 없으며, 비정규직 비율은 전체 직원의 15퍼센트를 넘지 못하도록 하고 있다. 대주주의 이윤 극대화를 최우선으로 하는 일반 기업에서는 상상하기 어려운 일이지만, 출자금과 상관없이 1인 1표로 운영되는데다, 고용 창출과 지역 발전에 기여하는 것을 중요한 경영 목표로 삼는 협동조합에서는 가능한 일이다.

실제로 몬드라곤은 스페인에서 매출액 규모 면에서는 9위이지만 고용 면에서는 3위를 차지하고 있다. 매출액에 비해 고용 창출 기여도가 높은 협동조합의 특성을 잘 보여 준다.

노동인민금고와 에로스키는 현재의 몬드라곤을 대표하는 두 개의 핵심 협동조합이지만 스페인을 대표하는 전자 업체 파고르Fagor, 생활보장 협동조합 라군 아로Lagun-Aro 등 주목할 만한 협동조합이 많다.

라군 아로는 스페인에 아직 사회보장제도가 도입되기 훨씬 전에 설립되었다. 병가 등 일시적인 무노동에 대한 지원, 실업 급여 지원, 건강보험 등 가입자 3만 명에 대한 고용 관련 사업은 물론, 가입자 1만 명을 대상으로 퇴직 연금 사업을 하고 있다. 이에 따라 라군 아로에 가입한 몬드라곤 조합원은 국가 사회보장 혜택은 그것대로 받고, 추가로 혜택을 보고 있다.

몬드라곤 대학도 흥미롭다. 호세 마리아 신부가 세운 기술 전문 학교가 몬드라곤의 모태가 되었다면, 그 정신을 이어받아 1998년 설립된 교육협동조합 몬드라곤 대학은 오늘의 몬드라곤을 끌고 가는 동력 중 하나다. 3개 단과대에 3천여 명이 재학 중인데 협동조합 경영에 필요한 기술을 바로 학교에서 가르치는 등 긴밀하게 연결돼 있다. 재학생의 절반은 이미 몬드라곤 협동조합에서 일하면서 공부하고 있다.

몬드라곤 대학에서는 젊은이들의 창업을 위한 특별한 학과를 새로 만들었는데, 스페인에서는 하나밖에 없는 학과라고 한다. 창업학과 학생에게 창업은 의무이며, 실제로 돈을 벌어야 한다. 실습이아니라 실물로, 학생의 창업과 경영을 요구한다는 것이다.

현재 스페인의 전체 실업률은 24퍼센트에 달하지만 바스크 지방의 실업률이 13퍼센트로 상대적으로 낮은 것도 몬드라곤 협동조합과 대학 운영에 하나의 열쇠가 있다고 한다.

'재벌 공화국'에서 협동조합은 대안이 될 수 있을까? 스페인 몬드라곤을 찾는 나의 문제의식이었다. 작년 협동조합기본법을 만들 때도 같은 생각이었다. 다섯 명으로 시작해서 이제 시 인구의 절반을 먹여 살리는 몬드라곤, 중소기업 창업 육성과 청년 실업 해소의 모델이다.

_스페인에서 올린 트윗 메시지

"작년에 경기도 성남시의 초청을 받아 한국을 방문한 적이 있는데, 젊은이들이 협동조합에 대한 관심이 엄청나더군요. 구름같이 몰려와 이것저것 물어보는데, 그들의 빛나던 눈빛들이 지금도 선합니다."

평생을 협동조합 발전에 바친 호세 마리아 전 에로스키 회장은 스페인보다 한국의 젊은이들에게서 희망을 본다고 덕담을 던졌다. 청년들의 벤처 창업, 중소기업 육성, 새로운 산업의 활성화, 사회적 일자리 확대 등 바람직한 성장과 좋은 일자리 창출을 위해 협동조합은 분명 새롭게 도전해 볼 만한 가치가 충분하다는 생각이 들었다. 문제는 구체적으로 어떻게 이뤄 낼 것인가이다.

에로스키 매장 방문을 마치고 숙소로 돌아오는 길 하늘에 무지개가 떴다. 무지개는 행운과 희망을 상징한다. 과도한 재벌 중심의 경제체제, 양극화, 청년 실업 문제 등으로 몸살을 앓는 한국 경제에 협동조합은 무지개가 될 수 있을 것인가.

서민 살리는 민생정치를 꿈꾸며

서민을 위한 민주주의

———

한국은 실제 생활수준이나 소비수준을 보면 유럽 선진국에도 결코 뒤떨어지지 않는다. 하지만 한국의 공동체적 문화, 사회적 연대 의식 등은 경제 수준을 따라잡지 못한다. 그럼에도 한국의 보통 사람들, 정치가들, 전문가들은 모두 한목소리로 여전히 경제가 문제이고, 성장이 중요하다고 말한다.

한국의 경제성장률이 5퍼센트에서 10퍼센트로 두 배 성장했다고 해서 보통 사람들의 삶의 질이 두 배로 나아질까? 삶의 질이란 것이 경제적인 것으로만 측정될 수 있는 것은 아니다. 경제성장률의 증가가 일반 국민들의 소득 확대나 행복감 증가로 곧바로 이어지지 않는다는 것도 분명하다.

경제에서의 성과가 실제 보통 사람들에게까지 미치도록 만드는 것은 정치의 역할이다. 정치인의 역할은 좋은 경제를 위해서도 중요한 것이다. 따라서 한국이 유럽의 복지국가를 따라가기 위해서는 경제만이 아니라 정치도 좋아져야 한다.

간디는 "민주주의로 가는 길은 없다. 민주주의가 바로 길이다."라고 말했다. 또한 그는 "자신의 행동이 옳은지 그른지 의심날 때면 가장 가난한 사람을 생각해 보라. 당신의 행동이 그의 삶을 향상시킬 수 있는지 판단하라. 만약 그렇다면 당신은 옳은 길을 가고 있는 것이다."라고도 말했다.

민주주의는 본래 시장에서의 불평등을 감수하던 가난한 사람들이 1인 1표의 평등 원칙에 기대어 자신들의 목소리를 낼 수 있는 정치체제다. 가난한 사람들을 위한 정치가 이루어지지 않는 한 민주주의의 가치는 충분히 실현되었다고 보기 어렵다. 말로만 민생을 외칠 것이 아니라 현실에서 가난한 서민들을 위한 정치가 이루어져야 한다.

인도 푸네 대학 총장으로 있는 경제학자인 나렌드라 자다브Narendra Jadhav가 쓴 가족 연대기 『신도 버린 사람들』에는 다음과 같은 구절이 나온다.

다다는 내가 한 연구에 대해 물었다. …… "그걸로 보통 사람들을 어떻게 도울 수 있느냐."는 것이었다. …… 나는 말문이 막혔다. 다다는 그런 내게 주의를 주었다. "아무리 공부를 많이 하고 연구를 많이 해도 길거리의 사람들을 돕지 못한다면 전부 낭비일 뿐이다."

이는 연구자나 학자에게만 해당되는 말이 아니다. 정치가라면 보통 사람들, 가난한 사람들의 삶을 어떻게 더 윤택하게 만들 수 있을 것인가에 대해 끊임없이 고민할 수밖에 없고, 또 고민해야 한다.

지난 대선과 총선에서 민주당의 실패는 바로 서민 대중의 삶을 어떻게 변화시킬 수 있는지에 대한 진지한 고민이 결여된 데에서 비롯되었다. 말로만 서민과 민생을 외쳤지, 그것을 실현 가능한 대안으로 만들어 내지 못했기 때문이다.

보통의 사람들이 평화롭고 행복한 생활을 영위할 수 있는 사회를 만들기 위해서는 경제가 아니라 정치가 좋아져야 하고, 정치를 좋게 만들 정치가가 중요하다.

내가 가려는 정치가의 길

나의 후원회장을 맡아 오신 최장집 교수에 따르면 민주주의란 "사회 갈등의 사익적 요소들을 억압하지 않고 복수의 정당을 통해 복수의 공익적 대안으로 발전시킨 뒤, 이들 간의 경쟁을 통해 합의를 만들어 내는 결정구조"를 의미한다.

민주주의에서 정치는 개인들 간의 갈등적 이슈를 공동체가 지향할 공익적 차원의 대안으로 발전시켜 통합하는 기능을 하는 것이라고 해석할 수 있다.

다시 말해 민주주의에서 정치는, 사회에 존재할 수밖에 없는 다양한 갈등과 이익들을 표출·공존할 수 있게 하고 정당을 통해 이런 다양한 갈등과 이익들을 집약해 정책으로 만드는 기능을 하는 것이다. 다만 여기서 개인의 사익과 사회적 갈등을 공익적 요소와 조화될 수 있도록 발전시키는 것이 중요하다.

이탈리아의 정치학자 보비오Norberto Bobbio는 『우파와 좌파』라는 책에서 어떤 시대 어느 사회에서든 정치적으로 항상 두 가지 기본 방향 사이에 긴장 관계가 있어 왔다고 말한다. 즉 평등을 추구하는 방향과 이기심을 추구하는 방향이 존재한다는 것이다.

어떤 개인이 하나의 저울을 가지고 있는데, 그 한끝에 평등을 추구하는 마음이 있고, 반대 끝에 이기심을 추구하는 마음이 있다고 하자. 그 사람이 진보주의자라면 그 저울은 평등을 추구하는 마음 쪽으로 좀 더 기울어져 있을 것이라고 생각할 수 있다. 개인의 이기심을 추구하는 마음이 강하면서 진보라고 말하기는 어려울 것이다. 마찬가지로 평등을 추구하는 마음으로 저울이 기운 사람을 보수주의자라고 말하기는 어려울 것이다.

우리 모두의 저울은 이런 양극단의 중간 어디쯤에 멈춰 있을 것이다. 그러나 우리가 아무리 진보적이라고 해도 평등만을 추구하는 쪽으로 저울이 극단적으로 기울도록 내버려둘 수는 없다. 진보든 보수든 극단적으로 기울어져 있는 저울만을 가지고는 세상을 제대로 보살필 수 없다.

진보의 과제는 각 개인에게 이기심을 추구하는 마음이 있다는 것을 인정하되, 정치의 역할을 통해 평등을 추구하는 쪽의 무게를 키워 사익이 공익과 조화를 이룰 수 있도록 하는 데 있다. 그것이야말로 공동체를 위해 정의로운 일이기도 하다.

이기심이 공정하게 관리될 경우 사회적 이익 증진에 도움이 될 수 있다고 보았던 애덤 스미스도 정의 개념의 중요성을 강조한다. 그는 '정의'를 "모든 건물을 지탱하는 중추적인 기둥"이라고 비유하면서 "이 기둥이 제거되면…… 위대하고 거대한 인간 사회라는 구조물은 한순간에 산산이 가루로 분해되고 말 것"이라고 역설한다. 애덤 스미스는 개인이 자유롭게 자기 이익을 추구하기 위해 다른 한편에서 왜 정의 개념이 정립되어야 하는지를 지적했다고 할 수 있다.

나는 좀 더 공적인 가치를 위해서, 가난하고 돈 없고 '빽' 없고 힘

없는 사람들을 위해서 정치가가 되겠다는 생각을 오랫동안 했다. 그러나 그런 막연한 생각은 실제로 정치가가 되었을 때 그 목표를 이루기 위해 내가 할 수 있는 일은 무엇이며, 그것을 실현시킬 수 있는 방법이 무엇인지에 대해 명확한 해답을 주지 못했다.

국회의원이 되었을 때, 공익을 위해서라는 나의 신념은 내가 마주치게 된 복잡한 선택과 딜레마를 해결해 줄 충분한 판단 기준이 되지 못했다. 때로 환경보호라는 공익적 가치를 준수하기 위한 법안이 그 지역에서 일하는 노동자들의 일터를 빼앗게 되는 일이 현실에서는 일어난다.

분명 공공성, 공익이라는 것이 자명한 것은 아니다. 정치가들은 모두 '민생을 위해, 국익을 위해'라고 말하지만 그것은 모두가 동의할 수 있는 선험적인 것이 아니기 때문에 개념을 어떻게 정의할지를 두고 끊임없이 다툴 수밖에 없는 것이 정치라는 것을 잘 안다.

그동안 모든 정책을 국익을 위해서라고 말해 온 것은 새누리당이나 민주당이나 동일하다. 다시 말해 국익이라는 말 자체만으로 모든 사람들이 합의할 수 있는 것은 없다. 사실상 정치에서 가장 어려운 부분이 그것이라고 생각한다.

그런 점에서 나는 정치는 타협의 기술이라 생각하지만 정치권의 '무원칙한 타협'에 대해서는 비판적인 생각을 갖고 있다. '이것 해주니까 저것은 양보해라.'라는 것을 마치 정치적 타협이나 정치력으로 긍정되는 것에 대해 큰 불편을 느끼게 된다. 그러다 보니 애초에 만들어진 법안은 온데간데없고 매번 누더기 법이 탄생하는 것이라고 생각한다.

내가 타협의 기술을 폄하하는 것은 아니다. 나 역시 타협의 기술이 정치의 기술이요, 민주주의의 본질이라는 것을 안다. 다만 내 원칙을 지키면서 최대한 상대방과의 타협점을 찾아내는 것을 말하려는 것이다. 정치란 한마디로 서로 일치할 수 없는 것에 대해서 대화하고 타협하는 기술이라고 할 수 있다.

성장을 유지하면서 분배를 어떻게 할지, 고용을 늘리면서도 환경과 생태를 고려할 수 있는 방법은 무엇인지, 국가 복지를 확대하면서도 개인의 권리와 자율성이 침해되지 않도록 하기 위해서는 무엇이 필요한지 등 생각해야 할 과제가 많다. 재벌 개혁을 위해서는 공정 경쟁과 자유 시장 원리를 강화해야 하겠지만, 사회정책을 위해서는 그와는 충돌할 수도 있는 공공성의 원리를 앞세워야 할 것이다. 이 모든 것을 판단하는 데 있어서 나의 기준은 민생을 최우선으로 하는 것이다.

서민과 중산층을 살려야 한다는 민생경제론의 방향에서 타협은 있을 수 없다. 그러나 그것을 위한 방법론에서는 서로 다른 원리를 조합해야 하고, 갈등하는 요구 사이에서 타협을 모색해야 할 것이다. 타협할 수 없는 민생의 가치를 견지하면서 그 방법에 있어서는

유능한 타협가가 되는 것, 적어도 나는 그 길에서 흔들리지 않을
것이다.

대한민국 공동체 희망 복원 프로젝트

———

지금 우리는 바야흐로 문명사적 변화를 경험하고 있다. 물질 만능
의 성장주의가 사람을 중심으로 하는 새로운 가치 체제로 변하고
있다.

IT 산업과 지식산업의 발달은 개인의 창의력이 주목받는 사회를
만들었다. 재택근무를 넘어서 시간과 장소를 가리지 않고 효율적
으로 일할 수 있다는 스마트워크 혁명에 이르기까지, 노동환경도
바뀌고 있다. 이런 노동환경의 변화는 개인의 재발견과 개인적 삶
을 중시하는 가치의 변화를 가져왔다. 사람의 재발견이 시작된 것
이다.

다른 한편 이런 개인적 삶의 확대는 '더불어 사는 사회'에 대한
욕구를 촉발하고 있으며, 공동체 가치의 재발견으로 이어지고 있
다. 2008년의 촛불 시위는 과거의 시위와는 달리 개인들의 자발적
참여에 근거하면서도 그것이 지향하는 가치가 공동체적 연대였다
는 점에서 이를 극명하게 보여 준 사례였다.

개인과 사회, 개인과 공동체의 통합은 21세기적 인문주의 기획 내지 제2의 르네상스라 부를 만한 프로젝트라고 할 수 있다. 여기에 기후변화라고 하는 지구적 자연 질서의 변화까지 겹쳐서, 인간 공동체의 복원과 지속이라는 시대적 요구는 더 강해지고 있다.

만인 대 만인의 투쟁에 의한 승자 독식의 사회가 아니라 사회 구성원 모두가 함께 잘사는 나라, 자연과 공존하는 지속 가능 사회가 우리가 바라는 사회이다. 이것이 공동체의 모습이다. 공동체로서의 사회는 우리 사회의 전통일 뿐 아니라 자연 상태에서 인류가 살았던 삶의 모습이기도 하다.

공동체는 식구 한 사람 한 사람이 주인이 되고 행복한 삶을 함께 누릴 수 있는 우리들의 집과 같은 것이다. 그것은 서민의 집이고 국민의 집이다. 사람들이 행복을 추구하고 구현하는 정신적 바탕이기도 하다. 인간적 가치와 공동체의 복원을 위한 통합과 화합이야말로 진보가 수행해야 할 역할일 것이다.

다시 우리 사회를 돌아보자. 빈곤의 확대와 양극화의 심화 속에서 출산율은 세계 최저 수준이 되었다. OECD 국가 중 국민 자살률 1위, 노인 자살률 1위, 청소년 자살률 1위가 되었다. 비정규직 문제는 관용의 수준을 넘어 버렸고, 청년 실업은 날로 높아지고 있다. 경제적인 이유로 인한 가정 파탄도 세계 최고의 수준을 기록하고 있다. 일자리에 대한 불안감이 고조되는 가운데 사회적 격차 또한 심해지고 있다.

어린이 성폭행과 청소년 범죄의 증가 등 사회적 불안도 심해지고 있다. 좌절과 패배감이 전 세대를 뒤덮고 있으며 정치에 대한 불신이 일반화되고 있다. 내일은 나아질 수 있다는 희망의 사다리가 없는 사회가 되었다. 이에 대해 대안을 찾는 것이 우리와 같은 정치인의 책무이다. 민생만이 길이고 그 길에서 소명을 찾고 헌신해야 한다.

새로운 시대의 흐름에 따라 우리 사회의 진정한 가치를 회복하고 찾아야 할 새로운 길은 "함께 잘사는 대한민국 공동체"이다. "함께 잘사는 대한민국 공동체"는 사람과 노동이 기본이 되는 국민 공동체로서 열심히 땀 흘리며 일한 사람 누구에게나 기회가 열리는 "희망 복원 프로젝트"이다. 즉 서민과 중산층을 위한 "행복 복원 프로젝트"이다. 이 책 전체를 통해 말했던 진보적 자유주의의 새로운 길이 바로 그것이고, 그것이야말로 우리 모두가 승리하는 길이 될 것이다.

진보적 자유주의의 새로운 길이 추구하는 사회는 정의로운 복지 사회로서 공동체주의와 보편적 복지를 기본 이념으로 한다. 시혜적 복지, 잔여적 복지가 아니라 보편적 복지의 이념을 기초로 하고 있다. 이는 모든 인간의 존엄성을 평등하게 존중한다는 정의의 기본 이념 위에 서있는 것이다.

함께 잘사는 나라를 만들기 위해서는 복지사회를 지탱하기 위한 물적 기반을 튼튼히 하는 것이 중요하다. 진보가 능력을 갖추지 못하고 이념만을 앞세우면 국민들로부터 신뢰를 얻지 못한다. 국민은 소리만 높은 진보를 원하지 않는다.

국민의 생활을 책임지고 삶의 질을 구체적으로 향상시킬 수 있는 실질적 진보, 국민이 원하는 것은 바로 그것이다.

세계화는 신자유주의 질서가 확산되는 데 결정적인 환경을 조성했다. 세계화와 개방화는 세계경제 질서의 기초가 되었으며 우리나라처럼 무역의존도가 높은 나라는 세계화와 개방화의 압력을 거부할 수 없는 환경에 처해 있다. 세계화가 초래하는 양극화와 취약 산업의 부작용은 그냥 지나칠 수 없는 중요한 문제이다.

사람을 중시하고 약자의 편에 서는 정치의 입장에서 세계화는 분명 경계의 대상이다. 무엇보다 세계화 자체가 목표가 될 수 없으며, 국민 개개인의 행복이 우리의 목표라는 것을 망각해서는 안 된다.

그런 점에서 공동체 전체의 공존·공영·행복을 담보하는 세계화만이 대한민국이 선택할 수 있는 올바른 세계화이다. 세계경제 질서 속에서 생존해야 하는 우리 경제의 구조적 여건하에서, 어떻게 세계화에 효율적으로 적응하고 현명하게 대처하는가 하는 것은 진보의 중요한 과제이다.

작은 정부에서 적극적 정부로

———

현대사회에서 정부의 역할은 축소되기는커녕 더욱더 확대되고 있다. 복지에 대한 수요가 날로 증가하고, 자연과 생명에 대한 관심이 확대되고 있으며, 대체에너지 산업을 비롯한 신성장 동력의 개발과 육성에 대한 요구가 증대되기 때문이다.

이런 일들은 민간이 할 수 없거나 국가가 훨씬 효율적으로 역할을 담당할 수 있다. 개인의 탐욕과 대기업의 횡포가 공동체를 파괴하고 국민의 삶을 유린할 때 이를 제재하기 위한 국가의 역할도 날로 중요해지고 있다.

자유방임주의적 시장 논리에 따라 작은 정부를 주장하는 정치 세력이 있지만 이는 바람직하지도 현실적이지도 않다. 이는 잘못일 뿐만 아니라 위선이다. 사회적 강자를 위한 억지 논리이기도 하다. 미국의 레이건 정부도 감세 정책을 폈지만 결국 정부의 재정 적자만 산더미처럼 불러 놓았다.

이명박 정부도 작은 정부를 표방하고 정부 부처 몇 개를 줄였지만 결국에는 정부의 규모를 더욱 크게 만들었고 재정 적자도 늘려 놓았다. 정부의 간섭은 늘어나고 민간 부문에 대한 권력의 위세는 기승을 부리고 있다.

허위와 승자 독식의 작은 정부론보다는 국가 발전을 선도하고 국민 권익을 보호하는 적극적 정부가 우리가 추구하는 정의로운 복지사회를 위한 길이다.

나는 지금 우리 앞에 놓인 분열을 국난이라고 규정하고자 한다. 사회적 양극화에 우리 모두 힘을 합쳐 대항하지 않으면 안 되기 때문이다. 모두 함께 힘을 모아 아이 없는 사회를 아이 낳는 사회, 희망의 사회로 바꿔야 한다.

대한민국 공동체는 나라를 위해, 아니 서로를 위해 목숨을 바쳤던 곳이다. 나라를 살리려 전 국민이 금을 모아 전 세계를 감동시켰던 나라이다. 대한민국 공동체를 복원해야 한다.

우리가 가야 할 곳은 부자만이 행복한 나라가 아니다. 모두가 행복한 사회를 부정하고 오직 나만 살찌려는 탐욕이 지배하는 사회는 좋은 사회가 아니다. 정정당당한 사회, 서로의 꿈을 존중하는 사회가 우리가 만들 위대한 대한민국의 모습이다.

새로운 진보는 상호 부정과 파괴를 통해 만들어질 수 없다. 서로의 차이와 서로의 비전을 존중하되, 다름보다는 같음에 주목하고 함께 힘을 합쳐야 한다. 나는 새로운 진보는 하나가 되어 더 커질 때만이 위력을 갖는다는 것을 믿는다. 그래야 국민이 주인이 되는 행복한 나라를 만들 수 있다.

이제 국민을 위한 정치를 찾아 나서고자 한다. 국민과 함께, 국민 속에서 희망을 찾아 나누고자 한다. 모두가 저녁이 있는 삶을 향유할 수 있어야 한다. 그 길의 출발점은 민생이다. 민심의 강줄기를 따라 '함께 잘사는 나라'라는 큰 바다로 나아가고자 한다. 민심 대장정의 정신으로 오직 국민만 바라보고 나아가려고 한다.

그 어떤 가치와 이념이라도 우리가 함께 행복하지 않다면 그것은 올바른 선택이 될 수 없다. 우리는 지금 위대한 선택을 해야 한다. 그리고 함께 손을 잡고 나아가야 한다. 그 누구도 혼자서 할 수가 없다. 대한민국 공동체를 복원하는, 함께 가는 대장정을 시작하자.

후마니타스의 책, 발간순

민주주의의 모델들 | 데이비드 헬드 지음, 박찬표 옮김

노동조합 민주주의 | 조효래 지음

대한민국 정치사회 지도(집약본) | 손낙구 지음

유럽 민주화의 이념과 역사 | 강정인·오향미·이화용·홍태영 지음

우리, 유럽의 시민들? | 에티엔 발리바르 지음, 진태원 옮김

민주화 이후의 민주주의(개정2판) | 최장집 지음

지금, 여기의 인문학 | 신승환 지음

비판적 실재론 | 앤드류 콜리어 지음, 이기홍·최대용 옮김

누가 금융 세계화를 만들었나 | 에릭 헬라이너 지음, 정재환 옮김

정치적 평등에 관하여 | 로버트 달 지음, 김순영 옮김

한낮의 어둠 | 아서 쾨슬러 지음, 문광훈 옮김

모두스 비벤디 | 지그문트 바우만 지음, 한상석 옮김

진보와 보수의 12가지 이념 | 폴 슈메이커 지음, 조효제 옮김

한국의 48년 체제 | 박찬표 지음

너는 나다 | 손아람·이창현·유희·조성주·임승수·하종강 지음
     (레디앙, 삶이보이는창, 철수와영희, 후마니타스 공동 출판)

정치가 우선한다 | 셰리 버먼 지음, 김유진 옮김

대출 권하는 사회 | 김순영 지음

인간의 꿈 | 김순천 지음

복지국가 스웨덴 | 신필균 지음

대학주식회사 | 제니퍼 워시번 지음, 김주연 옮김

국민과 서사 | 호미 바바 편저, 류승구 옮김

통일 독일의 사회정책과 복지국가 | 황규성 지음

아담의 오류 | 던컨 폴리 지음, 김덕민·김민수 옮김

기생충, 우리들의 오래된 동반자 | 정준호 지음

깔깔깔 희망의 버스 | 깔깔깔 기획단 엮음

노동계급 형성과 민주노조운동의 사회학 | 조돈문 지음

시간의 목소리 | 에두아르도 갈레아노 지음, 김현균 옮김

법과 싸우는 사람들 | 서형 지음

작은 것들의 정치 | 제프리 골드파브 지음, 이충훈 옮김

경제 민주주의에 관하여 | 로버트 달 지음, 배관표 옮김

정치체에 대한 권리 | 에티엔 발리바르 지음, 진태원 옮김

작가의 망명 | 안드레 블첵·로시 인드라 지음, 여운경 옮김

지배와 저항 | 문지영 지음
한국인의 투표 행태 | 이갑윤 지음
그들은 어떻게 최고의 정치학자가 되었나 1·2 | 헤라르도 뭉크·리처드 스나이더 지음,
　　정치학 강독 모임 옮김
이주, 그 먼 길 | 이세기 지음
법률가의 탄생 | 이국운 지음
헤게모니와 사회주의 전략 | 에르네스토 라클라우·샹탈 무페 지음, 이승원 옮김
갈등과 제도 | 최태욱 엮음
자연의 인간, 인간의 자연 | 박호성 지음